Jost Müller-Bohn

Bleib du im ewgen Leben

– mein guter Kamerad

sjd

Verlag der
St.-Johannis-Druckerei
C. Schweickhardt
Lahr-Dinglingen

CIP-Kurztitelaufnahme der Deutschen Bibliothek

Müller-Bohn, Jost:
Bleib du im ewgen Leben, mein guter Kamerad.
Lahr-Dinglingen:
Verlag der St.-Johannis-Druckerei C. Schweickhardt, 1980
(TELOS-Bücher; Nr. 2069: TELOS-Erzählende-Paperbacks).

ISBN 3 501 00104 5

TELOS-Erzählendes Paperback Nr. 2069
2. Auflage · 8.–12. Tausend

Umschlagfoto: Ullstein-Wolff & Tritschler
Gesamtherstellung: St.-Johannis-Druckerei C. Schweickhardt
7630 Lahr-Dinglingen
Printed in Germany 7950/1982

Inhalt

Vorwort

»Es kommt Krieg!« sagte die Mutter, »an der Grenze wird schon geschossen!« Sie blickte besorgt in die Ferne. Ich hielt mich fest an ihrer Hand und schaute mit angstvollem Gefühl in die Dämmerung bis hin zur dunklen Hecke. Ich meinte, nicht weit von dieser Hecke entfernt müsse die Grenze zwischen Krieg und Frieden sein.

Die Menschheit stand am Abgrund eines furchtbaren Weltkrieges, des schrecklichsten, der je über die Erde seit Schöpfungsbeginn kommen sollte.

Nun sind bereits über vierzig Jahre vergangen seit den ersten Schüssen zu diesem zweiten Weltkrieg. Viele Wunden sind verheilt, manches Grauen fast vergessen, leider aber auch Gottes Güte und Erbarmen, welche in vielen Einzelschicksalen sichtbar geworden waren.

In dieser Berichterstattung sollen keine alten Dinge wieder aufgewärmt werden, wie es im Trend unserer Zeit liegen mag, sondern der Name Gottes soll verherrlicht werden, der in den Tagen größter Not für viele die einzige Zuflucht und Hilfe war.

In diesem Werk soll keinem Menschen ein Heldendenkmal gesetzt werden, wir sollen aber erinnert werden an wunderbare Führungen und Bewahrungen in gefahrvollster Zeit.

In den vergangenen Monaten wurden mir so viele eindrucksvolle Zeugnisse vom Wirken Gottes im Leben einzelner Familien während des Krieges, die Gott allein vertraut haben, erzählt, daß ich mich entschloß, aus den hervorragendsten Berichten ein Gemälde der Vergangenheit zu gestalten. Ich hielt es für angebracht, aus der Vielzahl der Berichte eine fortlaufende, zusammengefaßte Erzählung niederzuschreiben, wobei Namen von noch lebenden Personen rein zufällig wären. Die Begebenheiten, die hierin geschildert werden, beruhen aber auf durchlebten Erfahrungen. Nie werde ich die Tatsache vergessen, daß sich ein junger Christ aus unserer Heimat freiwillig gemeldet hat für die Schlacht um Stalingrad, um damit einem Familienvater die Rückkehr aus dem Kessel zu ermöglichen. Er selber hat dadurch sein Leben geopfert, denn er hat seine irdische Heimat nie wiedergesehen. Auch von ihm werden wir in diesem Buch lesen können.

In der Person des Hans Nowak wurden Zeugnisse von ehemaligen Frontkämpfern, die als Jünger Jesu in den Kriegsdienst berufen wurden und die erregenden Jahre des Krieges miterlebt haben, dargestellt. Es wurden Auszüge aus Fronttagebüchern und Berichte verwandt, um ein möglichst umfassendes Bild aus dieser Zeit und von den damaligen Umständen wiedergeben zu können. Viele Gespräche, die ich mit überzeugten Christen geführt habe, wurden bei der Schilderung des Rußlandfeldzuges verwandt, um somit eine viel zu wenig beschriebene Seite des Krieges zu beleuchten, nämlich die bewahrende Gnade und die wunderbaren, das soll heißen: die an Wunder grenzenden Führungen Gottes in den seelenlosen Materialschlachten des zweiten Weltkrieges.

Heute, vierzig Jahre nach Kriegsbeginn, ist die Welt gespickt voll von angehäuften Massenvernichtungswaffen. Die Menschheit bewegt sich wieder auf einen neuen Weltkrieg zu. Unheimlich schreckliche Vernichtungswaffen lagern in unserer unmittelbaren Nachbarschaft. Nach Aussagen von Militärexperten muten heute die einstigen Atombomben, die Hiroshima und Nagasaki zerstörten, in dem damaligen Ausmaß ihrer Vernichtungskraft wie Kinderspielzeuge an neben den Bomben unserer Zeit mit ihrer unvorstellbaren Zerstörungskraft.

»Nie wieder Krieg!« und »Ohne uns!« lauteten die Parolen der Männer, Antifaschisten und Politiker wie auch Nichtpolitiker, die heil aus dem Krieg zurückgekommen waren, denn sie hatten das Grauen kennengelernt. Die deutschen Kinder sollten nicht einmal mehr eine Andeutung von Kinderkriegsspielzeug in die Hand bekommen, war der aufrichtige Wunsch vieler Überlebender gewesen. Doch was sehen wir heute?

Seit Jahren üben Truppen in zwei deutschen Staaten in unterschiedlichen Uniformen und vor allen Dingen innerhalb ihrer gegensätzlichen Gesellschaftsordnungen den grausamen Krieg gegeneinander! Die meisten der Männer haben das Grauen eines Krieges noch nie gesehen, sie sind später zur Welt gekommen oder aber die älteren unter ihnen, die wieder Dienst mit der Waffe tun, haben anscheinend vergessen.

Möge es dem Geiste Gottes gelingen, viele durch diese Erzählung an die Wohltaten des Schöpfers inmitten des Infernos von Schlachten nachdrücklich zu erinnern und so manchem noch sein einst gegebenes Gelübde ins Gedächtnis zurückrufen, das er seinem Schöpfer gegeben hat, als er in Todesnöten nach ihm rief.

»Einmal, wenn alles vorüber ist,
werden Mütter weinen und Bräute klagen,
und man wird unterm Bild des Herrn Jesu Christ
wieder die frommen Kreuze schlagen.

Und man wird sagen: Es ist doch vorbei!
Laßt die Toten ihre Toten beklagen!
Uns aber, uns brach es das Herz entzwei,
und wir müssen unser Lebtag die Scherben tragen.«

Carl Zuckmayer

Friedland

Wer kennt den Kameraden

Hans Nowak

Letzter Standort: Stalingrad

Zu lesen ist diese Anfrage auf einem großen Plakat, daneben steht eine junge Frau, die eine Fotografie in übergroßem Format in ihren schlanken Fingern hält. Es ist die Ablichtung des Gefreiten Hans Nowak. Stundenlang, tagelang warten Frau Nowak und Fräulein Ruth Engelmann im Lager Friedland auf den seit zehn Jahren vermißten Sohn und Freund. Laufend kommen entlassene Kriegsgefangene mit ihren Kisten und Säcken an ihnen vorüber. Es sollen die letzten Kriegsgefangenen sein aus den sibirischen Arbeitslagern. Sie müssen an einer langen Menschenansammlung vorbei, an der Reihe wartender Mütter, Frauen, Kinder, die in Hoffnung und Verzweiflung den Heimkehrern entgegenblicken.

Herzergreifende Szenen spielen sich hier ab, wenn nach vielen Jahren sibirischer Zwangsarbeit eine Mutter ihren Sohn erkennt, eine Frau ihren lang ersehnten Mann! Sie schreien laut, überwältigt von Freude und Schmerz. Ihre Arme umschlingen die mit schmutzigen, grauen Wattonjacken bekleideten Männer, die dazu auch noch die typischen Russenpelzmützen tragen.

Hinter den beiden Frauen Nowak und Engelmann wartet noch jemand, der plötzlich erregt aufschreit: »Da! Da! Da ist er! Da ist er ja!« – »Wer?« – »Wo denn?« – »Hans?« – »Mein Gott, wo denn?«

»Nicht Hans! Das ist Albert! – Albert Kusserow!«

Kusserow hört seinen Namen – eine altbekannte, ihm vertraute Stimme hat ihn genannt. Forschend blickt er in die Runde. Die beiden Frauen mit dem Plakat und dem großen Foto von Hans Nowak kommen jetzt in sein Blickfeld. Schnell bahnt er sich einen Weg und läuft auf sie zu. »Hallo, den Soldaten kenne ich«, sagt Albert und zeigt auf das Bild.

»Dich kenne ich auch, mein Lieber!« dröhnt es aus dem Hintergrund. Ein Mann drängt sich nach vorn, es ist Siegfried Kittel, und sagt: »Darf ich bekannt machen? Das ist Albert Kusserow –

und dir Albert: das ist Frau Nowak, die Mutter von Hans, und seine Braut Fräulein Engelmann.«

Die beiden Männer fallen sich um den Hals, danach begrüßt Kusserow die beiden Frauen.

»Wissen Sie etwas über meinen Sohn?« fragt Frau Nowak flehentlich.

»Von Hans? – Nein, wieso, wo ist Hans?«

»Das wollte ich Sie fragen?«

»Ich meine, Hans hätte Stalingrad auf dem Luftweg rechtzeitig verlassen? Er war doch der einzige unserer Kompanie, der ausgeflogen wurde.«

Dann schweigen sie – die vier Betroffenen. Der Mut sinkt, die Hoffnung schmilzt zusammen. Albert Kusserow starrt Siegfried Kittel betroffen an. – Die Seele scheint zu sterben – ein glimmender Docht erlischt!

Verirrt im Sumpf

»Nur noch ein Wunder kann uns retten!« stöhnt Hauptmann Köhler. Der Kompaniechef ist verzweifelt, er weiß keinen Ausweg. Seine Augen blicken ratlos, Schweiß tropft von Stirn und Wange. In den Stoppeln des ruppigen Bartes glänzt es feucht.

Über den Stahlhelm ist ein Tarnnetz gezogen.

Der Feind schießt sich ein. Sein Artilleriefeuer wird gezielter. Die Granaten explodieren immer näher.

Das Stoßtruppunternehmen ist fehlgelaufen, die Kompanie hat sich verirrt. Sie sind in Rußlands Urwälder geraten. Unheimlich weit und gefährlich wie Rattenfallen sind diese Wälder. Ekelhafte Mückenschwärme belästigen die Landser. Sie fallen, wie vom Feind herbeigehext, über die lehmverschmierten Männer her.

»Zum Donnerwetter! Wo bleibt die Luftwaffe?« schreit der Hauptmann.

Es ist die Angst – ja die nackte Angst, die ihn ergriffen hat! Die alten Frontkämpfer spüren es, sie lesen es ihrem Kompaniechef von den Augen ab. Im hageren Gesicht spiegeln sich Anstrengung und panische Furcht. Oberfeldwebel Heinze schaut den Chef an, der das Fernglas vor seine Augen nimmt. Rundherum ist dichtes Unterholz, die Blätter bilden eine undurchsichtige Wand.

Die »Nähmaschine« kommt wieder! Sie ist ein altes Modell, ein sowjetischer Doppeldecker, für jeden, der sich verbergen will, ein heimtückisches Flugzeug. Als Artilleriebeobachtungsflugzeug ist es geradezu ideal und eine großartige Unterstützung im Erdkampf. Es ist zum Verweifeln! Seit Tagen schon irrt die Einheit durch die Gegend in vollständiger Ungewißheit, man hat einfach die Richtung verloren.

Wenn die »Nähmaschine« wieder über ihnen kreist, wird das Feuer des Feindes höchst gefährlich. Ein unheimliches Rattern ertönt über ihnen, wirklich ein Geräusch wie bei einer alten Nähmaschine. Sie fliegt sehr tief, so daß ihre Besatzung fast in jedes Vogelnest schauen kann. Da schaukelt sie auch schon heran!

»Hinlegen! – Keine Bewegung!« schreit Hauptmann Köhler. Alle sind im Nu verschwunden, wie vom Erdboden verschluckt. Unter ihren Tarnhemden und unter dichtem Gebüsch erwarten die Feldgrauen den »Morgensegen« des Feindes. Wenn nur keinem die Nerven durchgehen!

Dieses scheußliche Tackern der Maschine geht allen durch Mark und Bein.

In kaum dreißig Metern Höhe zieht das Flugzeug über den Bäumen eine Schleife. Aus offener Kanzel sehen Pilot und Beobachter hinunter. Jeder der Männer fühlt sich von ihnen entdeckt. Ihre Körper beginnen zu zittern, die Füße und Arme verkrampfen sich bei solcher Anspannung. Und noch einmal kurvt der gefährliche »Drache« heran. Hoffentlich wirft er keine Splitterbomben!, denkt jeder.

Da! Ganz plötzlich ist jemand hinter den Büschen aufgesprungen! Wie irrsinnig schießt er mit seiner Maschinenpistole in die Luft! »Elende Schweinerei! Das hat gerade noch gefehlt! Dem sind die Nerven durchgegangen, jetzt haben wir den Salat!« denkt der Kompaniechef.

Der Feind weiß genau, wo einer sitzt, da sitzen auch noch mehr! »Knallt ihn ab!« brüllt der Hauptmann.

›Wen denn? Den Feind dort oben?‹ denkt Oberfeldwebel Heinze.

Ein wildes Infanteriefeuer geht los, – ungenau – panisch – überhastet. Der Doppeldecker dreht ab. Nein! Er entzieht sich nur dem Feuerbereich der Infanteriewaffen!

Jetzt leitet der Artilleriebeobachter über Funk die Geschütze des Feindes! Schrapnelle zerknallen über den Köpfen der Männer, Dreckfontänen spritzen hoch, jaulend fegen die Kugeln durch die Luft. Sie schlagen ein in Holz, Sand und Steinen.

Die Deutschen sind zwar wieder wie vom Erdboden verschwunden, aber der Russenflieger hat sie untertauchen sehen und leitet das Feuer der Sowjets immer näher. Eine MG-Salve bringt augenblicklich den Stillstand des heftigen Feuers. Das Flugzeug ist getroffen und zieht mit dunkler Rauchfahne davon.

Doch diese Feuerpause wird sicher nicht lange dauern. Hauptmann Köhler traut dem Frieden nicht.

»Alles sammeln!« schreit er mit sich überschlagender Stimme. Aus dem Unterholz kommen seine Männer, ihnen steht noch die eben durchlebte Angst im Gesicht.

»A tempo! Vorwärts! Nach drüben in die dichte Schonung!« Der Hauptmann weist ihnen die Richtung an. Die Männer schleppen auch die Verwundeten und die Munitionskisten über den glitschigen Boden mit. Nur dreihundert Meter sind es bis zu der Schonung, in der sie untertauchen können, aber dieser scheußliche Boden! Keuchend schleifen die Landser ihre Lasten.

Oberfeldwebel Heinze kniet unter einem Busch und hat die

Karte vor sich ausgebreitet, Hauptmann Köhler schaut ihm über die Schulter. »Noch kein Anhaltspunkt? Wenn kein Wunder geschieht, sind wir in diesem dreckigen, sumpfigen Gebiet gefangen – erledigt!«

Heinze sucht auf der Karte nach einem Ausweg, vergebens! Hans Nowak hastet an den beiden vorbei.

»He, Pastor (Hans wird wegen seines entschiedenen Christseins in der Kompanie ›Pastor‹ genannt) fragen Sie mal beim himmlischen Hauptquartier an, ob uns der liebe Gott einen Engel oder sonst jemand schicken kann, der uns hier herausführt!« höhnt die sogenannte »Mutter der Kompanie«. Hans ist es gewöhnt, mit solchen Reden herausgefordert zu werden. Seine Kameraden vom 3. Zug, allen voran der giftige Spötter Unteroffizier Diehlmann, sein Gruppenführer, haben eine Freude daran, ihn auf diese Weise zu schikanieren.

Diehlmann allerdings liegt gerade unter einem Busch und stöhnt, sein Bein ist verletzt, das Verbandspäckchen schon durchblutet.

Hauptmann Köhler beurteilt die Lage richtig, der Russe hat ›Blut geleckt‹. Eine weitere ›Nähmaschine‹ rattert heran. Sie überfliegt den Wald. Noch haben sie niemanden entdecken können, doch die Besatzung scheint genauestens orientiert zu sein. Vielleicht ist der Artilleriebeobachter nach einer Notlandung aus dem brennenden Flugzeug nur in diese andere Maschine umgestiegen? Die feindlichen Geschütze schweigen im Augenblick, doch der gefährliche ›Aasgeier‹ kreist weiterhin über dem letzten Standort der Kompanie.

›Hoffentlich verliert nicht wieder jemand die Nerven‹, denkt der Hauptmann. Dabei fällt ihm ein, daß er gar nicht nach dem ›Sünder‹ Ausschau gehalten hat, der das erste Mal durchgedreht hat. Ob das vielleicht der ›Fromme‹ war? Der hat doch in solchen Situationen bestimmt die Hosen ›gestrichen voll‹!

Aber jetzt ist keine Zeit für weitere Überlegungen.

»Keine Bewegung! Keinen Schuß ohne meinen ausdrücklichen Befehl!« ruft er seinen Leuten zu.

Dicht neben Nowak liegt der Familienvater Siegfried Kittel, ein Ur-Berliner. Irgendwie fühlt er sich zu dem ›Frommen‹ hingezogen. Er hält nicht offiziell zu ihm, nein, aber er hat Mitleid mit diesem jungen Mann, der trotz aller giftigen Bemerkungen der Kameraden und Vorgesetzten seiner Überzeugung treu bleibt und nie zurückschlägt. Auch hat er für sich selber das unbestimmte Gefühl, in der Nähe dieses Kameraden sicherer, geschützter zu sein.

Oder ist das nur Einbildung? Kittels Familie ist wegen der gefährlichen Luftangriffe auf Berlin aufs Land gezogen. Sein Bruder, ein Landwirt in der Lüneburger Heide, war im Frankreichfeldzug vor Dünkirchen gefallen. Er hinterließ seine Frau mit sechs Kindern, zu der dann Kittels Frau mit ihren acht Kindern aus Berlin kam, um der Schwägerin helfen zu können. Alle Kinder müssen fleißig mithelfen, sowohl im Stall als auch auf den Feldern und Wiesen. Der älteste Sohn ist gerade erst sechzehn Jahre alt. Zusammen mit einem polnischen Fremdarbeiter, der ihnen zugeteilt wurde, arbeitet er jetzt als die wichtigste Arbeitskraft in der großen Landwirtschaft.

Wenn der Briefträger mit seinem Fahrrad durch den staubigen Feldweg geradelt kommt, denkt die Kriegerwitwe wehmütig an die Zeit, als sie noch Feldpostbriefe bekam, bis eines Tages der Bürgermeister einen schwarz umrandeten Brief brachte mit der Mitteilung des Kompaniechefs: »Für Volk und Vaterland in der Schlacht bei Dünkirchen gefallen.« Erst später bekam sie dann das persönliche Eigentum ihres Mannes zugeschickt: eine goldene Armbanduhr, eine Tabakdose, den Trauring und die persönlichen Briefe. ›Was muß noch alles geschehen, bis dieser elende Krieg endlich zu Ende ist?‹ denkt Frau Kittel.

Siegfried Kittel späht durch das dichte Gestrüpp des Unterholzes. Der Sowjetaufklärer taucht vor der Schonung auf, er fliegt so tief, daß Kittel die breiten Gesichter der Russen genau erkennen kann. Das Herz schlägt ihm bis zum Hals hinauf. Nur nicht so laut atmen, denkt er, aber das ist ja doch Quatsch! Es ist die Angst, die ihm wieder in die Glieder gefahren ist. Er sieht den roten Sowjetstern im Sonnenlicht glänzen. Die Räder des starren Fahrgestells hängen bewegungslos in der Luft. Dieses sowjetische Allzweckflugzeug sieht primitiv und völlig harmlos aus. Wie bei einer Flugsportschau läßt der Pilot einmal den rechten und einmal den linken Flügel absinken. Der Beobachter neben ihm dagegen lauert wie ein Luchs. Er ist krampfhaft bemüht, die wie vom Erdboden verschluckte deutsche Einheit wiederzufinden. Kittel wagt einen Blick zur anderen Seite des Busches und sieht Nowak unter dem Tarnhemd liegen. Er hat seine Hände gefaltet und betet. ›Wie gut, daß jetzt kein Spötter neben ihm liegt‹, denkt Kittel.

Die Stechmücken, diese unzählbaren Quälgeister, sind eine wahre Plage für die Männer.

Und plötzlich! Ein rasend schnell sich näherndes Pfeifen, was zu einem ohrenzerreißenden Lärm anschwillt! Keine zwanzig Meter von ihnen entfernt spritzen im nassen Sumpf mächtige Dreckfontänen hoch. Die hallenden Abschußknalle und die blaffenden Detonationen fallen zeitlich fast zusammen. Der Russe schießt mit den gefürchteten 7,62 cm-Geschützen. Die Männer haben kaum Zeit, in bessere Deckung zu gehen. Mit lehmverschmierten Händen wischen sie sich die triefende Brühe aus den Gesichtern.

Da heult es durch die Luft: Rum – Wum! Rum – Wum! Die russische Artillerie hat offensichtlich neue Informationen vom fliegenden Beobachter bekommen. Splitter zischen über die Köpfe der Männer hinweg. Einschlag auf Einschlag folgt. Immer näher rückt das tödliche Feuer. Innerhalb der Schonung schreien Verwundete auf. Wenn das so weitergeht, kommt aus dieser Schonung niemand mehr lebendig heraus.

»Sanitäter!« Von mehreren Seiten gleichzeitig wird nach ihm gerufen. Aber jetzt aufspringen und helfen zu wollen, ist lebensgefährlich. Darauf warten die Russen ja nur, die weiterhin aus ihrem Aufklärungsflugzeug die Gegend beobachten. Doch müßten die Verwundeten schnellstens Hilfe haben.

Hans Nowak betet! Will er sich damit selbst etwas beruhigen? Hilft und nützt beten in diesem mörderischen Krieg überhaupt noch? Der russische Pilot gibt so oder so doch seine Befehle an die sowjetischen Batterien. Gewiß hat der ›liebe Gott‹ auch anderes zu tun, als sich die Gebete des Hans Nowak anzuhören, denkt Kittel. Europa blutet aus unzähligen Wunden, weshalb sollte der Herrgott, wenn es ihn überhaupt gibt, sich gerade eines Hans Nowak und seiner verwundeten Kameraden annehmen und ihnen Hilfe schicken? Noch dazu in diesem ›gottverlassenen‹ Sumpf! Sind sie wirklich schon gottverlassen? Das Feindfeuer wütet entsetzlich auf der anderen Seite der Schonung. Äste, Buschwerk, ja sogar ganze Bäume wirbeln durch die Luft. Jetzt springen Sanitäter auf und rennen, um den jämmerlich schreienden Kameraden zu helfen. Man kann ja nicht warten, bis alle verblutet sind.

Ratlos und aufs Äußerste angespannt sieht Hauptmann Köhler dem Untergang seiner verstreuten Einheit entgegen. »Wenn dieser Artilleriebeobachter doch nur krepieren würde!« flucht er leise vor sich hin. »Haben wir uns denn so weit vom Regiment entfernt, daß kein Schwein den Feuerüberfall hört?«

Die Geländeschwierigkeiten sind zu groß, um die Männer auf eigene Faust durch den Wald zu jagen. Der moorige Grund, die zahllosen Flüsse und Moräste bieten keinen Ausweg, sondern halten die Mannschaft gefangen.

Neben dem Hauptmann hocken der Oberfeldwebel Heinze und der Obergefreite Linsen, der Melder. Der ganze Wald, in dem sie festsitzen, gleicht einer Hölle. Neben den todbringenden Waffen werden die Deutschen auch noch bis zur Weißglut von Mückenschwärmen gepeinigt. Hauptmann Köhler sieht bereits das Ende seiner tapferen Mannschaft. Werden auch sie ein Raub des unerbittlichen Waldkrieges? Unzählige sind ertrunken, verhungert, verblutet in Rußlands Weiten, den schrecklichen ›Bundesgenossen‹ der Sowjets, die zu Menschenfallen geworden sind.

›Warum auch haben wir uns diesen Krieg von den Russen aufzwingen lassen?‹ geht es Köhler durch den Kopf. Fünf Tage lang schon besteht keine Verbindung mehr zum Regiment, über eine Woche haben sie keine warme Verpflegung gehabt. Die eisernen Rationen sind bereits verzehrt. Die Leute können ja vor Erschöpfung kaum noch weiter. Die Toten hat man jeweils an Ort und Stelle liegen gelassen, die Verwundeten, so gut es ging, mitgeschleppt. Dazu kommen dann Fälle von Malaria, Sumpffieber und Brechdurchfällen. Erneut kommt der Beobachtungsflieger in ihre Nähe. Er scheint keinen Benzinmangel zu haben. Dieser motorisierte Todesengel sucht nach neuen Opfern hinter den Büschen. Angesichts dieser aussichtslosen Lage kann keiner mehr an eine Rettung glauben.

Nur Hans Nowak betet weiter. Doch scheint der Fromme auch nichts ausrichten zu können.

»Hast du noch Hoffnung, Hans? Glaubst du, det wir aus diesem Dreck noch eenmal rauskommen?« Kittel blickt Hans flehentlich an.

»Ja, wir kommen hier heraus«, sagt dieser kurz.

»Ick kann dir nur bewundern, Hans! So wat hab ick mein Leben lang nich jesehn«, meint Kittel anerkennend.

Schwindelanfälle und Übelkeiten quälen die zu Tode erschöpften Soldaten. Manchem brennt der Magen wie Feuer. Aussehen tun sie wie die ›Moorteufel‹, aber der Dreck ist die beste Tarnfarbe.

Und wirklich – die Hilfe kommt!

Ein deutsches Jagdflugzeug braust heran. Der Pilot hat den sowjetischen Doppeldecker erspäht. Mit nur wenigen Feuerstößen schießt er den Russen in Brand, der in den Sumpf stürzt. Der deutsche Jäger überfliegt mehrmals das Gebiet und wackelt mit den Flügeln der Maschine: ›Verstanden! – Habe euch gefunden!‹

Nach weiteren zwanzig Minuten naht ein Fieseler Storch, ein deutsches Kurierflugzeug, und wirft eine Nachrichtenbombe ab. Dort, wo sie zu Boden fällt, steigt Rauch auf und signalisiert den Landsern, wo sie zu finden ist. Mehrere Grenadiere beeilen sich, die Bombe zu erreichen. Linsen bringt sie dem Hauptmann. In ihr findet er eine Karte mit dem eingezeichneten Standpunkt, den sie zur Zeit einnehmen und dazu eine angegebene Richtung, die sie aus dem Gebiet heraus- und zur Truppe zurückführt. Nach acht Stunden haben die versprengten Landser mit Aufbietung ihrer letzten Kräfte die eigene Front erreicht. Auch die Verwundeten sind mitgenommen worden.

Am Abend fallen die achtzig Männer, der Rest der zweihundert Mann starken Kompanie, ins Stroh. Todesähnlicher Schlaf hat sie übermannt. Essen – trinken – schlafen! Alles andere morgen!

»War det nun Zufall, det wa aus dem Scheißdreck rausjekommen sind oder is det, weil der Hans jebetet hat!« fragt Kittel seinen Kameraden Kusserow, den MG-Schützen.

»Mir wurscht! Hauptsache, wir sind noch einmal davongekommen! Und nun laß mich endlich schlafen!« knurrt dieser.

Von unsichtbarer Hand zerrissen

Der »Völkische Beobachter«, die Standardzeitung des »Großdeutschen Reiches«, liegt auf dem Tisch. In großen Balkenüberschriften werden die Siegesparolen vom heroischen Kampf deutscher Soldaten im Osten hervorgehoben. Aber in dieser Tagesausgabe steht noch ein anderer Bericht, der folgende Überschrift hat: »Wie von unsichtbarer Hand zerrissen.«

Herbert Kusserow ist Augenzeuge gewesen von dem, was am Tag zuvor passiert war. Es hatte mit einem seltsamen Volksauflauf am Marktplatz begonnen, zu dem sich Kusserow gesellte, um zu erfahren, was es da gäbe. Es handelte sich offenbar um etwas Außergewöhnliches, nicht etwa um eine Parteiversammlung, einen Hitlerjugendappell oder ähnliches mit den üblichen Fanfaren- und Trommelklängen. Nein, ein einzelner Mann mit Pferd und Wagen, irgend so ein religiöser Fanatiker vielleicht oder war es sogar ein Pastor, der da vor einer Gruppe von Menschen sprach? Seine kräftige Stimme übertönte den mittelalterlich anmutenden Marktplatz. Er sprach von einem Reich. Nicht etwa dem Dritten Reich, sondern von dem Friedensreich Gottes. Es gab andächtig lauschende Zuhörer, aber auch solche, die sich und ihre Gesinnung nicht zu erkennen gaben. An dem klobigen Pferdewagen hing ein Transparent mit den Worten: »Land, Land, höre des Herrn Wort!«

Von der Höhe seines Wagens aus konnte der Sprecher seine Zuhörer übersehen. Vernahm er ein oppositionelles Raunen, so erhob er seine Stimme, um jede Störung im Keim zu ersticken. Hin und wieder verließen einige Zuhörer, vor sich hinschimpfend und mit verächtlich machenden Gebärden, die Menge.

»Solch ein Blödsinn. Dieses fromme Gerede! Das sind doch alles Märchen für alte und lebensschwache Großmütter!«

»Man sollte solchen Unsinn von der Parteileitung aus verbieten!«

»Hör auf, Pfaffe, mit deinem blödsinnigen Gequatsche! Deine Märchen kannst du dem Papst in Rom erzählen, nicht aber uns hier!«

»Man sollte dem Gauleiter schreiben und diesen Verrückten in ein Arbeitslager einsperren lassen! Dieser Faulenzer stiehlt dem lieben Gott doch nur die Zeit!«

»Wem stiehlt er die Zeit?« wollte jemand wissen.

»Wie? – Na, dem Staat! Wieso? Na, ich meine, dem Führer und uns in unserer nationalsozialistischen Aufbauarbeit!«

»Das meine ich auch. Mit den alten und überholten Phrasen kann man heute doch keinen Hund mehr hinter dem Ofen hervorlocken!«

Eine kleine Gruppe von Menschen blieb dennoch unbeeinflußt von den Zwischenrufern stehen, neben ihnen Kusserow, der sich nur ab und zu ein wenig nervös umsah, weil er befürchtete, von Parteigenossen oder anderen Bekannten gesehen zu werden, was ihm nicht unbedingt gepaßt hätte. Eigentlich wäre er gern weggegangen, aber es interessierte ihn doch sehr, was der Mann da so vorbrachte. Außerdem hatte er genug Zeit und konnte sich das Zuhören leisten.

Was die Partei anbetraf, so war er als ›Mitläufer‹ bekannt, er besuchte auch nur die ›Pflichtversammlungen‹, denn das nationalsozialistische Gedankengut befriedigte ihn nicht, aber was blieb einem übrig, als mit den Wölfen zu heulen!

Herbert Kusserow, Beamter bei der Deutschen Reichsbahn, an seinem Arbeitsplatz ein gewissenhafter Mann, hatte die Fünfzig bereits überschritten. Seine Mitgliedschaft in der NSDAP war nur formell. In der Parteiliste stand er lediglich als ›Karteileiche‹.

»Was du bist, das sei ganz!« rief der Mann in die Zuhörermenge. »Ein halber Christ ist ein ganzer Unsinn!«

Herbert Kusserow gehörte zwar noch der Kirche an, nannte sich aber nach neuester Mode: ›gottgläubig‹, wie es erwünscht war.

»Du sollst lieben Gott, deinen Herrn, von ganzem Herzen, von ganzer Seele und von ganzem Gemüte. Dies ist das vornehmste und größte Gebot. Das andere aber ist ihm gleich: Du sollst deinen Nächsten lieben wie dich selbst!«

Der Sprecher hielt eine Bibel zum Himmel empor und rief:

»Dreimal hat Jesus das betont: *Ganz!* Von ganzem Herzen – von ganzer Seele – von ganzem Gemüte! Wie stehen Sie zu Jesus Christus? Ich kenne junge Männer, die heute an der Front im Einsatz sind, die ihre Hoffnung und ihr Vertrauen ganz auf Jesus setzen. Wer nicht mit ganzer Kraft und in vollem Bewußtsein seiner Überzeugung kämpft, wird nie Sieger werden! Nicht auf Erden, auch nicht im Himmel! Jesus Christus fordert den Einsatz unserer ganzen Persönlichkeit! An IHM kommen wir nicht vorbei! Wir können Gott ignorieren und so tun, als wäre er nicht da, doch wir können ihm nicht entfliehen.

Wir können Gott verspotten, verlästern und wider ihn reden, doch wir können ihm nicht ausweichen.

Wir können Gott ablehnen, doch ihn nicht zum Schweigen bringen.

Wir können das Wort Gottes verlachen oder es in den Schmutz ziehen, wir können es aber nicht auslöschen.

Wir können Gott für tot erklären, doch wir können ihn nicht daran hindern, uns weiterhin zu lieben.«

Der Sprecher machte ein kleine Pause, um die Worte auf die Zuhörer nachwirken zu lassen. Dann fuhr er fort: »Alle müssen einst vor Jesus Christus ihre Knie beugen. Bedenken Sie, daß Sie in diesem Leben zwischen Himmel und Hölle wählen! An welchem Ort wollen Sie Ihre Knie beugen?«

Der mutige Mann hatte seinen Zuhörern eine entscheidende Frage gestellt. Da steigt ein Fremder zu dem Sprecher auf den Wagen. Er kommt von hinten herauf. Der Redner bemerkt ihn erst durch die Blicke der Menschen, die den Vorgang gespannt beobachten.

Was will der Fremde? Ist er ein Mitarbeiter des Redners? Danach sieht er eigentlich nicht aus. In der einen Hand hält er eine Aktentasche, aus der eine Thermosflasche herausragt. Mit wenigen Schritten ist er neben dem Prediger. Herbert Kusserow verspürt ein Unbehagen. Ist das etwa eine Störung?

Dreist wendet sich der Unbekannte an den für Augenblicke verstummten Redner: »Soll ich Ihnen mal was sagen? Was Sie hier behaupten, ist ein totaler Unsinn! Einen lebendigen Gott soll es geben? Wissen Sie, was das hier ist?« und dabei zieht er aus seiner Tasche eine Zeitung. »Das ist der ›Völkische Beobachter‹! Und nun passen Sie mal gut auf! Wenn es einen Gott im Himmel gibt, dann soll er mich augenblicklich so zerreißen, wie ich hier jetzt diese Zeitung zerreiße! Haben Sie mich verstanden, Herr Pastor?« höhnt der Mann und reißt seine Zeitung zwei- bis dreimal demonstrativ durch.

Frenetischer Jubel und Hohngelächter erschallt von denen, die bisher schon durch bissige Zwischenrufe auf sich aufmerksam gemacht haben. Dieser Zwischenfall kommt ihnen sehr gelegen. Der neue Mann da oben ist ihr Held! Sie jubeln ihm zu. Mit schallendem Gelächter nehmen die Radaubrüder den Mann danach in ihre Mitte und verschwinden. Er hatte dem verrückten, religiösen Spinner seine ›Zirkusnummer‹ kaputtgemacht, so meinen sie jedenfalls.

Einige aus der Gruppe der Zuhörer schleichen beschämt davon, auch Herr Kusserow. Andere bleiben bei dem erschüttert dreinblickenden Redner stehen, sie beten für und mit ihm. Dann gehen alle auseinander. Das ist gestern gewesen! Und heute?

Kusserow starrt auf die sensationell klingende Überschrift im ›Völkischen Beobachter‹: ›Wie von unsichtbarer Hand zerrissen.‹

»Folgendes soll sich gestern auf dem Marktplatz unserer Stadt abgespielt haben . . .« In wenigen Zeilen wurde das berichtet, was Kusserow mit eigenen Augen gesehen und erlebt hatte. Der Bericht endete mit den Worten: »Derselbe Volksgenosse ist am späten Abend an seinem Arbeitsplatz in eine Maschine geraten und buchstäblich in Sekundenschnelle zerrissen worden.«

Kusserow scheint wie versteinert. Sollte Gott wirklich . . .? Gestern, um diese Zeit, so ging es ihm durch den Kopf, und auf einmal bemächtigt sich seiner eine bisher nicht gekannte Unruhe, die ihn wieder zum Marktplatz treibt.

Was er dort erblickt, ist eine große Überraschung für ihn, denn die Menschenmenge, die sich da eingefunden hat, kann er nicht einmal mehr überschauen. Er schätzt an die zweitausend Zuhörer. Die Polizei ist bemüht, für Ordnung und Disziplin zu sorgen. Aus einiger Entfernung hört man den Redner, der gestern scheinbar so blamiert dagestanden hatte, rufen: »Irret euch nicht! Gott läßt sich nicht spotten! Denn was der Mensch sät, das wird er ernten!«

»Was ist denn hier los?« fragt Kusserow einen der Zuhörer, um den Anschein zu erwecken, als sei er völlig unwissend und ganz per Zufall hierhergeraten.

»Na, haben Sie denn nicht die Zeitung gelesen? Hier hat sich doch gestern was abgespielt!«

»Ruhe!« zischt jemand. »Halten Sie den Mund!«

Der Gefragte schiebt Kusserow eine Zeitung zu, doch dieser winkt ab und lauscht gespannt den Worten, die der Redner jetzt an die Leute richtet: »Darum, wir alle sind gemeint! Heute, so ihr hören werdet seine Stimme – sagt die Bibel! – verstocket eure Herzen nicht! O Land, Land, höre des Herrn Wort!«

Wieder zu Hause angekommen, setzt sich Herr Kusserow hin und schreibt seinem Sohn, was ihn jetzt so nachdenklich gestimmt, ja, sogar sehr verunsichert hätte. Er bittet seinen Sohn um eine schnelle Antwort und fügt dem Feldpostbrief den Zeitungsausschnitt bei.

Die letzten Urwälder

Um drei Uhr ist es noch dunkel. Die Schwärze der Sommernacht liegt schwer über den unendlich scheinenden Wäldern des weiten Rußlands. Grenadiere aus Nord- und Süddeutschland machen die schreckliche Bekanntschaft mit den fast unberührten, von der Zivilisation unerreichten europäischen Urwäldern. Sie gleichen Naturfestungen, grausamen Todesfallen, einem einzigen Hinterhalt. Jede Baumkrone, jeder Baumstumpf, jeder Busch kann ein getarntes Heckenschützennest eines russischen Scharfschützen sein. Die Russen entwickelten sich zu Meistern im Waldkampf. In diesen versumpften Mischwäldern haben die Rotarmisten ihre Spezialausbildung erhalten. Mit Vorliebe bauen sie ihre Stellungen hinter Sümpfen aus. Die Schützenlöcher kann man von der Frontseite aus nicht erkennen. Sie sind so gebaut, daß man bereits vorbeigestürmte deutsche Truppenteile aus einem Hinterhalt heraus überfallen kann. Flieger und Artillerie sind bei einem solchen Waldkampf nicht in der Lage, helfend einzugreifen, weil Freund und Feind viel zu dicht beieinander oder hintereinander, wie verzahnt, liegen und nicht zu erkennen sind. Hier kann man nur mit Handgranaten und Granatwerfern operieren.

Hinter solchen Sumpffestungen liegen Stoßreserven. Ihre Stellungen sind derart gut ausgebaut, daß Natur und Tarnung nicht voneinander zu unterscheiden sind. Die Luftaufklärung ist außerstande, solche Stellungen auszumachen.

In diesen unheimlichen Irrgärten aus Büschen, Sümpfen, Dorngestrüpp, kreuz und quer liegenden Bäumen, umgestürzten Urwaldriesen tasten sich die deutschen Fußtruppen seit Tagen hindurch.

Hauptmann Köhler befindet sich in vollsaftiger Laune: »Wann endlich ist dieser verfluchte Wald zu Ende?«

Seine Kompanie quält sich buchstäblich Meter um Meter nach Osten weiter. Die Schützenlinien sind weit auseinandergezogen. Jeden Augenblick kann man auf sowjetischen Widerstand stoßen. Die Männer haben zu laufen, zu springen und einer dem anderen nachzuklettern. Die Gegend wirkt gespenstisch. Ständig lassen sie ihre Blicke mißtrauisch in die Runde gehen, denn von oben oder unten, von rechts oder links, von vorn oder hinten kann plötzlich ein Überfall erfolgen.

Der Gefreite Kusserow trägt das MG. Seit zwei Stunden schon trottet er vor Hans Nowak dahin. Seine Füße sind wundgelaufen und samt den Beinen geschwollen. Jeder Schritt schmerzt ihn bis in die Kniekehlen. Kusserow hat sich ein Handtuch unter die Uniform geschoben, denn das Maschinengewehr drückt auf die Dauer unheimlich. So oft er das MG von der einen auf die andere Schulter wechselt, legt er auch das Handtuch mit auf die Schulter, die das MG zu tragen hat. Dazu muß er jedesmal für einen Augenblick stehenbleiben. Nowak, der hinter ihm die schwere Munitionskiste schleppt, ist dankbar für die Sekunden, in denen auch er kurz die Kiste abstellen und sich verschnaufen kann. Zwar schimpfen und schreien die Landser unmittelbar hinter ihnen, doch Kusserow wettert dann mit ganz gemeinen Kraftausdrücken zurück.

»Laß sie, Albert«, sagt Nowak, »laß mich das MG nehmen, wir wechseln ab. Nimm du die Munitionskiste.«

Ehe er sich aber das Handtuch unter die Feldbluse stecken kann, bekommt er einen gewaltigen Stoß vom Hintermann.

»Los! Weiter, du Schlappschwanz! Vielleicht hilft dir ein Engel oder der Teufel, das MG zu tragen!«

»Halt deine Fresse!« brüllte Kusserow zurück.

Jetzt müssen sie laufen, um den befohlenen Abstand wieder herzustellen.

Feldwebel Becker taucht neben Nowak auf und fragt: »Ist etwas nicht in Ordnung?«

»Alles in Ordnung, Herr Feldwebel!« entgegnet Nowak. Der Feldwebel grinst, es ist ein bösartiges Grinsen übers ganze Gesicht! Der Fromme hat die meisten Feinde in der Kompanie. Kusserow spuckt wütend hinter dem Feldwebel her, der dabei ist, sich wieder an die Spitze seines Zuges zu begeben.

»Ich habe einen saumäßigen Hunger«, schimpft Kusserow.

Seit gestern früh hat die Einheit keine Verpflegung mehr bekommen. Partisanen konnten die Versorgungswagen abfangen.

»Wahrscheinlich haben die Russen große Freude an unseren Rationen gehabt«, mein Nowak.

Vor ihnen trottet jetzt Vater Kittel, der Senior im dritten Zug. Er holpert über Stock und Stein. Ohne nennenswerte Rast marschieren sie bereits die ganze Nacht. Wer weiß, ob nicht am Tage wieder die ›Nähmaschine‹ Alarm schlägt.

Alle fürchten dieses gräßliche Flugzeug mit dem roten Stern. In den Sümpfen quaken die Frösche und zirpen die Grillen, es klingt schrill und laut. Ihr Konzert übertönt das Knarren und Scheppern der Gasmaskenbüchsen, der Seitengewehre und Stahlhelme am Koppel.

»Gott sei Dank!«, denkt Hauptmann Köhler, denn das Knacken der Äste, auf die man tritt und das Stampfen der Stiefel wird dadurch überdeckt. Nur wenn ein Waldkauz aufschreit, zucken alle zusammen. Nein, sie sind ja nicht abergläubisch, aber sie wissen, daß die Russen es meisterhaft verstehen, sich an die deutschen Einheiten heranzuschleichen und sich durch nachgeahmte Tierrufe zu verständigen, um dann irgendwann urplötzlich über die Deutschen herzufallen. Immer wenn ein Tierlaut zu vernehmen ist, bleiben die Soldaten wie erstarrt, voller Spannung und in Erwartung stehen, um abwehrbereit zu sein. Jeder hat dann ein merkwürdiges Gefühl in Herz- und Magengegend. Der Herzschlag ist bis in die Kragenbinde hinauf zu spüren. Gespenstisch heben sich die weitverzweigtem Äste der Bäume vom Himmel ab, die kühle Waldluft duftet würzig.

Am Horizont dämmert schwach der Morgen heran. Die Vögel beginnen ihr schönes Morgenkonzert. Man könnte vergessen, mitten in einem gnadenlosen Waldkampf, im feindlichen Urwald zu stehen.

Die Kompanien sollten eigentlich am frühen Morgen den Wald durchquert und hinter sich gelassen haben. Man würde auf die erste geschlossene Auffangstelle des Feindes stoßen. Beim letzten Halt hieß es, daß sie in etwa zwei Stunden direkte Feindberührung haben sollten.

Da kommt es schon! Von der Spitze der Gruppe wird der Befehl durchgegeben: »Das ganze Halt! Zug- und Gruppenführer nach vorn!«

Drei Unteroffiziere, zwei Feldwebel und ein Leutnant springen an den stehengebliebenen Mannschaften vorbei. Der Obergefreite Linsen, er ist der Kompaniemelder, begegnet ihnen und ruft verhalten: »Funktrupp nach vorn! Wo ist der Funktrupp?«

»Funktrupp nach vorn!« die Landser geben den Ruf nach hinten weiter.

»Alles in Deckung gehen!« schnarrt es von vorn. Die ermatteten Soldaten legen sich rechts und links an den Büschen nieder. Der Funktrupp hastet mit seinen Handgeräten an Nowak, Kusserow und Kittel vorbei. Alle sind mit ihren Kräften so ziemlich am Ende.

Kusserow wettert leise vor sich hin: »Solch ein Mist! Elende Schweinerei! Nichts zum Fressen und solche Schinderei! Gleich ins Feuer dem Feind entgegen! Ehe man in den Tod marschiert, möchte man doch wenigstens noch einmal satt sein! Das ist doch alles zum Kotzen!«

Hans Nowak zerrt aus seiner Feldbluse eine kleine Taschenbibel hervor. Das Morgenlicht reicht gerade aus, um einige Verse lesen zu können: »Ist Gott für uns, wer mag wider uns sein?« Kittel rückt etwas näher an Nowak heran. Er ist so still und schweigsam, daß es verdächtig scheint. Rücken an Rücken hocken sie auf dem feuchtkalten Boden. »Lies lauter, Hans, daß ich auch was verstehen kann!«

Auch Kusserow scheint seine Ohren zu spitzen, obwohl er mit seiner Miene ganz abwesend tut.

Hans liest etwas lauter: »Ist Gott für uns, wer mag wider uns sein? Welcher auch seines eigenen Sohnes nicht hat verschont, sondern hat ihn für uns alle dahingegeben; wie sollte er uns mit ihm nicht alles schenken? Wer will die Auserwählten Gottes beschuldigen? Gott ist hier, der da gerecht macht. Wer will verdammen? Christus ist hier, der gestorben ist, ja vielmehr, der auch auferweckt ist, welcher ist zur Rechten Gottes und vertritt uns. Wer will uns scheiden von der Liebe Gottes? Trübsal oder Angst oder Verfolgung oder Hunger oder Blöße oder Gefahr oder Schwert?«

Hans hält inne und blickt zu Kusserow hinüber. Dieser hat seine Augen geschlossen und seine Lippen fest aufeinander gepreßt. Auch andere Kameraden schauen interessiert herüber. Von vorn aus einer Mulde, in der der Kompaniechef mit seinem Stab eine Lagebesprechung abhält, hört man nervöses, hektisches Raunen. Die Männer vom Funktrupp machen sich an ihren Geräten zu schaffen.

Nowak liest weiter: »Um deinetwillen werden wir getötet den ganzen Tag; wir sind geachtet wie Schlachtschafe. Aber in allem überwinden wir weit um deswillen, der uns geliebt hat. Denn ich bin gewiß, daß weder Tod noch Leben, weder Engel noch Fürstentümer noch Gewalten, weder Gegenwärtiges noch Zukünftiges, weder Hohes noch Tiefes, noch keine andere Kreatur mag uns scheiden von der Liebe Gottes, die in Christo Jesu ist, unserm Herrn.«

Der letzte Satz ist gerade verklungen, als man die Unterführer hastig zurückeilen sieht. Am Waldrand wird es immer lichter, in einiger Entfernung kann man zwischen dem Unterholz schon einen Bahndamm erkennen.

Feldwebel Becker, die Maschinenpistole in der Hand, stellt sich neben Kusserow und winkt den dritten Zug zu sich heran: »Alles mal herhören! In zehn Minuten geht's los!«

Kniend hockt er in der Mitte seiner Leute. Mit der linken Hand markiert er einen Bogen und sagt: »Dort hinter dem

Bahndamm befindet sich die sowjetische Auffangstellung. Unsere Kompanie bildet den vordersten Stoßkeil, die zweite Kompanie gibt uns Feuerschutz von rechts. Links neben uns kommt die dritte Kompanie in Schützenkette voran. Wir werden als erste die Feindstellung eindrücken!«

Alle Augen sind auf Becker gerichtet. »Noch irgendwelche Fragen?«

Pause. –

»Bekommen wir Artillerie- oder Luftunterstützung?« fragt Kittel.

Becker zuckt mit den Schultern: »Es sieht nicht so aus, wir müssen die Aufgabe wohl selber lösen.«

»Na dann, Prost-Mahlzeit!« zischt Kusserow dem Feldwebel ins Gesicht. Becker tut so, als hätte er es nicht gehört.

»In Abstand von dreißig Metern folgt uns die zweite Gruppe, danach die dritte. Ihr stürmt als erste! Wir müssen versuchen, das freie Feld ohne jeden Aufenthalt zu überwinden, verstanden?«

Hans steckt seine Bibel wieder in die Uniformjacke. Kompaniemelder hasten an ihnen vorbei.

»Wenn wir den Bahndamm erreicht haben, alles in volle Dekkung! Maschinengewehr in Stellung! Feuerschutz nach rechts und links, so lange, bis die anderen Kompanien heran sind! Ist das klar?«

Nervös blickt der Zugführer auf die Uhr. Der andere Zug neben ihnen tastet sich in aufgelockerter Formation nach vorn. Auch die Männer vom ersten Zug schwärmen durch das Unterholz unter Ausnutzung jeder Deckung zum Waldrand.

Nowak hat seine Augen geschlossen und seine Hände gefaltet. Er betet: »Vater im Himmel, im Namen Jesu bitte ich dich, behüte du meine Kameraden und mich. Gib Gnade, daß es nicht zum großen Blutvergießen kommt, weder bei uns noch beim Feind. Herr, offenbare dich jedem, der dich noch nicht kennt! Ich lege mein Leben vertrauensvoll in deine Hände!«

Tonlos bewegen sich seine Lippen, niemand spottet in diesem Augenblick. Schweigsam blicken sie auf Nowak, niemand weiß, was sie erwartet in den nächsten Stunden, ob sie ihr Leben verlieren werden bei diesem Sturmangriff. Feldwebel Becker sieht unverwandt auf seine Uhr, und plötzlich befiehlt er: »Los auf! – In Schützenkette marsch! – Mir nach! – Abstand halten! Aufrükken!«

Kusserow hat das MG in die Hand genommen. Nowak schleppt die Munitionskästen. Der Kompaniechef erwartet sie an der Mulde. Zu ihrem Glück sind sie noch durch dichtes Buschwerk geschützt. Der Hauptmann erteilt ihnen letzte Anweisungen.

»Becker, hören sie folgende Leuchtzeichen: *Weiß* = hier sind wir! *Grün* = Feind tritt zum Gegenangriff an! *Rot* = Feindliche Panzer! *Blau* = Erbitte Feuerschutz!«

Becker legt seine Hand an den Stahlhelm: »Zu Befehl, Herr Hauptmann!« Dann wiederholt er die angegebenen Leuchtzeichen. Hauptmann Köhler beobachtet durch seinen Feldstecher noch einmal den Feind, während Oberfeldwebel Heinze auf seine Uhr blickt. Unteroffizier Geyer, der Führer des Panzerbekämpfungstrupps, trabt mit seinen acht Männern heran. Sie schleppen ihre Molotowcocktails als einzige Panzerabwehrwaffe mit sich. Die geballten Handgranaten stecken in ihren Koppeln.

Geyer war sozialdemokratischer Jugendführer, ein eingefleischter Atheist und somit Nowaks größter Gegner in der Kompanie nach Unteroffizier Diehlmanns Verletzung und Abtransport zum Lazarett. Im Augenblick ist die ›Streitaxt‹ begraben, jetzt sind sie alle gleichermaßen klein angesichts der bevorstehenden Feindberührung, voller Ungewißheit und in latenter Todesfurcht. Stumm und blaß, mit gespielter Selbstbeherrschung, versucht jeder seine Angst ins Unterbewußtsein zu verbannen. Vor ihnen liegt der Feind, nur etwa dreihundert Meter entfernt, und zwischen ihnen ein gnadenlos erscheinendes, freies Feld. Wird es vermint sein?

Wer von ihnen wird den Bahndamm unverletzt erreichen? Wen wird es erwischen? Das flache Feld bietet keinerlei Deckung, der Gegner hat freies Schußfeld.

»Achtung!« Hauptmann Köhler hebt seine rechte Hand, mit der linken hält er die Trillerpfeife im Mund, schrill gellt es in den Ohren: »Sprung auf! Marsch, Marsch! – Zugweise zum Angriff vorwärts!«

Jetzt wird es hinter den Bäumen lebendig. Auf breiter Front springen die Männer der ersten Kompanie über das Feld. Beim Feind rührt sich noch nichts! Kusserow hält seinen Finger am Abzugshebel. Das MG hat er in seine Hüfte gestemmt. Nur zwei Schritte hinter ihm rennt Nowak, ganz vorn der Feldwebel. Neben ihnen stolpert ein Kamerad und schlägt lang hin, springt aber sofort wieder auf. Nowaks Herz schlägt bis zum Hals, die Angst, die schweren Munitionskästen und die innere Anspannung machen seine Beine schwer wie Blei.

Jetzt steigen beim Feind Leuchtsignale zum Himmel empor, eine erste Salve peitscht durch die Luft, doch die Männer laufen weiter. Feldwebel Becker schaut kurz zurück und schreit: »Los! Vorwärts! Von hinten aufgeschlossen!«

Die Hälfte des Feldes haben sie bereits hinter sich. Da zucken vor ihnen deutlich die bläulich-grünen Blitze aus den russischen Maschinenpistolen. Der Feind scheint überrascht zu sein, denn das Feuer ist viel zu schwach. Da es keine Artillerievorbereitung gab, liegen in der Frontlinie wahrscheinlich nur die Posten.

Jetzt ist Becker mit seinen Leuten bis auf hundert Meter an den Bahndamm herangekommen. Zur Rechten beginnt ein Sowjetisches Maschinengewehr zu hämmern. Die ersten Sturmgrenadiere schreien auf, strecken ihre Hände in die Höhe und fallen wie Säcke zur Erde. Kusserow wirft sich nieder und visiert das Mündungsfeuer eines russischen MG-Schützen an. Vier kurze Feuerstöße jagt er hinüber, dann springt er wieder auf, Nowak hinter ihm her.

Auch Unteroffizier Geyer ist mit seinen Leute herangekommen. Sie keuchen mit ihrer Ladung von hochexplosiven Molotowcocktails über den lehmigen Acker.

Die ersten haben den Bahndamm erreicht. Man hört das harte Knallen von Handgranaten. Feldwebel Becker befindet sich bereits in Wurfweite des Dammes. Hart hat er sich auf die Schottersteine niedergeworfen und schießt mit der Maschinenpistole in die feindliche Stellung hinein. Nowak und Kusserow sind nur noch fünfzig Meter vom Bahndamm entfernt, das Feindfeuer wird immer stärker. Die Sowjets feuern aus allen Richtungen. Links von ihnen explodiert eine Werfergranate, so daß Nowak und Kittel vom Explosionsdruck auf die Erde geworfen werden. Auch Kusserow wird zur Seite geschleudert, das Maschinengewehr liegt etwa zwei Meter weit von ihm entfernt. Als er zur Besinnung kommt, vernimmt er neben sich ein jämmerliches Schreien, den Geyer hat's erwischt. Becker brüllt vom Bahndamm herüber: »Wo bleibt das MG? Kusserow, Nowak, los herauf zu mir!«

Kittel richtet sich als erster wieder auf. Er reißt Kusserow am Kragen hoch und gibt ihm das MG. Nowak läßt die Munitionskästen stehen und springt zu Geyer hinüber. Das Rattern und Bellen der Infanteriewaffen schwillt an, es heult und pfeift von allen Seiten. Dazwischen mischt sich das Krachen der Granatwerfer und das Explodieren der gefährlichen Geschosse.

Nowak hat sich über Geyer geworfen und deckt den Schwerverwundeten mit seinem Körper, dessen Hände sich vor Schmerz in die Erde krallen. Er reißt ein Verbandspäckchen aus der Hülle. Der Kopf und die Schultern von Geyer sind voller Blut. Nowak spürt das Blut an seinen Händen. Warmes, rotes Blut! ›Wenn ich nur wüßte, wo es ihn erwischt hat‹, denkt Nowak. Er tastet sehr vorsichtig den Kopf ab und sagt: »Unteroffizier Geyer, hören Sie mich?« Nowak beugt sich tief herunter zum Unteroffizier. Nur ein dumpfes, schweres Röcheln, ein ohnmächtiges Stöhnen. Geyer scheint ohne Bewußtsein, er hat den Mund weit aufgerissen. Die Barthaare an den eingefallenen Wangen sind voller Blut. Im Augenblick schießen die Russen pausenlos, ihr Granatwerferfeuer scheint das ganze Gelände umzupflügen. Die Einschläge liegen etwa zwanzig bis dreißig Meter entfernt. Scheinbar kommen die Sturmtruppen auf der linken Seite nicht voran. Auch das Rattern der Maschinengewehre wird lebhafter. Die zweite Kompanie liegt noch am Waldesrand und gibt unentwegt Feuerschutz. Weiße Leuchtkugeln steigen im ersten Morgendunst vom Bahndamm empor. Auch die grüne Rakete ist zu sehen. »Feind tritt zum Gegenangriff an!«

Mit lautem »Hurra!« stürmen nun auch die Männer der zweiten Kompanie aus dem Wald, um den Kameraden zu Hilfe zu eilen. Sie erhalten starkes Granatwerferfeuer. In dichten Wellen stürmen die Grenadiere über das Feld. Mit einem scharfen Ruck hat Nowak den verwundeten Unteroffizier herumgewuchtet. Seine eine Schulter ist getroffen, das Blut läuft wie ein Rinnsal über das Gesicht.

»*Duuurst!*« stöhnt Geyer. Nowak nimmt seine Feldflasche und gießt den letzten Schluck in den geöffneten Mund des Unteroffiziers. Dann bückt er sich nieder, ergreift ihn und versucht, den schweren Körper auf seine Schulter zu heben. Er kommt aber nicht hoch, sondern bleibt kniend mit dem über ihm hängenden Körper auf der Stelle hocken. Neben ihm schlagen Schüsse ein, es pfeift und zischt durch die Luft.

»Herr, hilf mir! Hilf mir, Meister, den Kameraden aus dem Feuer zu tragen!« ist sein Stoßgebet. Mit einem erneuten Ruck reißt er sich mitsamt der Zentnerlast empor, er wankt ein paarmal hin und her, ehe er Schritt für Schritt im unwegsamen Gelände mit dem Verwundeten zu laufen beginnt. Seine Kräfte scheinen ihn verlassen zu wollen, doch er kommt allmählich voran. Da schlagen plötzlich dicht hinter ihm Granatwerfergeschosse ein, es muß die Stelle sein, die er soeben mit Geyer verlassen hat. Soll er sich fallen lassen? Nein! Niemals! Vorwärts, solange es nur eben geht, denn er würde wohl kaum wieder hochkommen mit der über ihm hängenden Last. Es war höchste Zeit, wegzukommen.

»O Jesus Christus, hilf uns!« betet Nowak und geht dabei Schritt um Schritt zurück. Der Schweiß fließt ihm in Strömen über

Stirn und Wangen. Sein Unterzeug klebt durchnäßt an seinem Körper. Etwa fünfzig Meter vom Wald entfernt bricht er zusammen. Der schwere Körper des Verwundeten deckt ihn. Nur langsam kann Nowak ihn zur Seite schieben und sich davon befreien. Der Unteroffizier rollt in eine Ackerfurche. Nowak packt den Blutenden bei der Feldbluse und legt ihn auf die unverletzte Schulterseite. Das Verbandspäckchen ist völlig durchnäßt. »*Duurst! – Duurst!*« stöhnt der Unteroffizier.

Verzweifelt schaut Nowak zum Waldrand, – fünfzig Meter noch! Doch was dann?«

»Sanitäter! Sanitäter!« brüllt er aus Leibeskräften.

In großer Anspannung wartet er auf Hilfe. Das Infanteriefeuer der Sowjets hat nachgelassen, die deutschen Truppen beherrschen offenbar den gesamten Bahndamm.

Aber auf einmal wird es am Himmel lebendig! Schlachtflieger brausen heran. Ihre Tragflächen glänzen feurig im Morgenrot. Sie eröffnen ein wildes Feuer über dem Bahndamm. Von unten wird das Feuer erwidert, doch können die Geschosse der MGs diesen Flugzeugen keinen nennenswerten Schaden zufügen. Es sind gepanzerte Schlachtflieger. Zwei Maschinen scheren aus der Kette aus und jagen in nur zwanzig Meter Höhe über den Acker. An den Tragflächen züngelt das rote Abschußfeuer. Hunderte kleiner Staubfahnen spritzen über die Furchen. Die nachrückenden Soldaten der zweiten Kompanie haben sich in die Erde gekrallt. Hier und da schreit ein Getroffener auf.

Nowak liegt über dem verwundeten Unteroffizier. Er sieht das grelle Mündungsfeuer und die Einschlagfontänen direkt auf sich zukommen. »Großer Gott, hilf! Bewahre uns!« schreit er in Todesnöten. Die vordere Maschine dreht plötzlich ab, während das Feuer der zweiten Maschine zehn Meter neben ihm wie ein tödlicher Sprühregen vorbeiläuft. Am Waldrand ziehen die Maschinen hoch, als wollten sie über die Bäume springen.

Der Spuk scheint vorüber. Doch urplötzlich sind sie wieder da und beharken den Waldrand, ziehen eine Kurve und brausen dann so tief über Nowak hinweg, daß dieser die Köpfe der Piloten erkennen kann. Seine Lippen beben, und seine Glieder schlottern.

Am Horizont verschwinden die Schlachtflieger, das Motorengeheul verhallt, über dem Acker hört man unaufhörlich den Ruf: »Sanitäter! Sanitäter!«

Nowak richtet sich auf, er nimmt seinen Stahlhelm vom Kopf und wischt mit der Hand das Innenleder ab, dann setzt er ihn wieder auf.

»*Duurst! – Durst!*« röchelt der blutende Geyer. Es klingt wie ein dumpfes Stöhnen.

»Ich hole Hilfe, Kamerad!« sagt Nowak und springt mit seiner Feldflasche in Richtung Waldesrand. Als er nach kurzen Augenblicken zurückkommt, liegt der Unteroffizier zusammengekrümmt da, dicke Fliegen haben sich auf dem Blut am Hals niedergelassen.

Nowak gießt das kühle Wasser in den geöffneten Mund des Verletzten. Zum ersten Mal schlägt dieser seine Augen auf und fragt: »Wo bin ich? – Wo bin ich?«

»Gleich kommt Hilfe, Geyer, ich bleibe bei Ihnen!«

Geyers Wangen sind mächtig eingefallen. Nowak streicht ihm über das blutverschmierte Haar. Er gibt ihm das restliche Wasser zu trinken. Da sieht er am Waldrand einen Kompaniemelder vorbeihuschen. »He, Kamerad! Kamerad, hilf mir, den Unteroffizier zum Waldrand tragen!« ruft er diesem durch seine zum Trichter geformten Hände zu.

Nachdem sie es zu zweit geschafft haben, Geyer an den Waldrand zu bringen, kommen auch schon Sanitäter und übernehmen das Weitere. Als Nowak sich endlich wieder bei seiner Kompanie melden kann, wird er von Feldwebel Becker angebrüllt: »Wo waren Sie, Sie feige Memme? Nowak, weshalb haben Sie sich ohne Befehl vom Zug entfernt?«

»Ich habe Unteroffizier Geyer schwer verwundet aus dem Feuer getragen, Herr Feldwebel!«

»Sie hatten nur Angst, weiterzustürmen, Sie Feigling! Ich werde Sie beim Kompanieführer melden!« schreit Becker.

»Mach dir nichts draus!« versucht ihn Kittel zu trösten und klopft ihm dabei väterlich auf die Schulter. »Du bist ein guter Kamerad, ein echter!«

Russische Kriegsgefangene werden an ihnen vorbeigeführt. Die deutschen Soldaten richten sich in den verlassenen Auffangstellungen ein, sie bringen Maschinengewehre in Stellung und bauen Granatwerfer auf.

Am Abend erwarten sie von der Luftwaffe, daß sie mit Verpflegungsbomben aus der Luft versorgt werden, denn die Troßwagen kamen bisher nicht durch. Die Toten hat man flach auf die Erde gebettet, über ihnen sind graue Zeltplanen ausgebreitet. Für diesen Tag sitzt die Truppe fest, denn sie haben zu wenig schwere Waffen und keine Panzer. Es fehlt an Munition, an körperlichen Kräften und an Schlaf.

Ein »Fieseler Storch« schnurrt heran. »Da, nee deutsche Nebelkrähe Mensch, een deutscher Aufklärer! Det die uns noch jefunden haben!«

»Weißes Leuchtzeichen!« schreit Hauptmann Köhler. Feldwebel Becker schießt. Große Spannung! Ja, er hat erkannt, daß deutsche Truppen in der ehemaligen russischen Auffangstellung liegen. Jetzt umkreist er das Gelände, kommt schnell und steil herunter. Dicht neben dem Bahndamm landet die Maschine auf dem Acker. Aus der Maschine springen der Flugzeugführer, der Divisionskommandeur und ein Stabsoffizier. »Das habt ihr prächtig gemacht!« ruft der Generalleutnant und: »Wo sind die Offiziere?«

Der Bataillonskommandeur und die Kompaniechefs sammeln sich am Flugzeug. Karten werden ausgebreitet, der Stabsoffizier schreibt eifrig mit.

»Verpflegung und Munition kommen noch vor Anbruch der Dunkelheit«, hört Nowak. Nach nur kurzem Gespräch startet die Maschine schon wieder, ein kurzer Anlauf und – schon ist der Fieseler in der Luft. »Die Goldfasane haben es gut, nicht so beschissen wie unsereins«, schimpft Kusserow dem Flugzeug nach.

Die Heimat glaubt

Der Gottesdienst ist beendet, die Orgel intoniert noch einmal den Choral von:

»Ein' feste Burg ist unser Gott,
ein gute Wehr und Waffen.
Er hilft uns frei aus aller Not,
die uns jetzt hat betroffen.
Der alt böse Feind, mit Ernst er's jetzt meint.
Groß Macht und viel List sein grausam Rüstzeug ist;
auf Erd ist nicht seinsgleichen.«

Die Gemeinde hat die erste Strophe des altdeutschen Lutherliedes als Schlußgesang angestimmt, ehe Pastor Schröder den Segen spricht: »Der Friede Gottes, welcher höher ist als alle Vernunft, der allein regiere und bewahre unsre Herzen in Christo Jesu zum ewigen Leben!« Nun drängen die Besucher des Gottesdienstes durch den Vorraum der kleinen Kapelle ins Freie. Die Luft ist drückend, es ist ein schwüler Sonntagmorgen.

Am Ausgang verabschiedet der Gemeindehirte jeden Besucher persönlich. »Bruder Nowak, haben Sie Nachricht von Ihren Söhnen?« fragt der Pastor.

»Ja, Bruder Schröder, sie befinden sich beide an der Ostfront. Hans berichtete uns vom Vormarsch nach Moskau, und Eberhard ist ja bei der Luftwaffe.«

»Wenn Sie ihnen antworten, so grüßen Sie bitte herzlich von mir, und teilen Sie ihnen mit, daß ich täglich für sie bete und, daß auch die Gemeinde an alle Frontkämpfer denkt.«

»Danke, Bruder Schröder, das will ich gern tun.«

»Auch Ihnen, liebe Schwester Nowak, Gottes reichen Segen. Der Herr möge Ihre Familie behüten. Ich würde Sie gern in der nächsten Zeit einmal besuchen, wann würde es Ihnen passen?«

»Jederzeit, Bruder Schröder, Sie sind uns immer herzlich willkommen, ein Telefonanruf genügt.«

»Danke, ich komme, sowie es meine Zeit erlaubt.«

Die Menschen drängen, jeder möchte dem Gemeindeleiter die Hand zum Abschied geben.

In den Straßen der Reichshauptstadt sieht es im Augenblick

noch nicht nach einem totalen Krieg aus. Die nächtlichen Störangriffe der englischen »Moskitos« haben zwar hier und da Sachschäden angerichtet, wie im »Völkischen Beobachter« berichtet wurde, doch ansonsten spüren die Berliner die grausame Härte dieses mörderischen Krieges noch nicht. Lediglich in den Bezirken Schöneberg, Schmargendorf und Wilmersdorf gab es einige Bombenschäden, die auch teilweise den S-Bahnverkehr unterbrochen haben. Erst später griffen die feindlichen Flugzeuge die Innenstadt gezielt an, und zwar Charlottenburg, den Kurfürstendamm, Berlins Prachtstraße Nummer eins, die Hedwigskirche, deren Kuppel lichterloh brannte und schwere Beschädigungen erlitt, sowie die Humboldt-Universität. Aber seit Beginn des Rußlandfeldzuges hat die Reichshauptstadt keinen Luftangriff mehr erlebt.

Die meisten der Straßenpassanten kommen zu dieser Stunde aus den Gottesdiensten. So auch die Familie Nowak, das heißt Herr und Frau Nowak mit ihrem jüngsten Sohn Hartmut. Hin und wieder grüßen sie Bekannte, die an ihnen vorübereilen und die sie von der Stadtmission kennen, aus der Methodistengemeinde, der evangelischen Landeskirche oder aus sonstigen Freikirchen und Gemeinschaften.

An einer der großen Straßenkreuzungen treffen sie Walter Ritter, der sie begrüßt. Zwei Straßenbahnzüge und einige Personenkraftwagen, die über ihren Scheinwerfern die schwarzen Verdunkelungshauben haben, in denen sich nur ein schmaler Schlitz zum Lichtaustritt befindet, warten auf das Verkehrssignal.

»Habt Ihr schon die Sondermeldung heute früh gehört?« fragt Herr Ritter.

»Nein, Walter«, sagt Herr Nowak, »was gibt es Neues?«

»Die Kesselschlacht bei Kiew ist beendet, und, stellt Euch vor, 650000 sowjetische Soldaten hat man gefangen genommen! Über 3000 Geschütze und 900 Panzerwagen wurden zerstört oder erbeutet! Fünf russische Armeen sind vollständig vernichtet! Die deutsche Heeresleitung schätzt, daß über eine Million feindliche Soldaten vernichtet worden ist, sie sind gefallen, verwundet, versprengt und gefangengenommen worden. Heinrich, der größte Sieg aller Zeiten ist das!«

»Ja, ja, der geschah damals bei Jerusalem auf dem Hügel Golgatha!« entgegnete Herr Nowak.

Die Straßenkreuzung wird zum Überqueren für die Fußgänger freigegeben. Während des Überschreitens der Fahrbahn verstummt das Gespräch für wenige Augenblicke. »Das weiß ich auch, Heinrich, aber jetzt siegen doch die deutschen Armeen! In wenigen Wochen, schätze ich, wird Rußland kapitulieren!«

»Und dann, was kommt dann, Walter?« fragt Herr Nowak.

»Dann? Ja, dann sind wir eben die Sieger!«

»Wir nicht, Walter, wir ganz bestimmt nicht! Dann kommen die Kirchen und die Freikirchen ran, die liquidiert werden! Bis jetzt hat man klugerweise die Auseinandersetzung mit den Christen verschoben, denn einen Fünffrontenkrieg kann sich wohl kein Staat leisten. Nach einem deutschen Endsieg aber wird ein radikaler Kampf gegen die Gemeinde Jesu entbrennen, du wirst dich noch an meine Worte erinnern!«

»Ach, hört doch auf mit der Politik!« mahnt Frau Nowak. »Nach dieser schönen Morgenandacht, die wir gehabt haben, könnt ihr immer nur von Kampf und Krieg reden.«

Sie schiebt Hartmut, der neben ihr geht, etwas zur Seite und sagt noch: »Während wir hier friedlich nach Hause gehen, fallen sicher Tausende Männer, Frauen, Kinder und Greise dem Krieg zum Opfer. Es ist ein sinnloses Zerfleischen, es gibt einfach keinen Frieden mehr.«

»Aber der Führer wird der Welt den Frieden geben, Schwester Nowak, wenn erst der Kriegsbrandstifter und das internationale Judentum unschädlich gemacht worden sind!«

»War Jesus nicht auch ein Jude?« fragt Herr Nowak.

»Nun ja, er ist in Palästina geboren, Heinrich, und vom Heiligen Geist gezeugt worden. Ich glaube genauso wie du an einen Herrgott. Und dieser Gott hat den Führer zum Messias des deutschen Volkes gemacht! Erinnerst du dich nicht, was der Führer zu Beginn des Polenfeldzuges gesagt hat?: ›Wenn es dem internationalen Finanzjudentum innerhalb und außerhalb Europas gelingen sollte, die Menschheit noch einmal in einen Weltkrieg zu stürzen, dann wird das Ergebnis nicht die Bolschewisierung der Erde und der Sieg des Judentums sein, sondern die Vernichtung der jüdischen Rasse in Europa!‹«

Demonstrativ bleibt Herr Nowak vor seinem Glaubensbruder, Herrn Ritter, stehen und fragt: »Sag mal, Walter, kannst du diesen Ausspruch mit der Bergpredigt Jesu in Einklang bringen? Gelten für dich die Worte eines Menschen mehr als die des Herrn Jesu?«

»Nein, das nicht, aber ich bin davon überzeugt, daß der Führer von Gott gesandt worden ist und das nicht nur für Deutschland, sondern für die ganze Welt! Kürzlich habe ich folgendes gehört: Zwei Diakonissen sprachen den Führer nach einer Rede persönlich an, als dieser gerade sein Taschentuch aus der Hosentasche ziehen wollte. Doch statt eines Taschentuches, was hatte er da auf einmal in der Hand? Heinrich, ein Neues Testament! Der Führer ist ein gläubiger Mann! Er ist von Gott gesandt für die ganze Welt!« er tippt Nowak auf die Schulter.

»Hat Jesus nicht gesagt: ›An ihren Früchten sollt ihr sie erkennen?‹ Lieber Walter, es ist mir einfach unverständlich, wie du als Jünger Jesu so verblendet sein kannst. Liest du denn gar nicht mehr in der Bibel? Hast du das vergessen, was der Prophet Sacharja im Auftrag Gottes niedergeschrieben hat? Du kannst es nachlesen: ›Wer euch, die Juden, antastet, der tastet meinen Augapfel an‹, spricht Gott!«

Frau Nowak bleibt sichtlich besorgt mit Hartmut ein Stück hinter den Männern zurück. Sie möchte nicht, daß ihr Sohn diese Auseinandersetzung mit anhört.

Walter Ritter gibt sich noch nicht geschlagen: »Heinrich, wenn das für die heutige Zeit gelten würde, dann ließe Gott es doch nicht zu, daß unsere Truppen auf allen Kriegsschauplätzen siegen!«

»Gottes Mühlen mahlen langsam aber fein, Walter! Die Streitwagen des Pharao hatten auch noch die Möglichkeit, hinter den Israeliten herzurasen, ehe die Wellen des Roten Meeres mit restloser Vernichtung über ihnen zusammenschlugen. Was meinst du wohl, wie es sein wird, wenn alles, was wir unter den benachbarten Völkern anrichten, als Gericht auf unser Volk zurückkommt? Dann werden wir nur noch zu Gott das Gebet schreien können: ›Gott sei uns hochmütigen Deutschen gnädig!‹«

Nowak hat sich so hineingesteigert ins Überzeugenwollen, daß er plötzlich merkt, wie laut er dabei gesprochen hat. Er blickt sich erschrocken um. Ob Passanten ihn wohl mit angehört haben könnten? Vor Walter Ritter hat er keine Angst, der würde ihn sicher nicht denunzieren, aber bei anderen Volksgenossen muß man sehr auf der Hut sein. Er kennt den kleinen Friseur Ritter aus Berlin-Pankow gut genug, der leider ein restlos überzeugter Nationalsozialist geworden ist und bei jeder sich bietenden Gelegenheit seine politische Weltanschauung lautstark proklamiert. Als ehemaliger Arbeitsloser ist Ritter von dem ›Wundertäter‹ Hitler, den er für ein Genie hält, so überzeugt und gefesselt, daß alle logischen Einwände anderer an seinem Ohr wie Wind vorbeirauschen.

Jetzt steigen die beiden die Treppe zur Berliner Hochbahn empor. Frontsoldaten aller Waffengattungen, Urlauber und Etappentruppen mischen sich unter die Zivilbevölkerung. Am Fahrkartenschalter drängen sich die Menschen, hier ein Oberleutnant der Luftwaffe, dahinter ein Fähnrich der Kriegsmarine, ein Gefreiter der Flak, ein Panzergrenadier mit dem EK I, der Nahkampfspange in Silber, steht neben einer Luftwaffenhelferin in Uniform.

Frau Nowak muß sich beeilen, um mit Hartmut den Anschluß an die Männer zu bekommen. »Mutti, sieh mal«, sagt Hartmut, und stößt seine Mutter am Arm, »dort das schwarzhaarige Mädchen!«

Die Mutter sieht ein ihnen entgegenkommendes, hübsches Mädchen mit tiefschwarzen, in der Mitte gescheitelten Haaren, die ihre Augen nur auf die Stufen gerichtet hat und nicht rechts oder links den Leuten entgegenblickt. An ihrer linken Jackenseite ist ein sechseckiger, gelber Stern mit schwarzer Aufschrift »*Jude*« befestigt. Seit kurzer Zeit war eine neue Verordnung in Kraft getreten, die die Forderung enthielt, daß alle Juden, die das sechste Lebensjahr vollendet haben, sich in der Öffentlichkeit nur noch mit einem gut sichtbaren Judenstern zeigen dürfen.

Der geistige Urheber dieser Verordnung ist der Reichspropagandaminister und Gauleiter der NSDAP von Groß-Berlin Dr. Joseph Goebbels. Er ist der engste Mitarbeiter Hitlers und gilt als sein eiskalter Prophet. Viele behaupten, daß Hitler ohne ihn nicht diese Machtposition erreicht hätte.

»Komm, Hartmut, blick nach vorn, das arme Ding schämt sich zu sehr!« ermahnt die Mutter ihren Sohn, der sich aber dennoch zweimal nach dem hübschen Mädchen umschaut. Er kennt sie vom Sehen, denn er begegnet ihr fast jeden Morgen auf seiner Fahrt zur Schule. Nie wäre er auf den Gedanken gekommen, daß dieses Mädchen eine Jüdin ist. Es hatte ihn nur bisher gewundert, daß sie nie an hohen Festtagen der Partei, zum Beispiel am Tag der Machtübernahme oder am 20. April, zu des Führers Geburtstag, eine BDM-Tracht trug.

Nachdem sie sich den Männern angeschlossen haben, beobachten sie auf dem Bahnsteig noch weitere Menschen mit dem Judenstern. Wohl kaum einer hätte es ihnen am Gesicht angesehen, daß sie Juden sind, denn sie waren blond wie Norddeutsche, Dänen oder Schweden, oder sie waren dunkelhaarig mit edlen Gesichtszügen, die keine Deutung in Richtung Judentum zuließen. Viele Berliner blicken beschämt zu Boden oder aber sie lächeln den so gebrandmarkten Außenseitern der Gesellschaft ermunternd zu, um ihnen zu verstehen zu geben, daß sie sie dennoch nicht verachten. Sie wollen ihnen signalisieren: »Habt keine Angst! Wir sind auch noch da, und nicht alle Berliner sind Nazis!«

Walter Ritter bemerkt beim Umherschauen eine geheimnisvolle, leicht verborgene, doch spürbare Welle der Sympathiebekundung einzelner nichtjüdischer Bürger.

Der Hochbahnzug braust in die Station. Quietschend halten die gelben und roten Wagen der Berliner Verkehrsgesellschaft. Preßluft zischt in den Türen. Ein wenig nervös öffnet Herr Ritter eine der Türen, um Familie Nowak und andere Fahrgäste einsteigen zu lassen. Vor einer Jüdin jedoch zwängt er sich demonstrativ in den Wagen. Nowaks sitzen bereits, da entdeckt Herr Nowak die junge jüdische Frau, die nach Herrn Ritter das Abteil betreten hat. Schnell erhebt er sich und tritt auf sie zu mit den Worten: »Darf ich Ihnen meinen Platz anbieten?«

Der jungen Frau schießt das Blut in den Kopf, sie schüttelt ihn heftig und antwortet: »Nein, danke, ich darf mich nicht setzen.«

»Ich bestehe aber darauf, daß Sie sich setzen«, sagt Herr Nowak mit gleich höflicher Stimme wie zuvor.

»Es ist mir aber strengstens verboten, herzlichen Dank!« erwidert sie leise.

Herr Nowak deutet jetzt mit Nachdruck auf seinen Platz und sagt gebietend: »Bitte schön, meine Dame, ich bestehe darauf, daß Sie sich setzen! Es wird Ihnen nichts geschehen, dafür garantiere ich und biete Ihnen meinen persönlichen Schutz an.«

Scheu blickte die Jüdin in die Runde. Einige Fahrgäste lächeln ihr aufmunternd zu, als wollten sie sagen: Nur Mut! Wir stehen Ihnen ebenfalls bei; denn wir Berliner werden nicht zulassen, daß Menschen degradiert werden. Da kennen Sie uns schlecht.

Frau Nowak beobachtet Herrn Ritter mit Besorgnis, denn dieser schaut vor Nervosität laufend auf seine Uhr und fummelt an seiner Krawatte herum. Die Jüdin nimmt Platz mit hochrotem Kopf und stammelt: »Ganz herzlichen Dank! Ich hätte aber auch gut stehen können!«

»Schon gut«, meint Nowak und lächelt sie an, während der Zug sich in Bewegung setzt.

Daheim angekommen, hören Nowaks schmetternde Siegesfanfaren aus ihrem Volksempfänger, der sogenannten Goebbelsknautsche. Die Stimme des Nachrichtensprechers läßt sich hören: »Achtung! Achtung! In wenigen Minuten erwarten wir eine wichtige Sondermeldung aus dem Führerhauptquartier.«

Es folgen zunächst noch Militärmärsche, denn Deutschland erlebt den Rausch einer sichtbaren Unüberwindlichkeit.

Fanfaren – Sondermeldungen – Siegesmeldungen am laufenden Band! Seit dem 22. Juni 1941, als der stählerne Weckruf aus Tausenden deutscher Geschützrohre die schlafenden Russen, aber auch die Deutschen in der Heimat aus den Betten gescheucht hat, geht der Vormarsch auf sowjetischem Gebiet unaufhaltsam vorwärts. Die Panzerarmeen und motorisierten Infanteriedivisionen, unterstützt von Stukageschwadern und Bomberflotten, überfluten die schlecht vorbereiteten Sowjets und gewinnen eine Kesselschlacht nach der anderen. Die Gefangenenzahlen erreichen astronomische Höhen. Alles scheint darauf hinzudeuten, daß dieser Feldzug ebenfalls in nur wenigen Monaten beendet sein wird. In den Wochenschauberichten kann man die mit Trümmern und Leichen bedeckten Rückzugswege der Russen in ihrem Lande sehen. Keine Macht der Welt scheint den Siegeslauf der deutschen Wehrmacht aufhalten zu können. Es wird eine Stadt nach der anderen erobert, der Dnjepr wird überschritten, und in blutigen Kämpfen kann die wichtige Stalinlinie an mehreren Stellen durchbrochen werden.

Immer wieder schallt es aus der »Goebbelsknautsche«, wie Herr Nowak das kleine Radio, Marke Volksempfänger, zu nennen pflegt: »Das Oberkommando der Deutschen Wehrmacht gibt bekannt: . . .« Wie hatte sich ihr Glaubensbruder Walter Ritter vorher geäußert? Er hatte gesagt: »Ich glaube fest an den Genius des Führers.« Seine Blitzfeldzüge hätten bewiesen, daß er ein Feldherr sei, wie ihn die Welt bisher nicht erlebt hätte! Auch seine politischen Prophezeiungen wären bisher in Erfüllung gegangen, er habe sich noch nie geirrt, der Führer habe immer recht! Der Endsieg werde unser sein! Nowak hatte ihm entgegnet: »Dieses Schwelgen in Superlativen wie: Der Führer, größter Feldherr aller Zeiten, oder: Die bedeutendsten Siege dank der bewunderungswürdigen Führung durch den tapfersten Soldaten der Welt – und wie diese größenwahnsinnigen Sprüche sonst noch lauten mögen, kommen mir höchst verdächtig vor. Ich glaube eher, daß über uns alle ein mächtiges Gericht Gottes hereinbrechen wird, wenn wir in diesem Geiste weiterhandeln und -leben.«

»Vati, die deutschen Truppen haben Polen in achtzehn Tagen besiegt, Norwegen haben sie in vier Wochen erobert, Frankreich in knapp sechs Wochen, Du mußt doch zugeben, daß es so etwas in der ganzen Weltgeschichte noch nicht gegeben hat!«

»Ach Hartmut, mein lieber Junge, glaub doch deinem Vater, der von Hitler eine ganz andere Meinung hat, nämlich die, daß er ein Strolch, ein gemeiner Verbrecher ist, der uns noch alle ins Verderben führt. Wenn man nur in die Visage dieses Menschen sieht, dann möchte man sagen: Anstreicher hätte er bleiben sollen, dann wäre dieser mörderische Krieg nicht vom Zaun gebrochen worden!«

Leicht erregt fuchtelte Vater Nowak in der Luft herum: »Wo

soll dieser Krieg denn hinführen? Haben dir das deine HJ-Führer schon einmal verraten?«

»Ja, wir müssen Lebensraum für unser Volk ohne Raum erkämpfen, sagen sie. Der Führer wird uns ein blühendes Reich in Kraft und Stärke errichten, er wird die Herrschaft der germanischen Rasse durchsetzen und allen Völkern Frieden bringen.«

Die Mutter kommt mit besorgtem Gesicht aus der Küche. »Heinrich, du redest dich noch um Kopf und Kragen! Der Junge kann doch die Zusammenhänge und Hintergründe noch gar nicht verstehen, die da eine Rolle spielen.«

»Ach Hartmut, früher oder später verstehst du deinen Vater gewiß! Deutschland ist auch ohne einen Hitler ein großes, blühendes und schönes Land mit tüchtigen Menschen, die keinen Krieg brauchen, um sich Land von den Nachbarn einzuverleiben. In seinen Grenzen haben ein Johann Sebastian Bach, ein Ludwig van Beethoven, ein Johannes Brahms, Wolfgang von Goethe und ein Friedrich Schiller gelebt. Lebensraum zu gewinnen durch Mord an anderen Völkern, zieht ein schweres Gericht Gottes nach sich. Wegen dieser Jahre, die wir jetzt durchleben, werden uns mit Sicherheit die nachfolgenden Generationen der Völker um uns verachten und hassen.«

»Nun hört doch auf mit diesem unerfreulichen Thema, wir wollen gleich essen« , mahnt die Mutter, die das Essen aufträgt.

Als die Mutter noch einmal kurz das Wohnzimmer verläßt, um noch etwas zu holen, fährt der Vater in gedämpftem Ton fort: »Hör, Hartmut, was ich dir noch sagen möchte: Du darfst von unserem offenen Gespräch niemandem etwas erzählen, sonst werden deine Eltern abgeholt, und du siehst sie vielleicht niemals wieder! Aber eins merke dir: Nicht die Zahl der Geschwader oder die Bestückung der Maschinen, sondern der ewige und lebendige Gott behält das letzte Wort. Allein Gott ist unbesiegbar und wird das Endgericht halten über die hochmütigen und vermessenen Menschen, die sich höher stellen in ihren Entscheidungen und ihrem Handeln als Gott. Heutzutage brüllen die fanatisierten Massen eines Volkes und beten die Gewalt an. Sie rufen in ihrer Verblendung: ›Führer befiehl, wir folgen dir!‹ und marschieren mit ihm in die Hölle, ohne sich darüber klar zu sein. Wenn du die einfachen Frontsoldaten fragen könntest, wofür sie zu sterben gedenken, dann würdest du von vielen vielleicht die Antwort hören, ›damit es unsere Kinder und Enkel einmal besser haben und in Frieden leben können‹. Aber worin besteht denn der Sinn des Lebens? Besteht er darin, daß immer der Recht hat, der der Stärkere ist und sich deshalb nimmt, was er haben will? Und zwar auf Kosten der Schwächeren, die ihr Leben zu früh aushauchen müssen, weil andere es ihnen aufzwingen? Der Ablauf der diesseitigen, sichtbaren Geschichte der Menschheit ist immer gleich. Der Mensch stirbt oder wird gezwungen zu sterben, auch wenn es ihm nicht paßt. Wer sein Lebensziel nicht an Gottes Wort orientiert und von der Ewigkeit her sein Leben einrichtet, der hat umsonst gelebt. Doch sei still und verliere darüber kein Wort Fremden gegenüber; denn du selbst hast heute erlebt, daß es sogar in unseren Gemeinden unverbesserliche Hitlergläubige gibt, die mit großer Kurzsichtigkeit durch diese Zeit gehen.«

Endlich ist es soweit, daß man mit dem Essen beginnen kann. Die Mutter hat die letzte Schüssel hereingebracht und stellt sie auf den Tisch. Vater Nowak spricht das Tischgebet: »Komm, Herr Jesus, sei du unser Gast und segne, was du uns bescheret hast! Amen!«

Nachdem die Mutter und Hartmut ebenfalls ein Amen gesprochen haben, ertönt die Klingel an der Wohnungstür.

»Nanu, wer mag denn das sein?« fragt der Vater, während er seine Serviette zur Seite legt, sich erhebt und langsam in den Flur geht. Vor der Tür steht ein junges Mädchen, das ihn scheu und verlegen mit ihren großen, dunklen Augen ansieht.

»Guten Tag, sind Sie Herr Nowak?« fragt sie zaghaft.

»Ja, ich bin Herr Nowak.«

»Verzeihen Sie bitte, daß ich störe. Mein Name ist Engelmann. Herr Weigand aus Pankow schickt mich zu Ihnen, er meinte, Sie würden mir vielleicht helfen können.«

»So, Herr Weigand aus der Berliner Straße?«

»Ja, er war ein guter Freund meines Vaters.«

»Ach, kommen Sie doch bitte herein, da läßt es sich besser besprechen, was Sie auf dem Herzen haben.«

Ängstlich blickt sich das schwarzhaarige Mädchen noch einmal um, ehe sie die Wohnung der Familie Nowak betritt.

»Bitte, treten Sie doch näher, Fräulein Engelmann«, fordert Herr Nowak die Besucherin auf. »Herr Weigand schickt Sie also, was kann ich nun für Sie tun?«

Fräulein Engelmann schaut in die geöffnete Wohnstube, aus der Frau Nowak und Hartmut ihr ebenfalls etwas verwundert entgegensehen. »Dürfte ich Sie bitte unter vier Augen sprechen, Herr Nowak, es ist sehr wichtig!« Mit besorgtem Augenausdruck hat sie das vorgebracht, was ihr offensichtlich nicht leicht fiel.

»Dann kommen Sie bitte in mein Büro«, Herr Nowak öffnet

eine weitere Tür zu seiner Rechten. Über dem altdeutschen Schreibtisch hängt eine Holztafel mit einem Spruch aus der Bibel, der der Besucherin gleich in die Augen fällt: »Rufe mich an in der Not, so will ich dich erretten, so sollst du mich preisen!«

»Ich möchte mich nochmals für diese Störung entschuldigen, Herr Nowak, aber Herr Weigand meinte, daß Sie mir vielleicht für eine kurze Zeit eine Unterkunft geben könnten. Ich bin – ich bin nämlich – eine Jüdin. Ich bin zur Zeit auf der Flucht; denn ich muß untertauchen, wie sie sich wohl denken können.«

Unwillkürlich schaut Herr Nowak zur Tür. Das junge Mädchen hält seine Handtasche krampfhaft unter dem Arm, panische Angst flackert jetzt in seinen Augen.

»So, so, Herr Weigand schickt Sie also, sind Sie denn allein? Ich meine, wo sind Ihre Familienangehörigen?«

Das Mädchen beginnt leise zu weinen und stammelt: »Ach, vorige Woche, da hat die Gestapo meine Eltern abgeholt, als ich noch bei der Arbeit war. Ich arbeite als Hilfskraft bei Telefunken. Als ich auf dem Heimweg war, kam mir Herr Weigand entgegen und berichtete mir, was vorgefallen und warnte mich, nach Hause zu gehen. Er war an dem Tag gerade dabei, meine Eltern zu besuchen, und so wurde er ...« sie kann kaum noch weitersprechen, »mein Gott – – – ich – –« Herr Nowak legt seine Hand auf den Kopf des Mädchens, während er mit der anderen freien Hand ihre Rechte ergreift und zu trösten versucht: »Es wird schon gut werden, mein Kind, haben Sie nur Vertrauen und Mut.«

Fräulein Engelmann weint und weint und kann sich gar nicht mehr beruhigen. »Oh, es ist alles so furchtbar – zwei Männer in Ledermänteln brachten meine Eltern zu einem Lastwagen, auf dem schon andere saßen, die von Polizisten bewacht wurden.«

»Ja, wir erleben eine grauenvolle Zeit. Doch seien Sie so frei und legen Sie erst einmal ab. Sie bleiben bei uns, wir werden eine Lösung finden.«

»Ich möchte Sie aber nicht in Gefahr bringen, Herr Nowak. Ich möchte nicht, daß Sie meinetwegen Unannehmlichkeiten bekommen. Für eine Nacht werde ich nicht nein sagen, vielleicht kann ich morgen weitergehen und etwas anderes finden, wo ich bleiben kann.«

»Weitergehen? Mein liebes Kind, wohin wollen Sie denn gehen? Nein, nein, Sie bleiben jetzt erstmal bei uns, denn wir haben ja ein Einfamilienhaus. Wir wohnen hier ganz allein und deshalb hat Sie Herr Weigand sicher auch zu uns geschickt. In einem Mehrfamilienhaus würde es irgendwann doch herauskommen, wenn man jemand beherbergt für eine längere Zeit.

Und nun, Sie haben doch bestimmt noch kein Mittagessen gehabt, ich will gleich mit meiner Frau sprechen, nur einen Augenblick bitte.«

Damit geht Herr Nowak hinaus und bespricht die Angelegenheit mit seiner Frau. Sie verhandeln auf dem Flur, sie sind sich darüber im klaren, daß sie es auf die Dauer doch nicht vor Hartmut geheimhalten können, es also besser wäre, gleich offen mit ihm zu reden.

»Und wo soll sie schlafen, Heinrich?«

»Jetzt im Sommer geht es sicher für einige Zeit auf dem Boden. Wir werden dann weitersehen. Gott hat uns dieses arme Menschenkind ins Haus geschickt und uns bereits heute früh im Gottesdienst durch sein Wort vorbereitet: ›. . . denn ich bin hungrig gewesen, und ihr habt mich gespeist. Ich bin durstig gewesen, und ihr habt mich getränkt. Ich bin ein Gast gewesen, und ihr habt mich beherbergt. – Was ihr getan habt einem dieser meiner geringsten Brüder, das habt ihr mir getan.‹ Komm, sei so gut und decke schnell für Fräulein Engelmann; denn Gott hat noch immer Mittel und Wege, aus der Not herauszuhelfen.«

In der ersten Nacht schläft Fräulein Engelmann in der Bodenkammer. Ein drückend schwüler Tag ist zu Ende gegangen. Bleigraue Gewitterwolken haben sich über dem Norden von Berlin zusammengezogen. Gelegentlich fallen einige schwere Tropfen, doch das Gewitter kommt noch nicht zur Entladung. Furchterregendes Wetterleuchten durchzuckt in gewissen Abständen den späten Abendhimmel. Man hört das Grollen in der Ferne.

Berlin-Blankenburg ist eine große Siedlung von kleinen Einfamilienhäusern und vielen Schrebergärten, in denen vorwiegend nur kleine Wohnlauben stehen. Bis in die Nacht hinein sausen die S-Bahnen aus der Stadt in die Berliner Vororte Röntgental, Zepernick, Bernau und wieder zurück. In Bernau endet die elektrifizierte Strecke. Fräulein Engelmann liegt lange Zeit wach auf dem für sie aufgestellten Feldbett. Sie muß fortwährend an ihre Eltern denken, von denen sie nicht weiß, wo sie sich jetzt befinden, was sie vielleicht erleiden müssen. Sie weint in großer Verzweiflung vor sich hin.

Der Boden, auf dem sie nun Unterschlupf gefunden hat, ist wegen der Luftschutzbestimmungen leergeräumt, »entrümpelt«, wie es in der amtlichen Verfügung gefordert ist. Familie Nowak gibt sich jetzt die größte Mühe, diesen Raum für den Gast wohnlich zu gestalten. Zwischen dem Kamin und der schrägen Dachfront hat Herr Nowak aus Platten eine kleinen Verschlag angefertigt, falls überraschend eine Kontrolle von der Luftschutzbehörde durchgeführt werden würde. Das Dachfenster hat er bestens abgedichtet und verdunkelt.

»Die Taschenlampe dürfen Sie, Fräulein Engelmann, aber nur im Notfall benutzen, denn niemand darf Licht entdecken!«

Frau Nowak hat ihr noch zur Erklärung gesagt: »Wir haben hier in der Gegend leider hundertfünfzigprozentige Nazis wohnen und einige neu hinzugezogene Personen, von denen wir noch nicht wissen, welche politische Einstellung sie haben.«

»Sie können unbesorgt sein«, versprach ihr Ruth Engelmann, »ich werde Sie nicht in Gefahr bringen.«

Vor ihrem Bett liegt ein bauschiges Fell, und auf dem Nachttisch steht sogar eine kleine Uhr.

Ruth kann noch immer nicht schlafen. Im Gebälk ächzt es, hin und wieder hört sie ein hohles Knacken. Die Dachziegel arbeiten durch den Temperaturunterschied, es ist immer noch sehr schwül. Wie soll es nur weitergehen? Wohin könnte man flüchten?

›Ich kann doch nicht wochenlang oder sogar Monate hier im Hause bleiben‹, denkt sie, ›ich habe keinen Pfennig Geld und nur die Kleider, die neben mir auf dem Stuhl liegen.‹

Ständig muß sie daran denken, daß sie nicht bei ihren Eltern sein kann, nicht helfen und nicht für sie sorgen kann. In welches Lager mögen sie gekommen sein? Diese entsetzliche Ungewißheit quält sie bis in den Schlaf, in den sie schließlich völlig ermattet sinkt.

Auch Nowaks können zunächst nicht einschlafen. Ihr Schlafzimmer liegt direkt unter der Bodenkammer, in der sich jetzt die geflüchtete Jüdin aufhält.

»O Vater im Himmel, im heiligen Namen Jesu bitten wir dich, bewahre du uns weiterhin! Du hast deinen Engeln befohlen, über dieses Haus zu wachen, auch über die, die du uns in unser Haus als Flüchtling gesandt hast. Behüte und beschütze sie! Hilf ihren gefangenen Eltern! Du hast Mittel und Wege, sie aus dem Elend herauszuführen«, hatte Herr Nowak am Abend gebetet. Nun liegt das Ehepaar mit wachen, offenen Augen im Bett.

»Wie wird das weitergehen?« fragt Frau Nowak besorgt.

»Jetzt können wir uns nur an Gottes Wort halten: ›Darum sorget nicht für den anderen Morgen; denn der morgende Tage wird für das Seine sorgen. Es ist genug, daß ein jeglicher Tag seine eigene Plage habe.‹«

»Ja, so ist es, unser himmlischer Vater weiß, was wir bedürfen.«

»Können wir sie aber oben auf dem Boden lassen bei Fliegeralarm? Das arme Ding fürchtet sich doch dann zu Tode!«

»Nein, das können wir nicht.«

»Aber wie oft sind schon Nachbarn aus den Laubenkolonien zu uns in den Keller gekommen, was sollen wir dann machen, Heinrich?«

»Wir werden eben für sie einen Hocker im Vorratskeller bereitstellen, das Fenster dort ist sowieso durch Sandsäcke gut verdunkelt.«

»Aber durch die Tür scheint dann Licht!«

»Ach, laß nur Magda, uns wird schon etwas einfallen. Meine größte Sorge ist, daß der Junge plappern könnte. Er hat mir ja versprochen, mit niemandem darüber zu reden, wir haben auch beide dafür gebetet, daß er schweigen kann. Vor allem mußt du darauf achten, daß sie ihr Versteck nicht verläßt. Wenn sie sich bei dir in der Wohnung aufhält, müssen wir ihr für jede Situation einen Fluchtweg zeigen, und wenn sie auch mal kurzerhand in den Kleiderschrank steigt.«

»Wollen wir mit unserem Prediger drüber sprechen?«

»Nein, auf keinen Fall. Wir wollen sein Gewissen nicht auch noch damit belasten.«

»Mein Gott, dieser elende Krieg und diese elenden Machthaber! Wieviel Leid, Not und Gefahr, wieviel Zerrissenheit ist über uns gekommen! Die Söhne an der Front, in der Heimat die Jagd auf die Juden wie auf Ratten, die man ausrotten muß! Wohin soll das noch führen?«

»Das deutsche Volk hat sich einen Statthalter der Hölle als Führer erwählt, nun wird es von ihm in einen Vorhof der Hölle gezogen. Laß uns jetzt schlafen.«

Marschall Vorwärts regiert

Die Hitze treibt den Schweiß aus den Poren. Die Wege nach Moskau gleichen einer Sandwüste. Alles ist plattgewalzt und breitgefahren, durchwühlt von Tausenden Rädern und Panzerketten. Die sogenannten ›Straßen‹ ergießen sich gleich Sandströmen über die grauen Hügel. Mühsam quälen sich die schnellen und langsamen, die leichten und schweren, die motorisierten und nicht motorisierten Truppen durch die sandigen Serpentinen, hügelauf und hügelab.

Die schrecklichen Vormarschwege sind schlechter als jedes Panzerfahrschulgelände in der Welt. Eingehüllt in dicke Staubwolken quälen sich die Kolonnen voran. Dieser alles erstickende Staub legt sich auf die Gesichter, kriecht unter die Uniformen bis auf die Haut, bedeckt Pferd und Wagen, Schützenpanzer, Motorräder, Beiwagen, Sturmgeschütze und Kübelwagen. Alles, aber auch alles hat zentimeterdicken Drecküberzug. Fürchterlich, dieser Staub! Fein wie Mehl und alles durchdringend.

Die marschierenden Infanteristen fluchen und schimpfen, wenn motorisierte Kolonnen vorbeibrausen und den Staub noch massiver aufwirbeln. Diese Märsche sind anstrengender als jeder Einsatz.

In der Nacht haben die Männer der ersten Kompanie nur drei Stunden in den Erdlöchern gelegen. Um drei Uhr wurde das Vorkommando geweckt. Um drei Uhr dreißig gab es Alarm für die übrigen Mannschaften. Feindliche Panzer bedrohten die Flanken der Division. Sofort tritt die Infanterie, unterstützt von Sturmgeschützen, zum Gegenstoß an. Die Feuerwalze der eigenen Artillerie springt Stück für Stück voran. Immer wieder steigen Leuchtkugeln in die Luft, die signalisieren: »Hier eigene, vorderste Linie!« und »Feuer vorverlegen!«

Gegen fünf Uhr morgens überqueren die Sturmkompanien eine zerschossene Bunkerlinie, einen Engpaß zwischen einer Sumpfniederung. »Wir müssen weitermarschieren, wenn alles in Scherben fällt...!« Das war auch hier die Parole! Während ihres anstrengenden Marsches können sich die Landser nur hin und wieder ein Stück Brot zwischen die Zähne schieben. Quälend aber ist der Durst, verursacht durch die unerträgliche Hitze. Mühsam arbeiten sich die Kämpfer voran, bestaubt und verdreckt bis an die Haarwurzeln. Der feine Sand in den Stiefeln erzeugt wunde Glieder, selbst an den Zähnen hat er sich festgesetzt. Sie erreichen das erste, völlig ausgebrannte Dorf, von dem nur noch Kamine stehen. Hinter einem zusammengebrochenen Schuppen schöpft eine Russin Wasser aus einem alten Ziehbrunnen. Köstliches Wasser in der Wüste! Sie steht inmitten von deutschen Soldaten, die ihre Kochgeschirre hinhalten. Nachdem sie alle ihr Gefäß geleert haben, halten sie es von neuem hin, um sich einen kalten Guß auch über Haare und Gesicht laufen zu lassen. Die Offiziere haben ihre liebe Not, die Mannschaften zur Eile anzutreiben, damit der Vormarschplan nicht durcheinandergebracht wird, denn nach ihnen kommen weitere Einheiten. Am Abend erreichen die Truppen, als Vorausabteilung der Division, im Eilmarsch eine waldreiche Gegend. Dahinter liegen Flußniederungen und eine wichtige, heißbegehrte Brücke. Die glühendrote Sonne verschwindet am Horizont der russischen Weite. Kaum haben sich die erschöpften Soldaten hinter den Büschen niedergelassen, als sie auch schon von wirbelnden Wolken überfallen werden, es ist wie bei den Plagen Ägyptens. Die kleinen Sumpf- und Flußbewohner, die Mücken, haben ihre Opfer gefunden. In Milliardenschwärmen sind sie zu Hause bei den Wassertümpeln, toten Flußarmen und Morasten. In kilometerweiten Schilfmeeren sind sie den Eiern entschlüpft und werden zu unerträglichen Quälgeistern für die Menschen. Es scheint, als habe nie eines Menschen Fuß je diese unwirtliche Sumpfniederung betreten. In Zeiten des Frieden benutzte man die Straßen, doch jetzt müssen sich die Infanteristen in diesem Gelände verbergen und stechen lassen.

Feldwebel Becker steht rauchend neben dem ›ewigen‹ Obergefreiten Kittel. »Kittel, Sie machen ja ein Gesicht wie sieben Tage Regenwetter! Was gibt's?« fragt er ihn.

»Na morgen, Herr Zugführer, jeht's heiß her.«

»So, meinen Sie? Ich glaube, Sie hören das Gras wachsen und die Flöhe husten!«

»Nee, det jrade nich, aber die Frösche quaken so verdächtig und die Mücken summen eenen janz mürbe.«

»Was hat denn das mit morgen zu tun?« fragt der Feldwebel lachend.

»Na, ick war vorhin in die Nähe der Funktrupps, da summte und quakte es noch. Die Leute ham sich fast die Finga wundjeschriebn, Meldungen über Meldungen. Alles liegt in Bereitschaft – höchste Alarmbereitschaft! Morjen soll die jroße Brücke im Handstreich jenommen werden, um für die Panzer den Weg freizumachen über die versumpfte Flußniederung. Det wissen Se doch jenau so jut wie ick, Herr Feldwebel.«

»Also, Kittel, ich glaube, Sie eignen sich gut für die Horchkompanie, Sie haben ja hochempfindliche Katzenohren. Ihre Gehörknöchelchen scheinen besonders gut ausgebildet zu sein.«

Der Feldwebel schaut sich um und sagt dann: »Halten Sie Ihre Schnauze, Mann, verstanden? Sie haben vollständig richtig gehört. Nach Meldungen der divisionseigenen Luftaufklärungsstaffel ist die Brücke noch nicht gesprengt, aber durch starke feindliche Kräfte in Verteidigungsbereitschaft gesetzt. Wir müssen die Brücke unter allen Umständen heil in die Hand bekommen, sonst brauchen wir nachher Tage, um über diesen verfluchten Fluß zu kommen!«

Der Feldwebel tippt Kittel auf die Schulter: »Wie gesagt, Schnauze halten, sonst muß ich Meldung machen, verstanden?«

»Zu Befehl, Herr Feldwebel!« Kittel reißt die Hacken zusammen und steht stramm.

»Ich suche jetzt mal den Kompaniechef, vielleicht weiß der schon mehr«, sagt Becker und verschwindet hinter Büschen.

Mit einem pfiffigen Gesichtsausdruck sucht Kittel seine Kameraden Kusserow und Hans Nowak auf, die er schließlich am Boden liegend bei ihrem Maschinengewehr findet.

»Nun, Siegfried, was gibt's Neues?« fragt Kusserow.

»Ich habe strikte Schweigepflicht, aba wat ick Euch vorhin erzählt habe«, und dabei blinzelt er verschmitzt mit den Augen, »von wegen die Nachrichten von den Funktrupps, det stimmt bis ins Letzte! Aber Schnauze halten, verstanden? Sonst muß ick beim Zuchführer Meldung machen!«

»Mensch, Kittel, du bist 'ne dufte Marke! Wenn es auch meist Hiobsbotschaften sind, die du uns bringst, aber du bist Goldes wert!« Sie hocken in einem Erdloch beieinander, der Nowak, der Kusserow und der Kittel. Hier haben sie zu warten, und zwar auf die Dunkelheit, in der die nächste Hürde auf ihrem Vormarsch genommen werden soll. Die meisten Soldaten schlafen total erschöpft ein, obwohl sie nicht nur von den Mücken geplagt werden, sondern auch noch von anderen Quälgeistern. Ratten und Mäuse sind in Mengen vorhanden und kriechen hinein, wo es nur irgendwie geht, in die Tornister, die Brotbeutel, sogar in die Taschen der Mäntel und in die Ärmel. Sie setzen sich sogar unter den Waffenröcken fest. Grillen zirpen und Frösche quaken, ansonsten herrscht eine gespenstische Ruhe, die Ruhe vor dem Sturm?

Von Zeit zu Zeit steigen Leuchtkugeln auf. Vom Unterstand

des Bataillonskommandeurs kann man einen schmalen Lichtschein wahrnehmen. Der Posten tritt fröstelnd von einem Bein auf das andere und schaut zum Himmelszelt empor. Die Todeskandidaten von morgen schlafen den letzten Schlaf ihres Lebens. Hans Nowak denkt betend an seine Eltern.

Er bittet den Herrn um Gnade und Barmherzigkeit, ja er betet auch für die Feinde diesseits und jenseits des Flusses, ehe auch er in tiefen Schlaf fällt.

Langsam kommt milchiger Bodennebel auf.

Ein blasser Lichtschimmer breitet sich allmählich über dem Nebelschleier aus. Jetzt werden die Truppen geweckt. Als Nowak zu sich kommt, weiß er nicht, wo er sich befindet. Da sich der Troßwagen irgendwo in der Nacht verirrt und die Mannschaft nicht erreicht hat, wird Befehl gegeben, die eiserne Ration anzubrechen. Die Melder eilen hin und her. Der Nebel hängt wie ein dichtes, langes Nachtgewand in den Bäumen, Büschen und dem Schilfmoor.

Becker kommt vom Bataillonsgefechtsstand und ruft halblaut: »Zweiter Zug sammeln!« Schweigend umringen ihn die feldgrauen Männer, die Stahlhelme hängen an den Koppeln.

»Durch zügiges Vorgehen muß heute die Brücke bei R. im Handstreich genommen werden. Unterstützung ist zugesagt von allen greifbaren Kräften, den Pionieren, der Panzerjägerkompanie und einer Sturmgeschützabteilung. Es muß uns gelingen, durch rasches Zufassen den Russen den Flußübergang zu entreißen, bevor er in der Lage ist, stärkere Kräfte heranzuführen. Der Waldrand südlich des Flusses ist von schwachen feindlichen Kräften besetzt, wir werden daher rechts von der Straße her angreifen. Die zweite Kompanie arbeitet sich von der linken Seite her an die Brücke heran. Die Pioniere werden die Sprengsätze an der Brücke unschädlich machen. Wir müssen alles auf eine Karte setzen.«

Becker blickt seine Männer der Reihe nach an und sagt abschließend: »Ich erwarte von euch äußerste Disziplin und den Einsatz aller Kräfte. Der Angriffsbeginn ist auf 5.30 Uhr festgesetzt, also in fünf Minuten geht's los!«

Noch einmal blickt er auf seine Uhr. Die anderen Züge stehen ebenfalls bereit zum Vormarsch.

»Los, auf! Schützenkette mir folgen, marsch, marsch!«

Becker ist wieder in seinem Element. In Kürze erreichen sie die Straße und wechseln auf die rechte Seite über. Von hinten her wird dicht aufgeschlossen. Nach ein paar hundert Metern hören die Büsche rechts und links an der Straße auf. Vor ihnen liegt ein freies

Feld. Die ersten Feuerstöße des Feindes peitschen ihnen entgegen.

»Volle Deckung!« schreit Feldwebel Becker. Die meisten liegen schon flach. Sie pressen sich fest an die Erde. Jetzt rollen von hinten Sturmgeschütze heran. In voller Fahrt setzen sie sich an die Spitze der Angriffskompanie. Knochenhart dröhnen die Abschüsse aus ihren Kanonen. Die Luft ist erfüllt von donnernden Schlägen. Im selben Augenblick wird es unheimlich lebendig. Infanteriegeschütze und Granatwerfer kämpfen den Feind nieder, der die Angreifer hartnäckig mit Gewehr- und Maschinengewehrfeuer belästigt. Gleichmäßig liegt das Feuer der Sturmgeschütze auf dem Sicherheitsgürtel der Russen vor der Brücke und bald darauf schweigen die Waffen des Feindes.

»Sprung auf, marsch, marsch!« befiehlt Becker seinen Männern. Die Infanterie schleicht sich in Ketten und Reihen voran. Lästige Sümpfe, Gräben, Wasser und Schlamm erschweren das Vorwärtskommen. Hin und wieder gibt es hell peitschendes Maschinengewehrfeuer und stoppt den Vormarsch der zweiten Kompanie. Heckenschützen verteidigen fanatisch ihr Gebiet.

Die Sturmgeschütze läßt man am Waldrand stehen, sie können im verwilderten sumpfigen Gelände nicht ohne Risiko vorwärts gebracht werden. Die erste Kompanie schlägt sich am besten durch. Immer wieder Stellungswechsel, Sprung auf, marsch, marsch! Durch Feldstecher kann man die Stadt R. erkennen, in ihr Kirchen und Klöster. Vor ihnen die unzerstörte Brücke! Ratsch – Wumm!

Aus der Stadt beginnt die russische Artillerie in den Kampf einzugreifen. Kusserow und Nowak liegen dicht hintereinander, Kittel verbirgt sich hinter einem Baumstumpf.

»Die schießen jut! Die Artillerie is die Lieblingswaffe des Iwans, sie is der Jott des Krieges!« stellt Kittel lakonisch fest.

In einem Kübelwagen rast der Major heran. Granatwerferfeuer heult durch die Luft, links und rechts neben dem Bataillonskommandeur schlägt es ein, und seine Hand wird durch Granatsplitter verletzt. Schnell, wie im Vorübergehen, läßt er sich Pflaster draufkleben. Fertig, weiter! Wir haben keine Zeit! Die Brücke muß unzerstört in unsere Hände fallen!

Hinter den Sturmgeschützen überblickt der Kommandeur das Geschehen. »Erste Kompanie vor! Drauf!« schreit der Major. Hauptmann Köhler springt jetzt auf und ruft: »Mir nach! Vorwärts, auf, auf, marsch, marsch!«

Seine Männer stürmen über das freie Feld auf die Brücke

zu. Becker, Kusserow und Nowak erreichen sie zuerst zusammen mit einigen Pionieren.

»Da, am Geländer laufen die Zündleitungen! Heraus mit ihnen!« ruft der Pionierleutnant. Schnell werden die Leitungen durchtrennt.

»Dort die Sprengkörper, Herr Leutnant!« schreit Becker im Laufen.

Benzinkanister hängen rechts und links unter den Balken der Holzgeländer. Die Pioniere schlagen sie einfach ab. Sie fallen klatschend ins Wasser.

Die russischen Batterien schießen jetzt wie wild, die Luft ist eisenhaltig geworden. 15,2 cm-Granaten explodieren auf der Brükke. Es gibt die ersten Toten und Verwundeten.

Feldwebel Becker, zusammen mit Kusserow und Nowak, liefern sich einen Wettlauf mit dem Tode, sie schleppen das MG und nehmen mal rechts, mal links hinter Sandbehältern Deckung.

Will die Brücke denn gar kein Ende nehmen? Die drei Läufer an der Spitze denken, die einzigen zu sein, doch hinter ihnen preschen weitere Kameraden voran.

Da ist das Brückenende! Sie haben es erreicht. Feldwebel Bekker zieht seine Leuchtpistole und gibt grünes Licht! Die Brücke ist genommen! Auf dieses verabredete Zeichen haben die Sturmgeschütze gewartet.

»Los! Geben Sie Feuerschutz!« befiehlt Becker, und Kusserow bringt das MG an der Uferböschung in Stellung, Nowak legt die Gurte ein. Die ersten Feuerstöße jagen hinaus. Becker wirft sich neben sie. Das erste Sturmgeschütz rollt heran und geht in Stellung. Links neben dem zweiten Deich, direkt hinter dem hohen Damm, stehen zwei russische MGs, die mit ununterbrochenem Geschoßhagel die Brücke bestreichen, über die die Deutschen heranstürmen. Kusserow visiert die MG-Nester an, Nowak legt einen neuen Gürtel ein.

Jetzt kommt auch Kittel an die Uferböschung heran und läßt sich blitzschnell den Hang hinunterrollen.

Das Hämmern der russischen MGs läßt noch nicht nach.

Die vier Männer des dritten Zuges liegen dicht beieinander, haben sich fest an den Boden geschmiegt und wagen kaum, ihre Köpfe zu heben. Die nächsten Sturmgeschütze rollen polternd über die wankenden Holzbohlen. Die Brücke hält! Die Geschütze fahren vorsichtig die Böschung hinunter, und zwar bis unter die Brücke. Von dorther sichern sie ihre Mannschaften gegen feindliche Entsatzangriffe.

Die Russen haben begriffen, um was es geht. Sie kommen mit Sprengkommandos, etwa vierzig bis fünfzig Mann. Mit sich schleppen sie Benzinkanister und geballte Ladungen. In einem todesmutigen Einsatz rennen sie unter die Brücke und klettern in das alte Gebälk. Die Sturmgeschütze nehmen mit ihren MGs die Sprengkommandos unter Feuer. Dabei explodieren einzelne Benzinkanister, Brände entstehen. Doch sofort sind die Pioniere der Deutschen zur Stelle und löschen. Dabei entdecken sie noch andere Planladungen, grüne Gummibeutel, die gefüllt sind mit hochexplosivem Sprengstoff.

Die russische Artillerie schießt pausenlos auf die Brücke, um die Deutschen zum Rückzug zu zwingen und die Brücke zu vernichten. Vergeblich! Immer mehr Grenadiere erreichen das jenseitige Ufer und bilden einen Brückenkopf.

Ganz plötzlich taucht vor der Brücke ein halbes Dutzend sowjetischer Panzer auf. Auch südostwärts des Waldes formieren sich feindliche Panzeransammlungen. Die deutsche Artillerie hat zu tun, die Panzer unter Feuer zu nehmen. Ein T 34 wird getroffen, krachend bricht er auseinander, eine grelle Stichflamme schießt in den Himmel. Der Kampf der Sturmgeschütze mit den russischen Panzern wird mit erbitterter Härte geführt. Die hell klingenden Abschüsse aus den Panzerkanonen und die dumpfen Schläge aus den Rohren der Sturmgeschütze erfüllen die Luft. Eine Panzergranate saust zischend über die Gruppe des dritten Zuges hinweg. Etwa fünf Meter hinter ihnen explodiert sie. Durch den gewaltigen Luftdruck, der dabei entsteht, wird Kusserow zur Seite geschleudert, das MG wird ihm förmlich aus der Hand gerissen. Feldwebel Becker ergreift es und jagt wilde Feuerstöße in die angreifenden russischen Sprengkommandos.

Die zweite Kompanie hat Schwierigkeiten, in dem freien Gelände und ohne den Schutz der Dunkelheit oder des Nebels voranzukommen. Unentwegt bestreicht der Feind das sechshundert bis tausend Quadratmeter große, ebene und deckungslose Gelände. Der Brückenkopf müßte verstärkt und ausgeweitet werden, aber das scharf gezielte Feuer von den beherrschenden Höhen neben der Stadt verhindert ein schnelles Vorgehen. Jetzt müssen auch die Sturmgeschütze zurück, denn ihre Munition ist verschossen.

Vom anderen Ufer feuert die eigene Artillerie, was das Zeug hält. Neben Kittel liegt ein Artilleriebeobachter, der das Feuer lenkt. Es sollen insbesondere die Feldbefestigungen auf dem weiten Deich getroffen und vernichtet werden. Auch müssen unbedingt die Panzeransammlungen südlich von R. und am Waldrand südöstlich von W. an ihren Aktionen entscheidend gehindert werden.

›Die Munitionskisten sind bald leer‹, denkt Nowak, während er augenblicklich die Gurte für das MG dem Feldwebel Becker zuschiebt. Der Russe hinter dem zweiten Deich verteidigt sich fanatisch. Das Donnern der Panzer am Waldrand kommt bedrohlich näher, unheimlich ist allen dieses Grollen. Die schweren Motoren dröhnen dumpf und gefährlich, das Geräusch schwillt an und ab.

Der Artilleriebeobachter blickt unentwegt mit dem Scherenfernrohr zum Wald hinüber.

»O du liebe Zeit!« denkt Becker, »wenn die feindlichen Panzer kommen, kann uns nur die eigene Artillerie vom jenseitigen Ufer retten! Ob der Feuerleitoffizier die Geschütze auch gleich richtig führt? Da muß doch jeder Schuß sitzen!«

Das Fahrgeräusch der Panzer wird immer deutlicher. Kusserow hat ein Splitter am Arm erwischt, Kittel verbindet ihn hinter einer Böschung. Obwohl die Sonne jetzt fast steil vom Himmel her ihre Strahlen sendet, fröstelt es Nowak. *Angst* – auch ihn hat *Angst* ergriffen. Seine Handflächen sind naß von Schweiß. Er spürt die Schweißtropfen, die ihm vom Nacken über die Schultern am Rückgrat entlang bis zum Gürtel rinnen. Es ist kalter Schweiß, er schüttelt sich. Da, wo der Magen sitzt, verspürt er ein leeres, taubes Gefühl.

»Sie kommen!« Becker stößt den Artilleriebeobachter an. Aus einer Waldschneise schaukeln sie hervor, unheimlich wirkende, große, graugrüne Kolosse. Die langen Geschützrohre wanken bei jeder Bodenwelle, über die sie hinwegrollen, auf und ab. Sie fahren erschreckend schnell auf sie zu. Wie Riesentiere aus vorsintflutlichen Zeiten kriechen sie heran.

Die erste Salve der deutschen Batterie liegt schlecht. Für Sekunden nur sind die stählernen Ungeheuer im dichten Rauchkegel verschwunden. Die schweren Stahlriesen rücken unaufhaltsam vorwärts. Systematisch bewegen sie sich auf den kleinen Brückenkopf zu. Der Funkverkehr zwischen dem Beobachter und der Batterie klappt, dennoch liegen auch die zweite und dritte Salve schlecht. Ein einzelner Panzer bleibt bewegungsunfähig im Feld stehen, die anderen zwanzig preschen weiter auf die Grenadiere der ersten Kompanie zu.

Ein Panzer ist bis auf etwa hundert Meter herangekommen, bei der Entfernung kann die deutsche Artillerie nichts mehr ausrichten. Sie würde die eigenen Männer in große Gefahr bringen.

»Elender Scheißdreck!« schreit Feldwebel Becker. Zum Glück ist keine sowjetische Infanterie zu sehen. Wenn sie nur nicht noch aus den Feldstellungen herauskommt!

»Los, Nowak! SMK-Munition her! (Spezialhartkernmunition zur Panzerbekämpfung).«

Becker feuert drauf los. Die Geschosse prallen wie Erbsen am Stahl ab. Jetzt antwortet der Russe. Sein MG bestreicht die Männer des dritten Zuges, es pfeift und miaut über ihren Köpfen.

»Nowak, los, marsch!« schreit Becker. »Sprung auf, marsch, marsch! Panzernahbekämpfung!«

Beide erheben sich blitzschnell. Sie laufen direkt auf den feuernden Panzer zu, der unentwegt sein MG spucken läßt, daß der Dreck rechts und links neben ihnen hochspritzt.

Jetzt befinden sich beide im toten Schußwinkel, die Maschinengewehrgarben des T 34 fegen an ihnen vorbei, sie treffen den Deich, die Äste von Bäumen und die Brückenstraße. Nowak hat für Sekunden seinen Kopf dicht in die Erde gepreßt und zittert am ganzen Körper. Das MG rasselt ohne Unterbrechung, der Panzer bewegt sich direkt auf sie zu. Nur zwanzig Meter von ihnen entfernt bleibt das Ungeheuer stehen. Der Motor des Kampfwagens grollt im Leerlauf. Die Luft riecht nach Pulverdampf und Benzin. Jetzt heult der Motor wieder auf, kurz blickt Becker auf und sieht die breiten Stahlglieder der Raupenketten auf sich zukommen. Nowak springt auf und reißt den Feldwebel mit letzten Kräften zur Seite und schreit ganz hysterisch: »Herr Jesus, hilf uns!«

In nur drei Meter Entfernung wühlen sich die Ketten im Boden an ihnen vorbei. In die Luft geschleuderte Erdklumpen fallen auf sie herab. Der Panzer hat die Böschung, wo ihr MG stand, breitgewalzt. Die ganze Luft ist erfüllt vom Dröhnen der feindlichen Panzer.

Wie hinter einem Urwild liegen Becker und Nowak und blicken dem feuerspeienden Drachen nach. Da nimmt Becker die geballte Ladung, springt auf und schmeißt sie auf den Panzer.

Blitz und gellender Peitschenschlag!

Nowak reißt es den Oberarm auf.

Die Turmführung des T 34 ist schwer beschädigt. Der Russe kann sein Geschütz nicht mehr schwenken. Feldwebel Becker springt erneut auf und ist mit einigen Sprüngen an dem Stahlkoloß. Geschmeidig, wie eine Katze, springt er von hinten hinauf. Noch immer dröhnt der Motor im Leerlauf. »Nowak, Handgranate!« schreit er. Hans stolpert hinzu und wirft mit dem gesunden Arm die Handgranate zu Becker hinauf, der sie geschickt auffängt.

Becker duckt sich hinter dem schweren Turm und wartet lauernd. Wie gewünscht, öffnet ein Russe von innen die Luke. Mit großer Kaltblütigkeit zieht Becker ab und wirft die entsicherte Granate in die Luke. Blitzschnell mit einem Riesensatz springt er herunter, reißt Nowak am gesunden Arm in den Sand.

Eine Ohrenbetäubende Detonation! Meterhohe Stichflammen! Der schwere Panzer ist explodiert!

Wie eine Fackel steht der Riese da im Gelände. Zwei andere Panzer drehen ab.

»Los, Nowak, schnell hinter die nächste Böschung!« ruft Bekker.

Schon schießt es aus allen Rohren, man hat sie aufs Korn genommen. Wie Baumstämme rollen sie die Böschung hinunter. Kittel ist gleich zur Stelle und bemüht sich um Nowak, der jetzt den wahnsinnigen Schmerz spürt. Kittel verbindet den linken, stark blutenden Arm.

Der Artilleriebeobachter liegt tot neben seinem Fernrohr. Eine Maschinengewehrgarbe ist quer durch seine Brust gefahren.

»Elender Scheißdreck! Wenn nicht bald Verstärkung kommt, walzen die uns hier alle nieder und machen uns zu Brei!« Dabei spuckt der Feldwebel Dreck und Schleim auf die Erde.

Die deutsche Artillerie schweigt, denn Freund und Feind sind zu dicht ineinander verkrallt. Die russische Artillerie schießt jedoch Sperrfeuer auf die Brücke. Den zwanzig bis dreißig Kämpfern am Brückenkopf ist sowohl der Nachschub als auch der Rückzug abgeschnitten. Da, endlich kommt Hilfe – heißersehnte Hilfe! – aus der Luft. Zehn, fünfzehn Stukas brausen heran. Sie sind umgeben von schlanken, silbern glänzenden Jägern. Wie Habichte stürzen sie sich in heulendem Ton auf die russischen Panzer. Diese Sturzsirenen geben einen markerschütternden Lärm von sich. Wie erstarrt und hypnotisiert erwarten Freund und Feind den Todesstoß.

Hart schlagen die Bomben auf, die Panzer explodieren mit gewaltigem Krachen und werden zu Feuerbällen. Auch die russische Artillerie ist zum Schweigen gekommen.

Und nun rollen sie! Deutsche Sturmgeschütze mit aufgesessener Infanterie sind in Marsch gesetzt, um den stark angeschlagenen Gegner endgültig aus der Feldstellung vor der Stadt zu vertreiben. Die Verstärkungen nehmen laufend zu, sogar leichte Flakgeschütze können nun die Sicherung im Kampf gegen angreifende Tiefflieger übernehmen.

Der dritte Zug besteht nur noch aus acht Mann, alle anderen sind gefallen. Auch Hauptmann Köhler ist verletzt.

Feldwebel Becker meldet sich beim Kompaniechef.

Im Feldlazarett

Die Turnhalle ist Aufnahmestelle und Hauptverbandsplatz. Sie ist hoch und geräumig. An den Wänden hängen noch die Reste von halbzerstörten Plakaten von Lenin und Stalin. Auch alte Sportgeräte stehen herum.

Es geht hier zu wie in einem Bienenkorb, es ist ein Kommen und Gehen. Die leichtverwundeten Soldaten sitzen auf kleinen Bänken, die an den Wänden stehen. Dort warten sie auf die Sanitäter. Einer nach dem anderen kommt an die Reihe, wird registriert und eingewiesen. Auf dem Schulhof fahren leichte und schwere Wagen heran, mit denen man die Verwundeten transportiert. Feldgraue führen ihre Kameraden herein, verabschieden sich kurz und verschwinden wieder.

Auf Bahren bringt man die Schwerverletzten, oftmals solche mit Bauchschüssen, die unter blutbefleckten, zerrissenen Decken liegen und vor sich hinstöhnen und jammern. Es ist ein unheimlicher Chor der Schmerzen, der Angst und Todesfurcht.

»Wasser! *Wasser*!« hallt es in einem fort.

Es ist streng verboten, Verletzten mit Bauchschüssen Wasser zum Trinken zu geben.

»Oh, ich verdurste! Gebt mir Wasser! Kameraden, gebt mir doch Wasser!« schreit einer, kaum zwanzig Jahre alt, unter einer blutdurchtränkten Decke liegend. Unentwegt schreit er seit etwa einer halben Stunde immer wieder dasselbe.

Ein Panzergrenadier, der es nicht mehr mit anhören kann, steht auf, geht zu ihm und beugt sich über ihn.

»Was gibt's denn, Kamerad, wo hat es dich erwischt?«

»Meine Beine!«

»Nur die Beine?« forscht der Panzergrenadier.

»Ja, beide Beine! Ich komme um vor Durst!«

»Wenn du keinen Bauchschuß hast, darfst du auch was trinken.«

»Ja, ja, sie haben mich sicher vergessen. Hilf mir, Kamerad!«

Der Panzergrenadier reicht ihm seine Feldflasche.

Gierig setzt der Schwerverwundete sie an und trinkt und trinkt! Mit dankbarem Lächeln reicht er die leergetrunkene Flasche zurück: »Bis auf den letzten Tropfen! Oh, solch ein Durst! Danke, Kamerad!«

Der Panzergrenadier streichelt dem Schwerverletzten die Hand.

Kusserow und Nowak sitzen währenddessen in der hintersten Ecke. Beide hat es am linken Arm erwischt. Ihre Stiefel und Uniformen starren vor Dreck und Blut. Auch andere Kameraden ihrer ersten Kompanie liegen oder sitzen hier herum. Der Kampf um die Brücke von R. hat seinen Blutzoll gefordert. Neben ihnen liegen die Schwerverletzten, die von unsagbaren Schmerzen und der Verzweiflung gepeinigten Kameraden, die mit hohlen, hoffnungslos blickenden Augen in die Gegend stieren.

»Was ist der Mensch?« murmelt Kusserow vor sich hin. »Wenn man dieses Elend hier ansieht, Hans, kann man da überhaupt noch an einen Gott glauben? Warum läßt Gott dieses furchtbare Elend zu? Ist Gott ein Sadist? Ist es demnach nicht eine Zumutung, angesichts dieser Tatsachen an einen Gott der Liebe glauben zu sollen?«

»Ach, Albert, deine Fragen überraschen mich nicht. Sie werden gestellt, seit Kain seinen Bruder Abel erschlagen hat. Der größte Teil der Menschheitsgeschichte besteht aus ›Kain und Abel‹, aus Blut und Tränen, aus Terror, Sklaverei, Drangsalierungen und vielem anderen mehr. Gottferne Menschen stellen diese Frage immer wieder: Warum läßt Gott das alles zu? Meinst du, daß Gott die Schuld hat an diesem ganzen Jammer hier? In den guten Jahren, den Jahren des Friedens, wer fragt da nach Gott? Wer ist da bereit, sich unter Gottes Herrschaft zu beugen? Wer möchte von Gott regiert werden? Jeder geht doch seinen eigenen Weg nach seinem Willen und Gutdünken! – Hat Gott uns vielleicht hier nach Rußland hineingejagt? Hat Gott Bomben, Granaten, Flammenwerfer, Panzer und Raketen erfunden?«

»Ja, ich verstehe, was du damit sagen willst, aber die wirklich Schuldigen an diesem Elend, die sind doch nicht hier! Die sind irgendwo in Sicherheit und dirigieren von dort aus. Hier aber stöhnen die Söhne von einfachen, unschuldigen Müttern, die die Mordwerkzeuge nicht erfunden haben! Warum sind sie immer die Leidtragenden?«

Hans versucht, trotz seiner Schmerzen und der Erschöpfung, die sich bei ihm bemerkbar macht, in ruhiger Sachlichkeit auf die uralte Menschheitsfrage eine überzeugende Antwort zu geben.

»Weißt du, Albert, kannst du dir mal folgendes vorstellen und darüber nachdenken: vor über vierzig Jahren ging eine stolze Mutter mit ihrem kleinen Sohn durch die alten Straßen eines kleinen, unbekannten Grenzstädtchens. Sie fand ihren kleinen Bub hübsch; er hatte große, dunkle Augen. Er wußte noch nichts von dem Elend und Jammer dieser Welt, den die Erwachsenen durch vielerlei Anlässe heraufbeschwören. Sicher spielte er mit Nachbarskindern und freute sich am Leben wie alle Kinder dieser Welt und wir selber auch, als wir noch ebenso klein und ›unschuldig‹ waren. Wahrscheinlich hat ihn mancher aus der Verwandtschaft und Bekanntschaft übers Köpfchen gestrichen und zu seiner Mutter gesagt: ›Bestimmt, Frau Hitler, wird Ihnen Ihr Sohn Adolf einmal viel Freude im Leben machen und viel Gutes tun!‹«

»Pssst – Hans – bist du wahnsinnig?«

»Verstehst du, was ich meine? Waren sie nicht alle einmal unschuldige, kleine, harmlose Kinder, der Stalin, der Mussolini, der Franco und der Lenin? Sie alle wurden von Müttern aufgezogen, die ihre Söhne lieb hatten. Aber was wurde später aus ihnen? Welcher Idee, welcher Überzeugung folgten sie und opferten damit das Leben anderer, unschuldiger Menschen?«

»Mensch, bist du verrückt geworden? Halt deine Schnauze, du Dussel? Du willst dich wohl um Kopf und Kragen reden?« Albert stößt seinen Kameraden mit der gesunden Hand vor die Brust und blickt sich um, ob ihnen jemand zugehört haben könnte. Hans nickt vor sich hin und antwortet: »Da siehst du, so fängt es an, hier beginnt unsere Schuld! Als wir hätten laut protestieren sollen, da haben wir geschwiegen. Die meisten haben den Mund gehalten, als es noch Zeit gewesen wäre, die sich anbahnende Richtung zu stoppen! Als man die Ordnungen und Gebote Gottes mit Füßen trat, haben wir dagegen nicht protestiert, sondern den Willen Gottes mißachtet und somit unsere persönliche Freiheit zugunsten eines augenblicklichen Wohlergehens geopfert. Diese Schuld des Unterlassens, des Überhörens der Stimme Gottes ist ungeheuerlich und pflanzt sich seit Adams und Evas Zeiten ununterbrochen fort. Wir beide zum Beispiel haben zwar keinen Bankeinbruch, keinen Mord an irgendeinem Menschen wegen seines Geldes verübt, aber wir haben die Freiheit, die Gott uns geschenkt hat, zum Bösen, zum Aberglauben und Götzendienst, zum Abfall von seiner Ordnung gebraucht und deshalb mißbraucht! Wir haben uns einen anderen zum Messias und Befreier erkoren. Wollen wir dafür nun Gott auf die Anklagebank zerren? Wäre das nicht ungeheuerlich?«

Kusserow wird es bei diesem Gespräch ganz heiß, nervös blickt er sich immer wieder um, doch alle sind mit ihren Schmerzen oder denen der anderen beschäftigt.

»Hans, wenn Hitler nicht gekommen wäre, dann wäre es ein anderer gewesen, der uns ins Unglück geführt hätte, glaubst du mir das?«

»Eben, Albert, wir hätten auch einen anderen gewählt, nur nicht Jesus Christus. Wenn alle Menschen in der Welt den Sohn Gottes erwählten und nach seinem Willen leben würden, hätten wir vielleicht das Paradies auf Erden, nach dem sich die Menschen im Grunde ja alle sehnen. Jesus sagte einmal zu den Juden, also zu dem Volk, in das er hineingeboren worden war: »Ich bin gekommen in meines Vaters Namen, und ihr nehmt mich nicht an. Wenn ein anderer in seinem eigenen Namen kommen wird, den werdet ihr annehmen.« Wer fragte eigentlich zur rechten Zeit nach dem Willen Gottes, und zwar dann, wenn die Weichen in der einen oder anderen Richtung gestellt werden? Dazu gehören zum Beispiel der Beruf, die Eheschließung, die Auswahl der Freunde oder meinetwegen auch die Beteiligung an der Politik? Wer handelt nach den Anweisungen Gottes, nach seinen Ordnungen und Maßstäben? Meistens ist doch das Gegenteil der Fall, man begehrt auf, man weiß alles besser und verachtet den Rat Gottes. Wenn es dann zu Niederlagen oder sogar zu Katastrophen kommt, fragt man enttäuscht: ›Warum hat Gott das alles zugelassen?‹«

Der Schwerverletzte mit den angeblichen Beinverletzungen fängt auf einmal fürchterlich an zu schreien. Sein Zustand verschlechtert sich zusehends. Ein Sanitätsfeldwebel kommt angelaufen und sieht sich den Verwundeten an. »Um Himmels willen, Mann, was haben Sie gemacht? Sie haben doch nicht etwa getrunken?«

»Nein«, lügt er, »ich habe nicht getrunken.« Der Feldwebel hebt die durchblutete Decke auf. Hans und Albert sind, vor Schrecken bleich, aufgestanden und schauen hinüber.

»Wer hat hier dem Kameraden zu trinken gegeben?«

Vieler Augen sind auf einmal auf den Panzergrenadier gerichtet, der in so kameradschaftlicher Weise seinen letzten Trunk dem Verwundeten gereicht hatte.

»Ich, Herr Feldwebel!« Zu Tode erschrocken starrt auch er auf die furchtbare Bauchwunde und die große Blutlache. Wie von einer Tarantel gestochen rennt der Feldwebel fort und kommt Sekunden später mit einem Militärarzt zurück. Dieser sieht eher aus wie ein Metzger, die Gummihandschuhe blutig, die Schürze, die einmal weiß war, bis zu den Schultern hoch mit Blut getränkt.

»Wer war es?« fragt nun der Arzt.

Der Panzergrenadier meldet sich erneut, recht niedergeschlagen und kleinlaut. Wie ein wütender Stier brüllt der Arzt ihn an: »Sie Vollidiot! Sie blöder Hammel! Sie sind der Mörder Ihres Kameraden! Wie können Sie so idiotisch handeln?«

Da melden sich einige mit lauten Zwischenrufen, um den Panzergrenadier zu rechtfertigen: »Der andere hat es so gewollt, er hat gelogen und gesagt, seine Beine seien nur verletzt, Herr Stabsarzt!«

Da wendet sich der Arzt an den Schwerverwundeten und sagt: »Wenn das so ist, dann sind Sie selber schuld! Ausdrücklich ist gesagt worden, daß Männer mit Bauchschuß keinen Tropfen trinken dürfen, weil sie sonst ins Gras beißen müssen! Sie Unglücksrabe, hören Sie mich: Keine Macht der Welt kann Sie nun noch retten, denn Sie haben sich selbst zerstört!«

»Nein! Nein! Ich will nicht sterben! Ich flehe Sie an, retten Sie mich! Helfen Sie mir, ich wußte nichts davon! Herr Doktor, ich bin doch erst neunzehn Jahre alt! Meine arme Mutter, mein Vater – Herr Doktor, bitte, retten Sie mich!«

Er will sich aufrichten, wird aber von dem Feldwebel und zwei anderen Kameraden festgehalten.

»Spritze!« ruft der Stabsarzt und rennt in den Operationsraum. Nach einigen Augenblicken verpaßt der Feldwebel dem Todeskandidaten eine Morphiumspritze und sagt: »So, mein kleiner Junge, nun wird alles besser, es tut nicht mehr weh, nun hörst du bald die Englein singen!«

Danach verschwindet auch er.

Die Spritze wirkt recht schnell, das Jungengesicht sieht auf einmal ganz verklärt aus. Dann wird die Gesichtsfarbe zusehends aschfahl, Schweißperlen treten ihm auf die Stirn, und die Augen beginnen zu glänzen. Hans Nowak und Albert Kusserow gehen zu ihm hinüber.

»Wie geht's, Kamerad?« fragt Nowak. »Ich heiße Hans« und dabei gibt er ihm seine Hand.

»Das da ist Albert«, auch Albert nimmt die schwache Hand des Sterbenden. »Ich – will – nicht – *sterben!*«

»Laßt ihn in Ruhe! Er hat doch schon seine Spritze verpaßt bekommen!« ruft einer von denen, die auf den Bänken sitzen. Andere mischen sich ebenfalls ein und fordern, daß man ihn in Frieden läßt.

»Seid still, ja!« kontert Albert, der ahnt, warum Hans sich veranlaßt sieht, mit dem Todgeweihten zu sprechen.

»Komm – *gesund – wieder!* hat Vater nachgerufen, als der Zug abfuhr.«

»Ich kenne deinen Vater ...«

»Was? Du kennst meinen Vater? Kommst du auch aus Köln?«

»Nein, ich meine auch nicht deinen irdischen Vater, sondern deinen himmlischen! Unser Schöpfer, der allmächtige Gott, ruft uns zu:

›Kommt wieder, Menschenkinder!‹«

»Ich will doch nicht sterben! Was hab ich denn vom Leben gehabt? Oh, meine Mutter – Mutter!« Nun weint er leise vor sich hin.

Hans streicht ihm übers Haar, nimmt sein Taschentuch und wischt ihm das Gesicht, das von Schweiß und Tränen naß ist.

»Hör, Kamerad, wir Menschen haben keine Macht, wenn Gott ruft, unseren Geist zurückzuhalten, aber wir können Gott anrufen und IHN um Vergebung bitten für alles, was wir nicht gut gemacht, wo wir uns gegenüber Gott und Menschen falsch verhalten haben und schuldig geworden sind. Das kannst du jetzt noch in diesem Augenblick, wo Gott dir Barmherzigkeit und Gnade anbietet. In der Bibel steht: ›Wenn der gottlose Mensch stirbt, ist seine Hoffnung verloren.‹«

Der Sterbende begehrt auf: »Ich bin doch kein Gottloser, ich bin getauft und konfirmiert, evangelisch!«

Hans nimmt die Hand des jungen Mannes: »Das ist auch gut, aber bei Gott gilt etwas anderes: Wer Jesus Christus als seinen persönlichen Heiland angenommen hat, der ist ein Kind Gottes geworden. Und Kinder kennen ihren Vater sehr gut! Kennst du deinen Vater im Himmel? Weißt du, wie lieb er dich hat und wie gern er dich in diesem Augenblick zu sich ziehen möchte?«

»Ich habe Angst! fürchterliche Angst!« röchelt der Verwundete.

Hans ergreift erneut die eine Hand des Jungen und sagt: »In der Bibel steht: es ist dem Menschen gesetzt, einmal zu sterben, danach das Gericht! Das stimmt, aber es steht auch darin, daß derjenige, der sein Leben in Jesu Hand gelegt hat und an IHN glaubt, nicht in das Gericht kommt, sondern der ist vom Tode zum Leben – nämlich dem ewigen Leben bei Gott in der Herrlichkeit – hindurchgedrungen.« Hans beginnt zu predigen, obwohl er gar kein Pastor ist. Doch ihm liegt das Seelenheil seines Kameraden so am Herzen, daß er ihm noch zu einem Übergang von diesem ins jenseitige Leben in Gottes Frieden verhelfen möchte.

»Sieh, Kamerad, Gott bietet uns eine umfassende Vergebung

an, indem er sagt: ›Wenn eure Sünde gleich blutrot ist, soll sie doch schneeweiß werden!‹«

»Was hab ich denn Böses getan?« fragt der Sterbende. »Alles war Befehl, ich mußte doch gehorchen! Ich wollte ja gar keinen niederschießen, aber als MG-Schütze . . .«

»Ja, Kamerad, wir sind alle schuldig, vor Gott und vor Menschen! Ob mit oder ohne Befehl, niemand ist ohne Sünde. Aus diesem Grunde bietet uns Gott ja das Sühnopfer seines Sohnes Jesus an. Wer ihn hat, der ist frei und geborgen in Gottes Hand, dessen Sünden sind alle restlos vergeben. Bei Gott geht es nicht um ›schlecht – schlechter – am schlechtesten‹ oder um ›gut – besser – am besten‹, sondern er bietet allen seine Gnade an, er hat Erbarmen mit jedem Menschen.

Ist das nicht ein Grund, ihn im Glauben und Vertrauen anzurufen, die Vergebung zu erbitten und von ihm getröstet zu werden?«

Hans redet und liest auch einige Verse aus der Bibel vor. »Was soll ich tun?« fragt der Todeskandidat stotternd.

Hans antwortet: »›Wie viele Jesus aber aufnahmen, denen gab er Macht, Gottes Kinder zu werden, die an seinen Namen glauben‹, du darfst in kindlichem Vertrauen auf Gott schauen und dich ihm anbefehlen mit allem was war, was augenblicklich ist und was in der Zukunft sein wird! Jesus spricht zu jedem von uns: ›Siehe, ich stehe vor der Tür und klopfe an. So jemand meine Stimme hören und die Tür auftun wird, zu dem werde ich eingehen und das Abendmahl mit ihm halten und er mit mir.‹«

»Welche Tür?«

»Deine Herzenstür, ganz einfach dein Herz!«

Hans legt dem unbekannten Kameraden die Hand auf das verschwitzte Haar und betet: »Der Herr segne und behüte dich, der Herr lasse sein Angesicht leuchten über dir und sei dir gnädig. Er gebe dir seinen Frieden, der höher ist als alle menschliche Vernunft! Amen!«

»Ja – Jesus, ich – will – dich – hilf – ach – hilf, Amen!« haucht der Sterbende stockend und mit letzter Kraft, bevor er hinübergeht in die Ewigkeit.

Hans spürt den letzten Pulsschlag und sieht die gebrochenen Augen. Er befreit sich von der verkrampften Hand des Heimgegangenen und drückt ihm seine Augenlider zu. »Wer so stirbt, der stirbt wohl!« Danach zieht er die Decke über das Gesicht, der Kamerad hat ausgelitten.

Albert steht ganz erstarrt und ergriffen neben Hans.

»Komm, laß uns gehen, Albert«, sagt Hans. Er hat während seines Gespräches mit dem Schwerverwundeten gar nicht auf die Umgebung gehört oder gesehen. So sind ihm die bissigen Bemerkungen entgangen, die einige, auch angesichts des Todes noch, von sich gegeben haben. Albert Kusserow war wie ein Wachhund den eingefleischten Atheisten entgegengetreten und hatte verhindert, daß die Vorbereitung auf die Ewigkeit für den jungen Mann nachhaltig gestört wurde.

Es dauert nicht mehr lange, da werden auch sie beide in den Raum geholt, in dem zwei Operationsstühle beziehungsweise -tische aufgebaut sind, auf dem einen liegt ein Waffen-SS-Offizier. Er schreit ununterbrochen in der Narkose: ›Unserem heißgeliebten – Führer – Heil – Heil – Hurra! – Der Endsieg – ist unser! Hurra!‹ Auf dem anderen Tisch liegt ein Panzergrenadier, dessen Gesicht zugedeckt ist, der Unterbauch ist aufgerissen, aus dem das Blut herausquillt.

Mechanisch arbeitet der Chirurg, von zwei Schwestern assistiert, die ihm die nötigen Geräte reichen: Aderklemmen, Tupfer, Sauger, Gummiröhrchen, Kompressen und anderes.

Hans und Albert werden in einen nächsten Raum geführt und dort vom Assistenzarzt versorgt.

Die Nacht über schlafen sie in einem Schulraum auf einer harten Pritsche. Am nächsten Morgen beginnt der Abtransport ins Feldlazarett. Bestaubte Sankas fahren auf den Schulhof. Das Rote Kreuz ist an den grauen Wagen kaum noch zu erkennen, so voller Dreck sind sie. Einer nach dem anderen wird in den Wagen gehoben. Die Motoren heulen auf, und unter schrecklichem Schaukeln durchfährt die Kolonne das kleine Städtchen. An zwei Friedhöfen kommen sie vorbei, auf denen emsig gearbeitet wird. Russische Zivilisten, sowohl Männer als auch Frauen, müssen Gräber schaufeln für die deutschen Gefallenen. Man hat die Toten auf der Erde nebeneinandergelegt und mit grauen Zeltplanen überdeckt. Auf jedem einzelnen Körper liegt ein Holzkreuz mit dem Namen, dem Dienstgrad, dem Geburts- und Sterbedatum. Manchmal ist auch die Einheit, der derjenige angehörte, angegeben. Viele Kreuze hat man bereits aufgestellt. Hinter dem Friedhofsgelände erhebt sich die orthodoxe, bunt angemalte Kirche mit den charakteristischen Zwiebeltürmchen inmitten einer reizvollen Parklandschaft. Der Ort ist nur teilweise zerstört, eine ganze Häusergruppe ist niedergebrannt. Zwischen zerstörtem Mauerwerk befindet sich jetzt in freier Natur ein Herd und ein Kaminstumpf. Neben zerbrochenen Wagenrädern steht eine alte Anrichte, darauf drei kleinere Gefäße und eine Schüssel.

Ein alter Mann und eine jüngere Frau mit ihrem kleinen Sohn hocken davor. Der Alte trägt, obwohl es Hochsommer ist, seinen Pelzmantel, offenbar das kostbarste Stück, was er besitzt. Sie sitzen auf Schemeln, barfuß. Der Junge schaut verängstigt in die Gegend und bestaunt die Sanitätskolonne, die über den unwegsamen Straßen vorbeischaukelt.

Nach dreistündiger Fahrt erreichen sie die Etappenstadt ›Z‹. Das Innenviertel ist total zerstört, Verkehrsampeln hängen in den zerrissenen Straßenbahnoberleitungen. Die Bevölkerung ist damit beschäftigt, angekohlte Balken aus den Trümmern der Häuser zu zerren. Es sind meistens Frauen, die hier ›aufräumen‹. In der Vorstadt dagegen scheint vieles noch heil zu sein. Strohgedeckte, kleine Hütten sind wie durch ein Wunder unbeschädigt geblieben. Man sieht sogar verhältnismäßig modisch gekleidete, hübsche Mädchen mit Handtaschen die Straßen entlanggehen, allerdings barfuß. Zwischen Militärfahrzeugen aller Art tauchen auch kleine Panjewagen auf, gezogen jeweils von einem zottigen Gaul. Die Bauern kommen in die Stadt, um ihre Kartoffeln und das geerntete Getreide zu den Sammelplätzen zu bringen. Sie sind in der Regel mit einfachen Leinenkitteln oder schon ziemlich zerlumpten Fellmänteln bekleidet.

In einer ehemaligen Infanteriekaserne hat die Heeresverwaltung ein Feldlazarett eingerichtet. Auf dem Kasernenplatz stehen weiß gekleidete Frontschwestern herum. Als die Sanitätswagen kommen, rennen sie aufgeregt durcheinander und wissen nicht, wo sie zuerst anpacken sollen. Es gibt auch einige Diakonissen unter ihnen, die ruhiger, ernster und sachlicher an die Arbeit herangehen. Sie fragen zuerst nach durchbluteten Verbänden, sehen nach fiebrig glänzenden Augen und nach den Schwächsten unter den ankommenden Verwundeten. Sie lassen die schwächsten Kameraden der Reihe nach wegbringen. Nach diesen dürfen die leichter Verwundeten aussteigen, sie werden mütterlich von den Frontschwestern gestützt, ob sie es nun nötig haben oder nicht. Der Sanitätsoberfeldwebel teilt die Verwundeten in die einzelnen Zimmer ein.

Nach vielen Wochen endlich liegen Hans und Albert wieder in weichen, weiß bezogenen Betten. Die ungewohnte Wärme macht ihnen allerdings zu schaffen, so entwöhnt sind sie dieser Ordnung. Aber es gibt da noch etwas, dessen sie sich noch entledigen müssen! Es sind die mitgebrachten Landtierchen wie Läuse und Flöhe, die ihnen große Unruhe bereiten. Albert zündet ein Streichhölzchen an: ›Aha, nicht nur im Frontgepäck und in der Kleidung hat sich das Ungeziefer festgesetzt‹, auch im Raum wimmelt es von mancherlei Quälgeistern, die ein Knistern, Schaben und Rascheln verursachen. Also: auf in den Kampf! Zunächst muß der ›Feind‹ am Boden zerstört werden, bevor man ihn am Leibe austilgt. Dann endlich kommt man zur Ruhe.

Christen zwischen braun und rot

Am nächsten Morgen, gleich nach dem Frühstück und dem üblichen Appell, können Kusserow und Nowak in die Stadt gehen, denn sie brauchen nicht fest im Bett zu bleiben. Ihre Armverletzungen erfordern keine strenge Bettruhe. So haben sie Gelegenheit, sich ein wenig in einer russischen Kreisstadt umzusehen. Sie schätzen, daß diese Stadt etwa die Größe von Marburg an der Lahn oder Brandenburg an der Havel haben könnte. Das Stadtbild wirkt recht gegensätzlich, neben alten Backsteinbauten erheben sich modern errichtete Wohnblocks, Krankenhäuser, wissenschaftliche Institute. In einem der Vororte, den sie jetzt durchwandern, entdecken sie zweistöckige, hübsch anzusehende Häuser. Allerdings gibt es hier und da die ärmlichen Holzbuden und die landesüblichen Blockhäuser. Dann wieder sehen sie recht farbenprächtige, gepflegt aussehende Häuser, angestrichen in Lindgrün, Zinnoberrot, Kobaltblau und Rosa. Hinter manchen Gardinen stehen russische Zivilisten, die den vorübereilenden Soldaten nachsehen. Häufig stehen auch Grünpflanzen in den Fenstern. Eine Mutter läßt ihr kleines Kind am Fenster winken. Aus einigen Fenstern gucken sogar ganze Familien heraus und begrüßen die Soldaten beinahe wie Befreier.

An einer größeren Bodenerhebung stehen noch nicht fertiggestellte Neubauten, von Bretterzäunen umgeben. Fabrikanlangen, häßlich wie in aller Welt, Lagerschuppen, Holz- und Backsteinlager vermitteln einen öden Anblick.

Als sie in eine belebtere Geschäftsstraße einbiegen, sehen sie die Leute an Bäcker- und Fleischerläden in Schlangen anstehen. An den Läden hängen vergilbte Reklamen, die für Lebensmittel und Gebrauchsgegenstände werben. Die Stimmen der Bewohner klingen eindringlich hart, sie führen ihre Gespräche mit asiatischer Inbrunst.

Hans und Albert bedauern, daß sie diese Sprache nicht verstehen. Sie begegnen einem Mädchen mit langen und dicken Zöpfen, das sie mit den dunklen Augen schelmisch mustert. Der Mund ist so breit, daß man glauben könnte, die Ohren bekämen von den Mundwinkeln Besuch.

Hans holt impulsiv eine Tafel Schokolade aus seiner Jackentasche und reicht sie dem Mädchen. Völlig überrascht, scheu und ein wenig ängstlich nimmt es das Geschenk entgegen.

»Spaßibo« flüstert es.

»Du hier wohnen?« fragt Albert im nachgeahmten Ausländerdeutsch. Das Mädchen zuckt mit den Schultern und schüttelt leicht den Kopf, sie hat nichts verstanden.

»Name? Wie heißt du?« – Die Kleine zuckt wieder mit den Schultern. »Katja? – Natascha?« rätselt Hans drauflos.

»Natascha« – das Mädchen zeigt auf ein bestimmtes Haus.

»Mamutschka?« fragt Hans. Heftig nickt sie mit dem Kopf und sagt: »Dada Babutschka!« Fast fluchtartig läuft sie zu dem Haus hinüber. Hans und Albert folgen ihr. Sie treten auch beide durch die offene Tür des Hauses und sind überrascht, wie auffallend sauber und geschmackvoll das einfache Haus eingerichtet ist.

Die weißen Kachelöfen mit den blitzenden Messingbeschlägen machen einen sehr wohnlichen Eindruck, so daß Hans nur denken kann: ›Auch das ist Rußland!‹

Das Mädchen kommt an der Hand seiner Mutter die Treppe herunter. Zurückhaltend, aber doch freundlich begrüßt die Frau die beiden deutschen Soldaten.

»Gutän Tag! Was suchen die Härren?«

Hans und Albert sind aufs Neue erstaunt und fragen: »Sie sprechen Deutsch?«

»Ein wänik«, antwortet sie, »unsere Vorfahren deutsch.«

»Aha, das freut uns sehr, leider können wir kein Russisch. Wir sind Verwundete und wohnen seit gestern hier in diesem Ort. Wir haben Ihre Tochter auf der Straße angesprochen.«

»O ja? Ich bässer verstähen als sprächen, mein Deutsch ein wänik kaputt«, kauderwelscht die hübsche Russin.

An der Wand des Zimmers, in dessen Eingang sie nun stehen, hängt ein Farbdruck mit dem gekreuzigten Jesus. Albert hat es sogleich entdeckt und stößt Hans an: »Du, ich glaube, die sind fromm!«

»Glauben Sie an Jesus Christus«, fragt Hans sofort.

»Ja, wir sind – ä – . . .« – »gläubig?« hilft Hans.

Die Frau nickt freudig.

»Welche Kirche? Orthodox, katholisch?« forscht Hans weiter.

»Nein, wir keine Kirche, wir Christen, wenn bekährt!«

»Sind Sie etwa Baptistin?«

»Ja«, antwortet die Russin, »Sie auch?«

Albert kommt aus dem Staunen nicht heraus.

»Härzlich willkomän in meine Haus!«

Sie bittet die Deutschen, in ihr Wohnzimmer einzutreten.

»Mein Name ist Hans Nowak, und das ist mein Kamerad Albert

Kusserow. Seine Eltern sind auch Christen, er soll es noch werden.«

Dabei stößt Hans ihn kameradschaftlich in die Seite.

»Trinken Sie eine Tasse Tää? Ich freuen mich sähr, daß sie kommen in meine Haus. Ich glaube, der Herr Jäsus hat Sie geschickt.« Voll Freude geht sie zum Samowar, der bald darauf gemütlich summt.

»Wir sind beide im Lazarett –«

»Ich nich verstähn, was Lazarät?«

»Ä – Krankenhaus – Spital!«

»Ah, ich verstähn, du sehr kapuut?«

»Nein, nur linker Arm, auch bei ihm.« Hans öffnet seine Uniform und zeigt ihr den verbundenen Arm.

»Oh, – dann gutt – Krieg furchtbar, alles vom Teufel! Meine grosse Sohn noch nich Soldat – Gott sei Dank!«

Bei Gebäck und Tee sitzen die beiden Deutschen in der Stube einer Russin und unterhalten sich mit ihr, so gut sie können. Hans erzählt von der Heimat, von seiner Familie und vor allen Dingen auch von seiner Baptistengemeinde, in der er zu Hause ist. Die Zeit vergeht, zum Mittagessen können die beiden nicht bleiben.

»Sie müssän komän, wenn meine Mann hier! Morgen, ja? Sie komän morgen, vielleicht andere Christen auch hier. Meine Mann sich sähr, sähr freuen!«

Hans verspricht ihr, am nächsten Tag wiederzukommen. Beide verabschieden sich und eilen wie benommen in ihr Lazarett. Durch ein Labyrinth von Straßen und Sträßchen verlaufen sie sich noch, erreichen aber schließlich doch mit ›Ach und Krach‹ ihr Quartier zum Mittagessen.

Am Nachmittag des folgenden Tages machen sich Hans und Albert wieder auf den Weg zur Puschkinstraße. Mit einer alten Kutsche lassen sie sich bis zu einer bestimmten Straßenkreuzung bringen. Dort läßt Hans den Kutscher halten, gibt ihm einige Kopeken, während dieser ihn noch mißtrauisch mustert, dann aber seinen alten Kleppergaul in Trab bringt.

»Ich möchte die Christen hier nicht unnötig in Verdacht bringen«, erklärt Hans seinem Freund Albert. Als das Gefährt verschwunden ist, gehen die beiden in Richtung des ihnen bekannten Hauses, wo sie schon erwartet werden. Lautes Stimmengewirr dringt aus der Wohnstube. Erwartungsvoll betreten sie das Haus und werden gleich freudig begrüßt: »Da sind sie!« ruft Frau Gontscharow, »das ist meine Man!«

Ein kleiner, freundlich lächelnder Mann begrüßt die beiden

Deutschen und stellt sich vor: »Herzlich willkomän, ich Iwan Gontscharow! Meine Frau mir erzählen von Ihre Besuch gestärn!«

Aus der Stube schaut ein junges Mädchen, etwa achtzehn Jahre alt, die der Vater mit Stolz vorstellt: »Da ist Natascha, meine Älteste, sie spricht Deutsch, hat gelernt in hohe Schule.«

Natascha ist ein hübsches Mädchen und strahlt so richtig innere und äußere Sauberkeit aus.

»Da ist Mischa, mein Sohn, ist sechzehn Jahre alt, seine deutsche Aussprache ist nicht sehr gutt.«

Er hat auffallend strohblondes Haar, und seine blauen Augen leuchten, er ist ebenfalls ein ansehnlicher Junge.

»Und Igor, zehn Jahre alt, so Sie kennen alle meine Kindär. Anja hat gebracht Euch in meine Haus, im Namen Jäsu, herzlich willkomän!«

Hans und Albert sind nicht mit leeren Händen gekommen, sondern geben allen vier Kinder kleine Naschereien. Als sie in das Wohnzimmer treten, glauben sie, ihren Augen nicht trauen zu können, so voller Menschen ist es. Alle zur Verfügung stehenden Stühle sind besetzt, dazu hockt man in den Fensternischen und auf dem Fußboden. Aber es stehen auch noch Männer und Frauen, jüngere und ältere, die sich wohl nicht auf den Boden setzen möchten, für die leider keine Stühle mehr vorhanden sind. Ein penetranter Geruch von Knoblauch und Zwiebeln hängt in der Luft. Iwan Gotscharow stellt die beiden Deutschen in russischer Sprache vor. Ein jeder möchte die beiden persönlich begrüßen, einige können sogar ein wenig Deutsch und wenden es gleich an. Der russische Ostergruß klingt durch den Raum: »Christos voskrese! – Christos voskrese!« – »Christus ist auferstanden, Christus lebt!« Eine solche Atmosphäre wirkt ansteckend und erwärmt die Herzen der beiden Männer, die sich gleich wie zu Hause fühlen bei solch einer natürlichen Herzlichkeit.

Nach der ausgiebigen Begrüßung beginnt ein älterer Russe, der einen urwüchsigen Bart und schöne, vergeistigte Gesichtszüge hat, zu singen. Seine tiefe Baßstimme durchdringt den kleinen Raum. Spontan stimmen alle in das begonnene Lied ein nach der Melodie des altrussischen Vespergesanges. Dazu werden sie begleitet von einem jüngeren Russen auf einer alten Handharmonika.

Hans und Albert sind ergriffen von der Inbrunst des Gesanges, der wohlklingenden Melodie und des schönen Vortrages. Die feierlichen Choräle, die anschließend gesungen werden, die kirchlichen Hymnen und Sologesänge, wirken auf die beiden Besucher wie ein zusammengestelltes Musikprogramm, was es aber keineswegs ist, sondern diese Gesänge kommen spontan. Vater Gontscharow beendet den Gesang und spricht ein Gebet, bevor er die Gäste bittet, etwas von ihrem Glaubensleben zu berichten.

Hans wird von Natascha übersetzt. Er liest zunächst einen Vers aus der Heiligen Schrift:

»›Also hat Gott die Welt geliebt, daß er seinen eingeborenen Sohn gab, auf daß alle, die an ihn glauben, nicht verloren werden, sondern das ewige Leben haben.‹

Gott liebt alle Menschen, denn sie sind seine Geschöpfe. Er liebt also alle Europäer, Afrikaner, Asiaten, Amerikaner und Australier. Er liebt die Weißen und die Schwarzen, die Gelben und die Roten. Ja, sogar die politisch ›Roten‹ und die ›Braunen‹!, die Verirrten und Verhetzten, alle Menschen, die diese Erde bevölkern.

Durch Jesus Christus werden wir alle eines Geistes, denn die Liebe Gottes ist ausgegossen in unsere Herzen durch den Heiligen Geist, welcher uns gegeben ist. Allen Menschen, die guten Willens sind, bietet Gott ewigen Frieden an.«

Natascha übersetzt sehr schnell, dabei versucht sie, mit gleicher Eindringlichkeit das in Russisch zu sagen, was Hans in Deutsch ausdrückt.

Albert kommt aus dem Staunen nicht heraus – der Hans scheint ein ganz erfahrener, ein studierter Pastor zu sein! Dem Albert sieht man es auf den ersten Blick an, daß Natascha es ihm angetan hat, er scheint verliebt bis über beide Ohren zu sein, so strahlt er sie an! Ihre Freude, ihre Frische, ihr sauberes Wesen – welch ein schönes Geschöpf!

Das Abendmahl wird zum Höhepunkt des Gottesdienstes. Alle empfangen Brot und Wein kniend, während Diakone durch die Reihen gehen und jeden einzeln befragen: »Bist du bereit und würdig, das Mahl des Herrn in Empfang zu nehmen?«

Nur wenige nehmen das Mahl nicht.

Nach der Melodie des Liedes »Herz und Herz vereint zusammen . . .« singt die Hausgemeinschaft das Abschiedslied. Hans singt einfach den ihm bekannten deutschen Text, während neben ihm die harten russischen Laute erklingen.

»Herz und Herz vereint zusammen, sucht in Gottes Herzen Ruh.
Lasset eure Liebesflammen lodern auf den Heiland zu.
Er das Haupt und wir die Glieder; er das Licht und wir der Schein,
er der Meister, wir die Brüder, – er ist unser, wir sind sein.

Kommt, ach kommt, ihr Gnadenkinder, und erneuert euren Bund,
schwöret unserm Überwinder Lieb und Treu aus Herzensgrund;
und wenn eurer Liebeskette Festigkeit und Stärke fehlt,
o so flehet um die Wette, bis sie Jesus wieder stählt.

Ach du holder Freund, vereine deine dir geweihte Schar,
daß sie es so herzlich meine, wie's dein letzter Wille war.
Ja, verbinde in der Wahrheit, die du selbst im Wesen bist,
alles, was von deiner Klarheit in der Tat erleuchtet ist.

Liebe, hast du es geboten, daß man Liebe üben soll,
o so mache doch die toten, trägen Geister lebensvoll,
zünde an die Liebesflamme, daß ein jeder sehen kann:
wir, als die von einem Stamme, stehen auch für einen Mann.

Laß uns so vereinigt werden, wie du mit dem Vater bist,
bis schon hier auf dieser Erden kein getrenntes Glied mehr ist;
und allein von deinem Brennen nehme unser Licht den Schein:
also wird die Welt erkennen, daß wir deine Jünger sein.«

Nach dem Abendmahlsgottesdienst bleiben Hans und Albert noch Gäste bei der Familie Gontscharow. Albert unterhält sich mit Natascha über Fragen des Glaubens und der Ewigkeit, während ihr Vater dem Hans einen ehemaligen Kommunisten vorstellt, der sich vor wenigen Jahren zu Jesus bekehrt hat.

Ohne Hemmungen berichtet er dem Deutschen von seiner Hinkehr zu Jesus: »Als junger Mann wurde ich wie jeder andere Mitglied des Komsomol. Wer im Berufsleben vorankommen, wer Ferien haben wollte, mußte einfach dem Komsomol beitreten. Für mich war es kein Zwang, denn meine Eltern hatten mich schon dementsprechend atheistisch erzogen. Ich arbeitete aktiv in den kommunistischen Zellen mit und hatte beste Beziehungen zu den Parteifunktionären und Kommissaren. Es wurde uns in besonderen Schulungen beigebracht, wie wir Menschen, die noch an Gott glaubten, bearbeiten und bekämpfen sollten. Auch wurden uns genaue Anweisungen erteilt, wie wir die unverbesserlichen Kirchgänger mit Flugblättern atheistischen Inhalts belästigen und ihre Gottesdienste stören konnten. Infolgedessen wurde ich ein sehr eifriges und vorbildliches Mitglied der sowjetischen Jugendbewegung. Mit hingebungsvoller Gründlichkeit studierte ich damals die Lehre des dialektischen Materialismus von Marx und Engels. Meine Überzeugung war schließlich: Einst wird die Welt vom

Joch des Kapitalismus und aller seiner Helfershelfer befreit sein. Durch den Kommunismus wird auf Erden das Paradies entstehen, nach dem sich alle Menschen so sehnen. Die Kirche aber und alle religiösen Strömungen hielt ich für Volksverdummungsbewegungen, um die einfachen Menschen als Sklaven des Kapitalismus besser ausbeuten zu können.«

Die Frau des Hauses reicht Tee und frisches Gebäck herum. Kostja, der ehemalige Kommunist, schildert weiter: »Eines Tages lernte ich einen gleichaltrigen Jugendlichen kennen, der mir ein Bündel handgeschriebener Zettel zusteckte. Mit ihm hatte ich vorher schon einige Male über Mißstände und Widersprüche in der Parteiführung diskutiert. Als ich dann allein war, begann ich zu lesen. Was ich da zu lesen bekam, war die erstaunlichste und faszinierendste Geschichte, die ich je in meinem kurzen Leben zu lesen bekommen hatte. Ich war so ergriffen, daß ich alles in einem Zug durchlas. Es war aus dem Lukasevangelium.«

Hans blickt Kostja unverwandt an, dessen Augen leuchten. Er spricht einfach, unbefangen und ohne jede Scheinheiligkeit. Mit feierlicher, leicht bebender Stimme fährt er fort: »Jene Stunden wurden zum Wendepunkt in meinem Leben! Bis dahin wußte ich über Christus lediglich, daß er eine mythologische Figur wäre, die die Helfershelfer der Kapitalisten erfunden, um die Arbeiter in Gehorsam halten und ungestört ausbeuten zu können. Wie anders aber war Jesus in diesem Bericht, aus dem ich entnehmen konnte: Er selbst, der Arme, wurde verfolgt, weil er den Armen das Himmelreich nahebrachte. Ich war geradezu überwältigt von der Berichterstattung des Evangeliums: ›Er stößt die Gewaltigen vom Stuhl und erhebt die Niedrigen. Die Hungrigen füllet er mit Gütern und läßt die Reichen leer. Er denkt der Barmherzigkeit und hilft seinen Dienern Israels auf.‹«

Ich kam zu der Überzeugung, daß das, was uns die kommunistischen Agitatoren über Gott, über Jesus und die Bibel lehrten, einfach erlogen war. Ich war jetzt innerlich gezwungen, nachzudenken und in einer anderen Richtung zu denken. Obwohl ich es nicht gleicht so formulieren konnte, hatte ich dennoch auf einmal die Erkenntnis, daß Jesus Christus der einzige Weg zu einem glücklichen, in innerer Befreiung stehendem Leben ist, daß er die Wahrheit ist, denn kein Mensch kann so lauter und wahr sein wie er. Ich hatte ja selbst auch schon unter sogenannten Freunden gewisse Unehrlichkeiten und Heucheleien erlebt und mußte für meine Person erkennen, daß ich auch nicht in jedem Fall frei gewesen bin, meine wahren Empfindungen zu äußern und zu verteidigen oder durchzusetzen, wenn ich die Kritik von Vorgesetzten oder vielleicht eine Zurechtweisung befürchten mußte. Man handelt ja vorwiegend so, daß man Ansehen und Anerkennung vor den Mitmenschen bekommt. Von diesem Bestreben war ich eben auch nicht frei.«

Kostja ist noch jung und so recht begeisterungsfähig, seine Liebe zu Jesus ist echt und unbestechlich. Er wirkt in seinem Wesen so frisch und bekennt auch seine schwachen Stellen, daß Hans sich nur freuen kann über diesen Nachfolger Jesu.

»Meine jetzt gewonnene Freude konnte ich gar nicht für mich behalten, deshalb gab ich die Blätter weiter, zunächst meinen engsten Freunden, von denen ich wußte, daß sie mich nicht gleich denunzieren würden. Wie ich es gehofft hatte, waren auch sie von dem Inhalt der Blätter zum Nachdenken angeregt und für diese Berichte eingenommen. Sie kamen dadurch ebenfalls zu der Überzeugung, daß wir von den Propagandisten ein Zerrbild des Sohnes Gottes, nämlich Jesus, vermittelt bekommen hatten. In den regen Gesprächen, die wir dann so von Mann zu Mann führten, waren wir von Tag zu Tag aufs Neue erstaunt, daß die Menschen bei Gott keine Produktionsnummern sind, die im Kollektiv zusammengewürfelt verbraucht werden, sondern daß bei ihm jeder Mensch gleich viel gilt und geliebt wird ohne Unterschied ob hoch oder niedrig, begabt oder unbegabt, von schönem Äußeren oder unansehnlich und was es für Merkmale sonst noch gibt. Jesus war geopfert vom Vater aus Liebe zu jedem einzelnen Menschen, der je auf diese Erde kam oder noch kommt, das war unfaßbar! Wir gründeten zunächst einen geheimen Bibelkreis, denn wir fühlten uns noch nicht gleich so stark, daß wir den Oberen hätten mutig und entschlossen entgegentreten können. Wir trafen uns also zunächst in den Wäldern, stellten auch Wachen auf, um bei Gefahr gewarnt zu werden. Immer wieder lasen wir Abschnitte aus dem Lukasevangelium, von dem wir weitere abgeschriebene Blätter erhalten haben. Wir selber schrieben auch für andere, die dann gewonnen werden konnten, die Passagen ab.«

»Ist doch wunderbar, wie Gott Mittel und Wege hat, selbst bei finsteren Atheismus Menschen für ewige Leben in seine Herrlichkeit vorzubereiten«, sagte Herr Gontscharow dazwischen. »Ich immer Gott danken für solche Gnade!«

Kostja berichtet weiter, er spricht ein fast akzentfreies Deutsch. »Später bekamen wir von einem alten Mann, der im Sterben lag, eine vollständige Bibel. Da wir körperlich stark waren, meldeten wir uns zur Waldarbeit. Da wir bei der Parteileitung noch als politisch zuverlässig galten, wurde unser Anliegen genehmigt, und wir waren auf diese Weise in der Lage, eine ›Waldgemeinde‹ zu gründen. Wir konnten ja nicht aus Rußland fliehen, um unserer Glaubensüberzeugung in Freiheit leben zu können, so hatten wir wenigstens im Schutz des Waldes die Gelegenheit, uns einer Beaufsichtigung durch die Kommissare zu entziehen. Fast zwei Jahre lang konnten wir ungestört in der Bibel forschen und damit innerlich sicherer und glaubensfester werden, um mit Gegnern im Gespräch überzeugend zu argumentieren. Durch irgend jemand jedoch bekam die Staatspolizei von unserer Gruppe Wind und überraschte uns. Sie nahmen uns alle mit, aber mit zwei anderen Kameraden gelang es mir nachts, den Häschern zu entkommen. Man verurteilte die Glaubensbrüder zu sibirischem Zwangsarbeitslager, ich bin überzeugt, daß sie dort für Jesus arbeiten werden.«

»Ja, es war nicht einfach, bis gekommen Ihr Deutsche«, meinte Herr Gontscharow. »Oft nachts gekommen die Geheimpolizei, ich plötzlich hören Motoren, viele Auto kommen, Bremsen quietschen, von hinter Gardinen ich sähen Männer mit Gewähre und Pistollen in Haus gähen. Alle Leute wach und denken: Wär kommt jetzt an Reihe? Hollen sie mich? – Türen schlagen, lautes Weinen von Frauen und Kindern. Motoren wieder an und ab, in Arbeitslager oder Gefängnis.«

»Nähmen Sie, essen Sie!« fordert Frau Gontscharow ihre Gäste auf und reicht Kuchen herum.

Hans fühlt sich nun verpflichtet, auch von seiner Heimat über das Wirken Gottes zu berichten.

»In Deutschland können die Christen wohl noch freier arbeiten, obwohl es die Parteibonzen auch nicht gern sehen. Es werden die Pfarrer, Kirchenleiter und die Gottesdienste ständig überwacht, um alles melden zu können, was eventuell gegen Hitlers Regime ausgesprochen oder getan werden könnte. Man versucht schlauerweise, das Evangelium mit den politischen Thesen zu vermischen, um sich so den Anschein eines gewissen Gläubigseins zu geben und die Menschen besser täuschen zu können. Wie gefährlich das ist, kann man daran erkennen, daß viele tatsächlich davon überzeugt sind, daß Hitler der von Gott gesandte Messias ist. In einer Zeitschrift konnte man einmal folgendes lesen: ›Durch Hitler ist das geistliche Zeitalter des deutschen Volkes gekommen. Hitler hat Deutschland in die Offenbarung Jesu Christi geführt. Durch ihn ist der Heilige Geist neu ausgegossen, durch Hitler hat Deutschland sein zweites Pfingsten erlebt.«

»Ist das wahr? O wie schräcklich, schräcklich, das ist vom Teufel!« ruft Vater Gontscharow entsetzt.

»Ich bin überzeugt, daß das noch gefährlicher ist als unser Kommunismus«, meint Kostja, »denn das ist ja wie bei dem vorhergesagten Antichristen, wo man anstatt den Erlöser Jesus Christus einen anderen – einen, der sich als Stellvertreter Christi auf Erden vorkommt – anbetet.«

»Ja, es gibt da viele deutsche Brüder, die in Hitler bereits den Antichristen sehen, denn er proklamiert doch schon das ›Tausendjährige Friedensreich‹. In seinen Reden gebraucht er die Redewendung von dem ›Allmächtigen‹, vor den wir demütigen Herzens hintreten müssen und den wir in Demut anbeten sollen.

›. . . denn unser ist die Kraft und die Herrlichkeit in Ewigkeit, Heil Hitler!‹ hat der Propagandaminister, Dr. Josef Goebbels, kürzlich in einer Rede geschrien. Manche Christen sind so verblendet, daß sie glauben, Hitler sei ebenfalls ein wiedergeborenes Kind Gottes.«

»Da, da, ich zu meine Frau immer sprächen: Hitler bringen Rußland keine Freiheit, er ist Feind von Juden, das nix gutt!« bestätigt Vater Gontscharow. »Wär Juden verfolgt, geht selbst kaputt!«

Natascha und Albert verfolgen selber gespannt die Unterhaltung von Hans, Kostja und den anderen um den Tisch herum. Ihr Vater berichtet nun von Zeiten der Verfolgung, die er selbst erlebt hat.

»Ich mich gutt erinnern, als Revolution, alle Priester und Prädiger, viele, viele Christen ermordet. Viele Kirchän einfach niedergebrannt. Doch trotzdem immer wieder Menschen sich bekähren zu Christus, ihr Leben hier nicht mehr lieben. In Gerichten viele Prozesse und Richter fragen unsere Prädiger: Sie gäben Unterricht in Religion bei Kindärn? Wissen Sie, das ist verbotten! Haben Sie geprädigt ohne Erlaubnis von Regierung? Wo Sie prädigen? Nun, ich wissen, in Wohnungen, in Keller bei verlassene Waisenhaus, über zweihundert Menschen da – ich wissen! Und wenn Prädiger antworten: Wir müssen Gott mehr gehorchen als den Menschen!, dann verurteilt zu Zwangsarbeit in Sibirien! Wir nie wieder gesähen oder gehört, ob noch am Leben.« Dabei hebt der Vater in hilfloser Gebärde seine Hände.

Kostja greift wieder in das Gespräch ein, seine guten Deutschkenntnisse bringen die Schilderung in Fluß: »Ich kann mich sehr gut erinnern, daß die Partei die antigöttliche Agitation meisterhaft beherrschte. Alle ihnen zur Verfügung stehenden Mittel nutzten sie aus. Gerade der Jugend sollte jeglicher Glaube an Gott genommen werden. In den Schulbüchern wurden Gott, Jesus Christus und die Propheten verspottet und lächerlich gemacht. Den Eltern wurde verboten, ihre Kinder in die Kirche mitzunehmen. Wo es doch geschah, wurde ihnen diese Handlungsweise als ›Verführung von Minderjährigen‹ angelastet. Wenn sie es noch einmal wagten, wurden ihnen die Kinder einfach weggenommen. Man steckte sie dann in staatlich geführte Waisenhäuser. Ein Lehrer soll einmal in seiner Dorfschulklasse gefragt haben: ›Wer von euch glaubt an einen Gott? Nur einige, das heißt keine zehn Kinder, hoben schüchtern ihre Hände.

›Und wer ist gegen Gott?‹ fragte er weiter.

Alle übrigen reckten ihre Hände in die Höhe.

›Hurra!‹ riefen dann alle in frenetischem Jubel, ›der Gott hat verloren! – Wir Kommunisten haben gesiegt!‹ – Ja, solche Exzesse habe ich persönlich miterlebt und habe bei den Gottlosen mitgejubelt. Wir lasen damals auch eine Zeitschrift, die den Titel ›Der Gottlose‹ trug. Sie wurde von Millionen gelesen. In ihr wurden alle christlichen Feste wie Weihnachten, Ostern, Pfingsten, Christi Himmelfahrt und anderes lächerlich gemacht. Auch die jüdischen Feiertage wurden aufs Korn genommen. Trotz dieser massiven Beeinflussung war dennoch der größte Teil der Bevölkerung gottesfürchtig und etwa sechzig Prozent ging zur Kirche. Es gab sogar Parteifunktionäre, die heimlich in der Bibel lasen. Viele Menschen waren eher bereit zu sterben, als von ihrem Glauben zu lassen. Kurz vor Ausbruch des Krieges konnte man in einer Zeitung lesen, daß Metallarbeiter aus einer Fabrik in Leningrad in ihrer Mittagspause öffentlich aus der Bibel vorlasen. Sogar Lehrer in den Schulen erlaubten den Kindern, wieder ein Kreuz an Jacke oder Bluse zu tragen, wie sie es vorher gewohnt waren. Sie legten den Kindern aber nahe, daß sie die Kreuze abnahmen, wenn ein Inspektor oder sonstiger Abgesandter von der Partei käme, um bei ihnen eine Visite zu machen.«

Frau Gontscharow schenkt erneut Tee ein, der Samowar summt gemütlich, man ist so frei im Gespräch und fühlt sich wohl in dieser häuslichen Gemeinschaft.

Jetzt meldet sich Natascha zu Wort, die bisher nur zugehört hat und sagt: »Wir sind einmal zu Pfingsten mit unserer christlichen Jugendgruppe in einen Wald gegangen, um dort einen Jugendgottesdienst abzuhalten. Als wir uns aufmachten, sah es gerade so aus, als wollten wir eine Wanderung unternehmen. Wir hatten Mandolinen und Gitarren bei uns, und die jungen Männer trugen in Rucksäcken das Essen, dazu Gebäck, Kuchen und Obst, um ein altchristliches Liebesmahl feiern zu können. Da wir zu der Zeit eine ziemliche Hungersnot hatten, versorgten uns die Brüder und Schwestern von der Kolchose mit einigen Lebensmitteln. An dem Morgen nun herrschte noch dichter Nebel, als wir loszogen. Tief im Innern des großen Waldes, an dem vereinbarten Treffpunkt, erlebten wir einen herrlichen Sonnenaufgang. Kundschafter hatten bereits Tage zuvor das Gelände durchsucht und festgestellt, ob die Luft rein ist für unser Vorhaben. Wir stellten auch sofort Wachen an bestimmten Punkten auf, denn wir erwarteten ziemlich viele Jugendliche aus den Dörfern und den nahegelegenen Städten, mit denen wir in Verbindung standen. Da sie aus allen Himmelsrichtungen erwartet wurden, kletterten einige der Jugendlichen auf Bäume, um die Gegend besser überblicken zu können.

Ich hatte eine größere Decke mitgenommen, auf der meine Freundinnen Platz nehmen konnten. Als sich alle eingefunden hatten, bildeten wir einen großen Kreis. Unser Jugendleiter, Prediger Koltschak, stellte sich in die Mitte und begrüßte uns herzlich. Er sagte etwa folgendes: ›Liebe Brüder und Schwestern in Christo, heute feiern wir Pfingsten! Der Heilige Geist hat uns hier zusammengeführt, wir wollen unseren Herrn bitten, daß er uns erneut mit seinem Heiligen Geist erfüllt und wir fröhlich Pfingsten feiern können.‹ Er las dann die Predigt von Pfingsten aus der Apostelgeschichte. Mit seiner frischen, kräftigen Stimme sagte er: ›Unter der Kuppel dieser mächtigen Baumkronen dürfen wir uns versammeln und den Herrn preisen, der dieses grüne, duftige Naturgotteshaus für uns geschaffen hat. Wir wollen ihm von Herzen danken, daß er es allen ermöglicht hat, sicher hierher zu gelangen. Wir können heute hier gemeinsam den Tag verleben wie damals die Apostel den ersten Pfingsttag, als der Heilige Geist auf sie fiel und sie in Vollmacht predigen konnten.

Die Gottlosen haben den Herrn gekreuzigt, sie haben die Apostel und Jünger Jesu getötet, aber den Heiligen Geist konnten sie nicht töten. Er ist bis heute lebendig in den Menschenherzen, die ihm folgen und in der Gemeinde wirken, bis der Herr Jesus wiederkommt.‹ Wir sangen an diesem Tag die schönen Pfingstgesänge und hatten reichlich Zeit, das Wort Gottes zu lesen.«

Albert staunt über die geistliche Ausstrahlungskraft dieser Menschen hier. ›Sie haben etwas in ihrer Seele, was ich noch gar nicht kenne‹, denkt er.

Natascha fährt fort: »Während des Liebesmahles zum Gedenken an unseren Herrn gaben einzelne Jugendliche Zeugnis von ihrem Erleben mit Gott, wie er sie unter schwierigsten Umständen inmitten einer kommunistischen Umgebung und gottlosen Menschen zu Zeugen gemacht hat. Nachdem bereits die Dämmerung eingesetzt hatte, wurden wir plötzlich durch das vereinbarte Warnsignal, und zwar einen bestimmten Vogelpfiff, aufgeschreckt. Unsere Brüder begannen ein allgemeines Volkslied anzustimmen mit ihren Gitarren und Mandolinen, denn sie sahen einige Waldarbeiter mit Äxten und Sägen daherkommen. Wir grüßten sie freundlich, als sie an unserem Platz vorbeigingen. Ob es Spione waren, wir wissen es bis heute nicht.

Zum Abschluß ermahnte uns Prediger Koltschak, dem Herrn weiterhin treu zu dienen und, so gut es eben ginge und möglich sei, Menschen für Jesus zu gewinnen, denn der Herr Jesus habe uns den Heiligen Geist nicht dafür gegeben, damit wir ein frommes Gefühl bekämen, sondern um ein Steppenfeuer anzuzünden, das sich über die ganze Erde fortsetzen solle, denn Jesus selbst hat gesagt: ›Ich bin gekommen, ein Feuer anzuzünden, was wollte ich lieber, es würde schon brennen!‹ Es war ein für alle eindrucksvolles Erlebnis gewesen, ein sehr, sehr schönes Pfingstfest!«

»O bitte, trinken Sie noch Tää! Bitte, und nehmen Sie auch noch vom Kuchen!« Mit slawischer Herzlichkeit und Gastfreundschaft ermuntert Frau Gontscharow ihre Gäste, sich zu bedienen.

»Die Liebe macht erfinderisch«, meint jetzt Kostja. »Wir hatten bald viele Querverbindungen zu anderen Christengruppen, aber man mußte sehr vorsichtig sein, denn die Kommunisten schleusten überall dort, wo sie etwas witterten, Spitzel ein, um über alles informiert zu sein und die ihnen als gefährlich erscheinenden Leute auszuräuchern. Wir haben daraufhin einen Plan entworfen und uns bestimmter Kennworte bedient, damit wir die Gläubigen von den Spitzeln gut unterscheiden konnten. Dabei erlebte ich einmal, als ich eine Hausgemeinschaft in einer anderen Stadt besuchen sollte, eine Überraschung. Die Straße hatte ich schnell gefunden, auch die Haus- und Wohnungsnummer. Ein Mann öffnete mir. Ich begann mit dem Empfangsparolewort: »Ich habe Nachricht von Petrowitsch, es geht ihm wieder gut, er wird uns bald besuchen. Er bittet mich, Ihnen dieses kleine Geschenk zu überbringen!« Mit diesen Worten holte ich ein Brot, eine Flasche Wein, eine Birne und drei Äpfel aus dem Rucksack heraus und stellte alles auf den Tisch. Nun erwartete ich die entsprechende Antwort, die hätte lauten müssen: ›In Anbetracht der Jahreszeit sind die Äpfel noch gut erhalten.‹ Doch eine Antwort blieb einfach aus. Stattdessen sagte der Mann: »Vielen Dank, mein Herr, nehmen Sie Platz. Meine Frau wird Ihnen sogleich etwas Tee bringen.«

Eine böse Vermutung stieg in mir auf, und mit steigender Unruhe beobachtete ich den eigentümlichen Mann. Ich glaubte schon, in eine Falle geraten zu sein. Mit innerer Anspannung verfolgte ich jeden seiner Blicke und Bewegungen. Als dann endlich seine Frau den Tee brachte, sagte er kurz und barsch zu ihr: ›Ich gehe mal schnell zum Nachbarn und sage ihm, daß wir Besuch bekommen haben.‹

›Aha‹, dachte ich, ›jetzt holt er gewiß die Geheime Staatspolizei.‹ Es blieb mir aber nichts weiter übrig, als sitzen zu bleiben und mit der Frau ein paar freundliche Worte zu wechseln, den heißen Tee zu schlürfen und gespannt auf die Dinge zu warten, die da kommen würden. Im Stillen betete ich unablässig: ›Herr Jesus, hilf mir hier heraus! Bewahre mich vor einem Unglück! Errette mich aus der Hand der Sünder!‹ Jeden Augenblick konnte die Tür aufgerissen werden und die Polizei eintreten. Ich versuchte, in Gedanken zu rekonstruieren, wo ich einen Fehler gemacht haben könnte und was ich im Rucksack noch bei mir hatte, was mir jetzt zum Verhängnis werden könnte. Mein Herz schlug mir bis zum Halse. Eine Liste mit Namen von Gläubigen hielt ich in der Tasche bereit, um sie bei Gefahr in den Mund zu stecken und einfach zu verschlukken.

Plötzlich flog die Tür auf, ohne daß jemand vorher angeklopft hätte. Ein kleiner, untersetzter Mann kam mit dem Wohnungsbesitzer herein. Er hatte klar blickende Augen und blondgelocktes Haar.

›Unser Nachbar‹, brummte der Mann bärbeißig, dem die Wohnung gehörte. Und: ›Wir teilen die Etage miteinander, weil hier besonders große Wohnungsnot herrscht.‹

Der kleine Mann erblickte die Lebensmittel auf dem Tisch, die da noch nach Vorschrift unserer Geheimcode hingelegt waren, gab mir freundlich die Hand, blinzelte mit einem Augenlid, was ›Vorsicht‹ signalisierte, und mir ging ein Licht auf! Es war mir nicht gesagt worden, daß in dieser Etage unter der gleichen Wohnungsnummer zwei Familien untergebracht waren, und das Schicksal wollte es, daß ich gerade bei der Familie angeklopft habe, die nicht zur Gemeinde Jesu gehörte. Die Situation blieb vorerst noch gefährlich, und unverrichteter Dinge wollte ich das Haus verlassen. ›Verzeihung, ich muß mich geirrt haben‹, stotterte ich und packte meine Geschenke wieder in den Rucksack ein. Als ich mich anschickte, Abschied zu nehmen, ergriff der kleine Mann von nebenan unauffällig meine Hand und sagte: ›In Anbetracht der Jahreszeit sind die Äpfel aber noch gut erhalten! Es ist jammerschade, daß Sie keine Zeit haben, etwas länger zu bleiben, aber ich muß heute nachmittag in K. einen Besuch machen!‹ Mit diesen Worten begleitete er mich zur Tür hinaus.

Als ich die Treppe hinunterging, wußte ich, daß ich ihn in der kleinen Nachbargemeinde treffen würde. Mir fiel ein Stein vom Herzen, als ich wieder auf der Straße stand.«

Viel zu schnell war die Zeit dahingeeilt. Als Hans und Albert sich von Gontscharows und den anderen lieben Gästen verabschieden mußten, war es höchste Zeit, ins Lazarett zurückzukehren.

Auf dem gemeinsamen Heimweg meinte Albert: »Das sind wirklich echte Christen, die Eindruck auf mich machen. Die lassen sich eher nach Sibirien verschleppen, als daß sie ihren Glauben verleugnen. Man kann sie verfolgen, ihnen die Lebensmittelkarten wegnehmen, sie anzeigen und verspotten, sie bleiben standhaft. So müßte man selbst auch sein! Ihre Tatkraft, ihr Einfallsreichtum, wenn es um ihre Sache geht, ihre Hingabe und Selbstlosigkeit haben mich sehr berührt. Wir müssen unbedingt noch einmal ausführlich darüber reden, Hans.«

Die Heimat kämpft

»Lieber Vater, ich habe Deinen Brief erhalten und mit großem Interesse gelesen. Meine Wunde verheilt ganz gut, leider reicht es zu einem Heimaturlaub nicht, ich wäre so gern einmal wieder bei Euch gewesen. Mein bester Freund und Kamerad Hans Nowak ist ein Berliner. In der Kompanie ist er leider als der ›Fromme‹ verschrien und wird viel verspottet, was nicht gerecht ist, denn er ist ein ganz prima Kerl. Wenn alle Christen so leben würden wie er, wäre das Leben hier auf Erden bestimmt angenehmer.

Vorige Woche hatten wir beide ein besonderes Erlebnis. Wir lernten in der Stadt eine Gruppe von echten Christen unter der russischen Bevölkerung kennen, also keine Namenschristen, wie es so viele gibt. Angefangen hat es damit, daß wir beim Spaziergang durch die Straßen des Ortes ein kleines Mädchen trafen und . . .«

Albert schildert, so kurz und knapp es eben geht, wie sie die Familie Gontscharow kennengelernt haben, von ihnen eingeladen worden sind und dem überwältigenden Eindruck, den der russische Gottesdienst zusammen mit dem Feiern des Abendmahls auf ihn gemacht hat. Auch von Kostja und Natascha berichtet er und fährt fort:

»Lieber Vater, ich bin sehr nachdenklich geworden, wenn ich doch auch so glauben könnte wie sie! Ich kann Dir gar nicht schildern, mit welcher Hingabe sie ihren Glauben ausleben, wie würdig sie mir vorkommen in ihrer Haltung und Gesinnung. Schade, daß ich Deinen Brief noch nicht gehabt habe, in dem Du mir von dem Straßenprediger berichtetest und dem Zwischenfall, der sich dort ereignet hat, die Leute hier hätten sich bestimmt gefreut, auch aus Deutschland ein solches Zeugnis zu hören. Vater, ich glaube, wir brauchen Christus in unserer Zeit mehr denn je! Leider kann ich es Dir nicht so schildern, um was es wirklich geht, Hans könnte es sicher besser. Vielleicht lernst Du ihn einmal kennen, er ist ein prima Kamerad. Ich versuche heimlich, zu Gott zu beten, es ist aber so neu für mich. Kannst Du mir bitte meine Konfirmationsbibel schicken? Ich habe es schon mehrmals bereut, daß ich sie nicht bei mir habe. Kürzlich sagte Hans zu mir: ›Suche Jesus und sein Licht, alles andere nützt dir nichts!‹ Wie gesagt, es ist noch sehr neu für mich, aber ich denke, daß Hans mir weiterhin hilft, da hineinzuwachsen. Nun möchte ich schließen und sende Dir und Mutti recht herzliche Grüße Euer Albert«

Seinen Kopf auf die linke Hand gestützt, liest Herbert Kusserow im Stellwerk des Hauptbahnhofs von Hannover den Feldpostbrief seines Sohnes Albert zum wiederholten Male. Seine Frau hatte ihn zuerst gelesen. Jetzt hatte er zehn Minuten Zeit, denn der Schnellzug von Bremen nach Berlin war abgefertigt, und der letzte Personenzug nach Hamburg mußte auf den Anschlußzug aus Köln warten. Dieser kam mit einer Stunde Verspätung, weil im Ruhrgebiet wieder ein Luftangriff stattfand. Dabei waren einige Gleise und eine Brücke zerstört worden. Die Züge mußten umgeleitet werden, und das dauerte bekanntlich seine Zeit.

Kusserow würde nun bald abgelöst werden, er hatte einen anstrengenden Tag hinter sich.

Das Dienststellentelefon läutete. Der Fahrdienstleiter war am Apparat und sagte: »Inspektor Kusserow, starke Bomberverbände nähern sich den ostfriesischen Inseln. Der Flugmeldedienst spricht von ›Bomberströmen‹! Das bedeutet Alarmstufe I! In wenigen Minuten erwarten wir Voralarm, halten Sie sich deshalb bereit! Gegebenenfalls müßten wir den D-Zug aus Köln irgendwo vor Hannover stoppen. Erwarten Sie weitere Anweisungen!«

»Ich erwarte in wenigen Minuten meine Ablösung! Ich werde die Dienstanweisung sofort weitergeben!«

Gerade, als Kusserow den Hörer hingelegt hat, kommt sein Kollege zur Tür herein. Er informiert ihn kurz über die letzte Meldung, übergibt ihm die Fahrbefehle für Militärtransporte, für Güterzüge und andere Züge. Der Kollege überblickt den Fahrplan, danach ermahnt er Kusserow zur Eile: »Also, Hals und Beinbruch! Mach, daß du noch rechtzeitig nach Hause kommst!«

»Ja, ich will's versuchen, also bis dann.«

Kusserow nimmt seine große Arbeitstasche und hängt sie sich um, setzt seine Dienstmütze auf und verläßt den Raum. Schnell springt er über die vielen Gleise, bis er den Bahnsteig erreicht hat. Währenddessen beginnt auch schon das Geheule der Sirenen, für den Regierungsbezirk Hannover-Braunschweig gibt es Voralarm.

Der D-Zug aus Köln läuft eben in die düstere, nur von wenigen Lampen in Abblendlicht notdürftig erleuchtete Halle des Hauptbahnhofs Hannover ein. Aus dem Lautsprecher schnarrt es: »Hannover – Hauptbahnhof Hannover! Der verspätete D-Zug aus Köln endet hier! Achtung! Alle aussteigen! Soeben ist für das Stadtgebiet Voralarm gegeben worden. Wir bitten alle Fahrgäste, die öffentlichen Luftschutzräume aufzusuchen. Den Luftschutzwarten ist Folge zu leisten! Achtung! Alle aussteigen!« Aus den verdunkelten, überfüllten D-Zugwagen ergießt sich eine düstere, schimpfende Menschenmenge, Kinder, Frauen, Greise, Soldaten, alles bunt durcheinander. Einen Luftangriff haben sie bereits hinter sich. Seit Stunden standen sie eingepfercht in dem total überfüllten Zug, zwischen, unter und über sich das Gepäck und nun schon wieder eine Aufforderung, in den Luftschutzkeller zu gehen.

Inspektor Kusserow wird von allen Seiten angesprochen, man möchte die einzelnen Anschlüsse zu anderen Städten wissen: »Wann habe ich Anschluß nach Braunschweig?« – »Ist der Personenzug nach Hamburg noch da?« – »Wo befinden sich denn die Luftschutzräume?« – »Fahren in der Stadt noch Straßenbahnen?« – und so weiter, und so weiter!

Kusserow versucht, alle Fragen zu beantworten. Inmitten der vielen Leute auf dem Bahnsteig steht ein Hauptmann der Panzertruppe, ein Ritterkreuzträger. Er zündet sich eine Zigarette an, die er aus der Manteltasche gekramt hat. Jetzt blickt er seelenruhig mit dem ›erfahrenen‹, müden Blick eines ›Fronthasen‹ über die lärmende Menge Mensch. Hinter den pechschwarzen Fassaden der Innenstadt kreisen bereits die Geisterarme der Scheinwerfer, und kurz danach gibt es Vollalarm. Die Sirene am Hauptbahnhof beginnt zu heulen. Markerschütternd ist das Auf und Ab des Heultones, wie die Posaunen zum Jüngsten Gericht. Unter den Passanten auf dem Bahnhof entsteht Unruhe, Mütter schreien ihre Kinder an, Kinder kreischen vor Aufregung. Der Ritterkreuzträger, der sich zum wiederholten Male ein Streichholz anzündet, wird von einem Parteibonzen angefahren: »Herr Hauptmann, löschen Sie gefälligst Ihr Streichholz! Bei Fliegeralarm ist es strengstens verboten, ein Licht anzuzünden!«

»Schon gut!« entgegnet der Offizier und grinst dem erregten Gernegroß ins Gesicht. Soldaten, Matrosen und Fronturlauber, drängen sich ohne Ehrenbezeugung an dem Offizier vorbei. Jeder ist jetzt bemüht, schnellstens einen Platz im Luftschutzbunker zu bekommen. Der dunkle Menschenstrom folgt den Anweisungen der Reichsbahnbeamten, die zur Eile mahnen. Aus weiter Entfernung vernimmt man Motorengeräusche. Vereinzelt fliegen deutsche Nachtjäger den gemeldeten Bomberverbänden entgegen.

Im Luftschutzbunker sitzen, hocken, liegen oder stehen die geängstigten Menschen aller Altersstufen herum. Die Räume sind überfüllt, vollgestopft. Mütter haben mit ihren schreienden Babys zu tun. Frontsoldaten mit großem Gepäck, Matrosen mit ihren

Seesäcken, Landser aller Waffengattungen trifft man hier an. Dazwischen Jugendliche in HJ-Uniformen, junge Mädchen in BDM-Trachten, Wehrmachtshelferinnen in Uniform mit ihrem Handgepäck und andere mehr.

Die Zugwache hat neben den Luftschutzwarten Position bezogen. Inspektor Kusserow meldet sich beim verantwortlichen Leiter ab. Am Fahrradstand hinter der großen Gepäckhalle holt er seinen abgestellten Drahtesel, um nach Hause zu fahren. Er schaut auf die Uhr, noch keine fünf Minuten sind seit dem Sirenengeheul vergangen. Schnell schwingt er sich in den Sattel, der Dynamo beginnt zu schnurren. Das abgeblendete Licht des kleinen, verdunkelten Fahrradscheinwerfers wirft einen matten Lichtschimmer auf das Kopfsteinpflaster. Es sind noch ungewöhnlich viele Menschen auf den Straßen. In den großen Fabrikhallen der Gummiwerke »Continental« wechselt gerade die Nachtschicht. Männer und Frauen blicken zum düsteren Nachthimmel empor und beschleunigen ihre Schritte. Die grellen Lichtarme der Scheinwerfer tasten den Nachthimmel ab. Ihre Strahlen vereinigen sich zu geballten Punkten und lösen sich wieder auf. Die unheimliche Stille der Nacht wird von den Motorengeräuschen der ersten Feindbomber durchbrochen. Auf dem Flakbunker kontrolliert der Batteriechef seine Fernsprechverbindung und meldet dem Kommandeur der Stadtluftverteidigung seine Geschütze in »Feuerbereitschaft«.

Über den Wohnhäusern, den Fabrikanlagen, Krankenhäusern und Kirchen wird es lebendig. Das Brummen der Bombermotoren schwillt deutlich an, am Gewölbe der Nacht kommen sie wieder zu Hunderten auf die Stadt zu. Jetzt zuckt es feurig neben den Scheinwerferbündeln, die schwere Flak beginnt zu schießen, die Erde erbebt. Inspektor Kusserow ist von seinem Fahrrad gestiegen und verfolgt hinter einem Hauseingang den heftigen Luftkampf über der Landeshauptstadt.

Da haben die Fangarme der Scheinwerfer einen der unzähligen Bomber erfaßt. Das Brausen der zahllosen Motoren unter dem Himmel ist so gewaltig, daß der Abschußknall einer nahestehenden Flakbatterie fast darin untergeht. Die Straßen sind wie leergefegt, die Menschen sind verschwunden wie die Ratten in ihren Löchern. An den Fensterscheiben der fünfstöckigen Wohnhäuser zucken im Widerschein die in fünftausend Metern Höhe explodierenden Flakgranaten. Die fieberhaft suchenden Scheinwerferstrahlen und jetzt auch die blauweiß leuchtenden, sogenannten ›Weihnachtsbäume‹ – feindliche Leuchtraketen, die langsam an Fallschirmen zur Erde segeln und dabei ununterbrochen Leuchtkugeln über einem bestimmten Gebiet ausspeien – erhellen die Stadt. Diese ›Christbäume‹ geben ein schaurig-schönes Farbenspiel von flackerndem Magnesiumlicht und bilden ein großes Viereck über den Fabrikanlagen der Gummiwerke.

»Gnade uns Gott!« denkt Kusserow im dunklen Hausflur. Die armen Frauen und Männer der Nachtschicht, die soeben die eintönige Arbeit am Fließband unterbrochen haben!

Über den leergefegten Straßenzügen schwebt ein ›roter Christbaum‹ lautlos vom Himmel. Wie ein Weltuntergangskomet flakkert er über dem Angriffsziel. Unentwegt blitzen die Leuchtkugeln, die sich wiederum in kleine Leuchtzeichen zerspalten und so einen feurigen Regen wie einst zu Sodom und Gomorra bilden.

Werden die Bombenteppiche der fliegenden Festungen ihr Ziel erreichen? Vielleicht fallen die Luftminen und Phosphorbomben in die Wohnblocks, in deren Keller die Menschen hocken. Wer von ihnen weiß, ob sie in einer Stunde noch leben werden, ob sie noch im Besitz von Bett, Schrank und Kleidung bleiben werden?

Neben Kusserow steht ein älterer Luftschutzwart mit Stahlhelm. »Verfluchter Mist! Diese verdammten Terrorflieger! Ganz England sollte man ausradieren! Jede Nacht dieses Theater! – Da! Das grüne Signal zum Angriff! Jetzt Helm ab zum Gebet!!! Die Schlacht beginnt!« schreit der kleine Mann. »Verschwinden Sie schnell dort hinten in den Keller!«

Herbert Kusserow läßt sein Fahrrad an die Wand gelehnt stehen und geht eilends in den Keller. Der Raum ist mit Holzbalken abgestützt. Ängstlich starren ihn die Bewohner der Hausgemeinschaft an. Die Bomben fallen zur Erde nieder. Vom Luftdruck werden in Sekundenschnelle alle durcheinandergerüttelt. Für Minuten erlöscht das Licht. Alles brüllte durcheinander: »Hilfe!« – »Hilfe!« – Mutti!« – »Andreas!« – »Nein, nein, nicht sterben!« – »Hans, wo bist du?« – »Mutti, ich ersticke!« – »Aua, Sie stehen auf meinen Füßen!« – »Nehmen Sie doch ihren blöden Rucksack von meinen Füßen!« – In hysterischer Panik schreien Frauen und Männer sowie Kinder aufeinander ein. Kusserow hält seine Hand zur Kellerdecke hinaus, als ob es in seiner Macht stünde, ein zusammenbrechendes Haus aufzuhalten.

Als das Licht wieder angeht, stehen alle am Ausgang und bestürmen den Luftschutzwart, der ebenfalls in den schützenden Keller gesprungen ist.

»Ruhe! – Verdammt nochmal, Ruhe! – Augenblicklich Ruhe! – Niemand verläßt den Raum, verstanden!«

In einer Ecke steht ein betrunkener Mann und grölt wie von Sinnen den Durchhalteschlager: »Das kann doch einen Seemann nicht erschüttern! Keine Angst, keine Angst, Ros'marie. Wir lassen uns das Leben nicht verbittern, keine Angst, keine Angst, Ros'marie!«

»Ruhe! Sie Vollidiot!« schreit der Luftschutzwart. »Helfen Sie lieber, die Kinder zu beruhigen, Sie versoffenes Subjekt!« Ängstlich flüstern einige Kinder ihren Müttern was ins Ohr, als wenn durch lautes Sprechen die Bomben angelockt würden. Auch eine alte Frau ist unter den Leuten im Keller, die leise vor sich hinbetet. Die rechts und links neben ihr sitzen, können ihre Worte verstehen: »Himmlischer Vater, allmächtiger Gott! Beschütze uns hier in diesem Keller! Laß deine Gnade bei uns sein! Gedenke der Mütter und Kinder, lieber Heiland! Erlöse uns von diesem Übel! Denn dein ist das Reich und die Kraft und die Herrlichkeit in Ewigkeit, Amen!«

Sie hat ihre Hände zum Gebet gefaltet und denkt: ›Großer Gott, bewahre uns alle hier!‹

Das Brausen am Himmel hört noch keineswegs auf. Gleich mächtigen Schlägen wie von Hunderten von Dampfhämmern dröhnen die Abschüsse der Flakbatterien. Dumpf und schwer hört man die Einschläge der Bomben.

»Sind sie jetzt über uns?« fragt ein kleiner Junge.

»Nein, Andreas, sei still! Komm zu mir!« Die Mutter zieht ihr Kind an sich. Es scheint, als würde der Erdboden von der Gewalt der Sprengbomben aufgewühlt und zerrissen werden.

»Mein Gott, die Welt geht unter! – Mein Gott, die Welt geht unter!« stöhnt eine Frau ununterbrochen vor sich hin.

»Ach, halten Sie doch endlich ihren Mund! Das ist ja nicht auszuhalten!« herrscht sie ein Mann an, der selbst voller Angst ist. Die Frau inmitten der Menschen fängt wieder an zu beten, und zwar diesmal ganz laut: »Herr, erbarme dich unser! Herr, erbarme dich unser! Verlaß uns nicht! Laß uns nicht umkommen!«

Keinen stört das Gebet, im Gegenteil, instinktiv erhoffen sich alle einen unsichtbaren Schutz. Draußen prasselt ein Regen von zersplitternden Dachziegeln, Steinen und Blumentöpfen auf die Erde.

»Mein Gott, mein Gott, die Welt geht unter!« wimmert die ängstliche Frau erneut.

Da! – Ein neuer, noch gewaltigerer Bombenschlag, der alles bisherige übertrifft! »Eine Luftmine!« meint der Dicke. Die elektrischen Lampen flackern und gehen aus. Von der Decke rieselt trockener Mörtel herunter.

Der Betrunkene lallt: »Wer jetzt noch lebt, ist selber schuld, Bomben sind genug gefallen!«

Er lacht dazu meckerig.

»Ach halten Sie doch endlich ihre Schnauze!« Die Worte erstikken in dem einsetzenden Summen und Sausen. Ein kurzes, unheimliches Pfeifen! »Alles hinlegen!« brüllt der Luftschutzwart. Schon gibt es eine nervenzerreißende Explosion, die alle Geräusche menschlicher Vorstellungskraft übersteigt. Wie bei einem nahen Blitzschlag ducken sich Männer, Frauen und Kinder und pressen sich aneinander. Das Licht erlischt, draußen hört man Mauern einstürzen. Schwere Betonquader schlagen krachend auf den Asphalt, Holz und Glas zersplittern. Kusserow hat sich neben die Beterin geworfen und fleht sie an: »Beten Sie weiter! Bitte! Jetzt wird es gefährlich!« Obwohl seine Trommelfelle von dem starken Luftdruck wie betäubt sind, hört er die kleine Frau beten: »Wenn alles wankt und bricht, Gott verläßt uns nicht; größer als der Helfer ist die Not ja nicht.« Andere fangen an zu schreien: »Hilfe! Hilfe! Unser Haus stürzt ein! Los – raus! Kellertüren öffnen! Raus! – Raus!«

Einige stoßen unartikulierte Urwaldlaute aus: »Äääääh –, Ooooch nein! – Aiii – jäjäjäjä!« In allen Tonlagen wird geschrien. Wiederum explodiert eine Bombe mit ohrenzerreißendem Krachen.

Staub wirbelt auf, man meint, ersticken zu müssen.

»Hilfe! Hilfe! Ich bekomme keine Luft!« – Los! Raus! Raus! Raus!« schreit eine Frau wie von Sinnen, »wir werden verschüttet!«

Ihr Schreien ist das Signal zu tumultartiger Panik. Kinder kreischen in höchsten Tönen. Frauen zerren andere nieder, Männer boxen sich durch die Menge. Der Luftschutzwart steht mit der Notlampe in einer Ecke und keucht vergeblich: »Ruhe bewahren! Es ist nichts passiert!« Keiner achtet jetzt auf ihn. Ein Mann erhebt seinen Krückstock und schlägt rücksichtslos um sich. Alles trampelt, stößt und versucht, sich den Weg nach draußen zu bahnen.

Herbert Kusserow hat sich schützend über die alte Frau geworfen. Als die Luft besser wird, richtet er sich auf und hilft der Frau hoch. »Wir sind in seiner Hand! Jesus hat uns nicht verlassen!« sagt die Frau und streichelt dem unbekannten Mann liebevoll die Wange. »Woher nehmen Sie diese Ruhe?« fragt Kusserow.

»Ach, wissen Sie, ich weiß eben, daß Jesus bei uns ist. Zuerst habe ich auch große Angst gehabt, dann aber sah ich Jesus plötzlich ganz deutlich vor mir stehen. Glauben Sie an Jesus?«

»Ich will es versuchen, kommen Sie jetzt, denn wir müssen den Keller schnellstens verlassen!«

Kusserow hat seine Dienstlampe angezündet. Als sie den ehemaligen Hof des Mietshauses erreichen, weht ihnen ein Schwall frischer Luft entgegen. Sie blicken nach oben und stellen entgeistert fest, daß das Haus, in dessen Keller sie sich eben noch aufgehalten haben, zur Hälfte eingestürzt ist. Keine 30 Meter von ihnen entfernt, wo vor Minuten ein fünfstöckiges Haus gestanden hat, befinden sich nur noch ein Haufen Steingeröll, aus dem Balken und Eisenverstrebungen herausragen. Die Luft ist noch immer erfüllt vom Orgeln vorüberziehender Bomberströme. Einschläge hämmern hier und da hernieder, Splitter pfeifen und zischen ihnen um die Ohren. Kusserow schleppt jetzt die kleine Frau über eine größere Schutthalde. In ihrer unmittelbaren Nähe schlagen in den nächsten Sekunden mehrere Bomben ein. Der Luftdruck zwingt die beiden auf die Erde und reißt ihnen schier den Atem vom Munde weg. Das gegenüberliegende Haus steht in Flammen, aus der qualmenden Dachluke erscheint im grellen Leuchten des Hintergrundes für Sekunden ein Luftschutzhelm, eine Hand folgt und wirft eine Stabbrandbombe hinaus. Die Bewohner flüchten aus dem brennenden Haus. Im Magnesiumlicht der Brandbomben sieht man die Stockwerke ausbrennen. Bis zur Kellerdecke ist glühender Phosphor durchgedrungen. Frauen halten nasse Wolldecken schützend über ihre Kinder. Geduckt rennen sie unter dem feuerspeienden Hagelwetter hindurch. Die Straße sieht wie eine riesige Mülldeponie aus.

Hohe Kirchtürme brennen ebenfalls, und aus den hohen Rauchwolkensäulen ragen die Turmspitzen wie riesengroße Totenkerzen heraus.

Herbert Kusserows Reichsbahnuniform sieht wie ein Lumpensack aus. Die kleine Frau hat er in einen anderen Keller gebracht, dessen Oberbau von Brand- und Sprengbomben verschont geblieben ist. Noch immer ist der Angriff im Gange.

»Vorsicht! Flaksplitter!« schreit ein Luftschutzhelfer.

Es surrt und zischt aufs Neue durch die Luft. Für Sekunden flüchtet sich Kusserow in eine ehemalige Durchfahrt. Die Straßen sind umsäumt von brennenden Ruinen. Über der Stadt ballen sich unter nicht abreißendem Lärm von Bombeneinschlägen himmelhohe Brandwolken zusammen. Halbe Hausdächer wirbeln durch die Luft. Springfontänen explodierender Luftminen bringen fünfstöckige Häuser zum Einsturz. Krachend zerplatzen Ölbehälter und andere Gefäße mit hochexplosiven Inhalten. Über den

Trümmerbergen weht ein heißer, trockener Wind. In den Ästen zerfetzer Bäume hängen Teile von Hausrat aller Art. Rußgeschwärzte Männer und Frauen dringen unter Lebensgefahr in die Ruinen ein, um noch irgendwelche Habseligkeiten zu retten, die eventuell zu retten sind. Einige Häuser wurden vom Dachfirst bis zum Keller hinunter durch einen einzigen Volltreffer einfach aufgeschlitzt. Halbe Wohn- und Schlafzimmer, Küchen und Toiletten hängen wie Schwalbennester hoch in den Ruinen. Inmitten dieses Infernos vernimmt Kusserow ein vielstimmiges Schreien. »Zu Hilfe! Alles zu Hilfe! Rettet die Verschütteten!«

Wo kommt der Ruf her? Zwei Luftschutzhelfer mit Stahlhelmen tauchen aus dem Staubnebel einer nahegelegenen Ruine auf. Von den Stichflammen brennender Häuser beleuchtet, kriechen sie wie Geister über die Gebirge von Schutt und Stein.

»Alles hierher zur Rettungsaktion! Rettet die Verschütteten!« hallt es von mehreren Seiten.

»Mensch, laß doch den Quatsch! Jeden Augenblick kann das Nachbarhaus zusammenkrachen! Dann sind auch wir verschüttet!« schreit ein Mann. »Ganz egal! Den Leuten muß geholfen werden!« schreit Kusserow zurück. Mehrere Helfer springen über die Geröllberge und folgen den Anweisungen der Luftschutzwarte. Es beginnt eine mühselige, fast zwecklos erscheinende Arbeit. Aber: viele Hände machen der Arbeit bald ein Ende! Mit Schaufeln und Hacken gehen Männer und Frauen, ja auch größere Kinder ans Werk. Ein Steinbrocken nach dem anderen wird weitergereicht. Langsam arbeiten sich die Rettungsmannschaften voran. Unter heftigem Flakfeuer drehen die feindlichen Bomber nach Westen ab. Hin und wieder explodieren Zeitbomben. Die Helfer in ihren völlig verschmutzten Anzügen achten jedoch nicht darauf. Trotz der kühlen Nachtluft sind sie alle in Schweiß gebadet. Sie vernehmen Klopfzeichen und Wahnsinnsschreie aus den zugeschütteten Kellern.

Zwei Männer vom Roten Kreuz führen einen am Kopf Verbundenen über einen Trümmerhügel. Brennender Phosphor ist ihm in die Augen gespritzt. Ein Luftschutzwart neben Kusserow blickt besorgt an der zerstörten Hauswand empor. »Wenn uns nur nicht der ganze Schlamassel auf den Kopf fliegt!« flüstert er.

»Das werden wir schon noch früh genug merken«, meint einer in unmittelbarer Nähe. »Nur weiter, Volksgenosse! Keine Müdigkeit vorschützen! Das hat der Führer alles mit eingeplant.«

»Was ist denn das? Mein Gott!« Einer der Luftschutzhelfer leuchtet mit seiner Taschenlampe und blickt entsetzt auf einen blutigen Haufen eines zerfetzten Menschenleibes, èinen Klumpen aus Fleisch und Knochen, vermengt mit Stoffresten und sonstigen undefinierbaren Habseligkeiten. Zwei Männer machen sich daran, die Reste des zerrissenen Leibes in eine Decke zu wickeln. Kusserow sieht, wie sie den Kopf des Toten dazulegen. Jetzt muß er sich übergeben.

»Mein Gott? Das ist die Hölle!« stöhnt er.

›Vater, ich glaube, in unserer Zeit brauchen wir den Retter Jesus Christus mehr denn je!‹ hatte ihm Albert geschrieben. Schlimmer kann es an der Front auch nicht sein, denkt Kusserow. Er fühlt sich innerlich wie ausgebrannt.

Die Sirenen heulen »Entwarnung«. Es werden noch weitere Tote gefunden, eine alte Frau mit blutverschmiertem weißen Haar, ein junger Mann in HJ-Uniform, dessen angstverzerrte Augen weit offenstehen. Auch vor dem Kellereingang, wenige Meter vor der verklemmten Tür, findet man eine blutdurchtränkte Masse eines zerschmetterten Körpers zwischen zentnerschweren Steinquadern. Ob Frau oder Kind kann man in dem Wirrwarr nicht erkennen. Alles wird in Decken gewickelt und zum Sammelplatz gebracht. An einem Bordstein hat man die Toten niedergelegt, alles kaum erkennbare, vernichtete Menschenleiber. Fieberhaft und unentwegt arbeiten die Männer weiter, denn Trümmerklötze müssen zerhackt und zur Seite geschoben werden. Kleinere Steine wirft man hoch auf die Trümmerberge.

»Hoffentlich rutscht uns nicht der Kellereingang zusammen«, sagt einer der Helfer.

»Ich hoffe nicht«, antwortet ihm ein anderer. Unverdrossen rackern sie sich ab, zu langen Gesprächen ist keine Zeit. Von irgendwo aus der Dunkelheit hört man, wie jemand die Stimme Hitlers imitiert: »Deutsches Volk! Gebt mir vier Jahre Zeit, und ihr werdet Deutschland nicht wiedererkennen!«

Niemand reagiert auf diese zweideutige, makabre Äußerung. Man rackert weiter, immer weiter. Kurz und sachlich knapp werden Kommandos weitergegeben. Meter um Meter kommen sie voran. Sie vernehmen die Stimmen aus der Tiefe unter dem Schutt immer deutlicher.

Der Durchbruch gelingt! Aus dem Keller werden die ersten Verschütteten herausgezogen, unter ihnen eine Frau mit schlohweißem Haar, im Arm hält sie ein Baby. Vor zwei Tagen ist sie 21 Jahre alt geworden! Ihr Angstgesicht wirkt greisenhaft. Die durchgemachte Todesangst, lebendig begraben zu sein, steht in ihren Augen. Verletzte werden sofort den Sanitätern übergeben und verbunden. Durch herabstürzende Teile der Kellerdecke waren sie in der Sekunde des Bombeneinschlages getroffen und verletzt worden.

Vater Kusserow zieht nun ein achtjähriges Mädchen aus dem Keller, die ihre Puppe krampfhaft im Arm hält. »Wo ist meine Mutti? Wo ist meine Mutti?« schreit sie unaufhörlich.

»War deine Mutti mit im Keller?« fragt Kusserow.

»Nein, sie rannte hinter Andreas her, der aus dem Keller heraus wollte. Sie ist aber nicht wiedergekommen! Wo ist sie bloß?« weint das Kind.

»Nun warte erstmal ab, meine Kleine, bis es hell geworden ist, dann werden wir deine Mutti schon finden«, versucht Kusserow sie zu beruhigen. Dabei denkt er an die gefundenen, zerrissenen Körper, die man in Decken gewickelt und an den Bordstein gelegt hat. Ob man ihre Mutter überhaupt wird identifizieren können? Armes Kind! »Wo ist denn dein Vati?« fragt Kusserow vorsichtig.

»Der ist tot! Der war Soldat. Aber wo ist meine Mutti?« fragt sie von neuem.

»Na, komm mal mit, wir holen eine Oma, wie heißt du eigentlich?«

»Annegret Röder.«

»Gut, Annegret, wir gehen jetzt«, er nimmt sie auf den Arm und trägt sie über die Schuttberge. Voller Entsetzen starren unschuldige Kinderaugen auf die zerstörten Häuser und die noch immer brennenden Ruinen.

Der Luftschutzkeller eines unzerstörten Hauses ist Sammelplatz für die Überlebenden geworden.

»Die kleine Annegret!« ruft eine Frau erschrocken, als Kusserow mit ihr im Keller erscheint. »Und wo sind deine Mutti und der kleine Andreas?«

»Ich weiß es nicht, Mutti! Mutti!« weint es wieder.

Herbert Kusserow bedeutet der Frau durch Handzeichen zu schweigen. In einer Ecke erblickt er die kleine Oma, die immer noch betet. Sie hatte er ja zuvor über die Schuttberge hierher gebracht.

»Tante Bohlmann«, schreit das Kind, »da ist ja Tante Bohlmann«, sagt sie wie entschuldigend zu Kusserow.

»Ja Annegret, meine kleine Freundin, komm her zu mir, mein Kind! Du bleibst erstmal bei mir, ja?«

»Gehen wir dann zu meiner Mutti?« fragt die Kleine ganz aufgeregt.

»Ja, später, meine Annegret, später–« dabei streicht sie ihr über das verstaubte blonde Haar.

Herbert Kusserow hilft noch bis zum Morgengrauen bei den Rettungsarbeiten. Zwischendurch versucht er, etwas über Annegret's Mutter zu erfahren. Doch sie bleibt verschollen, entweder liegt sie noch unter Trümmern begraben oder dort am Bordstein, dem Sammelplatz der Leichen.

Als die Sonnenstrahlen am Vormittag des neuen Tages durch die düsteren Rauchwolken hindurchzudringen versuchen, wandern auf abenteuerliche Weise drei Menschen durch einige Vororte Hannovers, nämlich Herr Kusserow, Oma Bohlmann und Annegret Röder. Nach langem Hin und Her erreichen sie die unzerstörten Häuser von Langenhagen. Er geleitet seine beiden Schutzbefohlenen in sein Haus.

»Da staunst du, Mutti«, begrüßt Kusserow seine Frau.

»Das ist aber nicht meine Mutti«, sagt die Kleine.

»Das weiß ich schon, das ist eben meine Mutti«, sagt der Reichsbahnbeamte.

»Ich habe Besuch mitgebracht; das hier ist Frau Bohlmann mit der kleinen Annegret Röder. Ich denke, daß wir sie erstmal bei uns aufnehmen. Alles weitere können wir ja später besprechen.«

Im Schlamm versunken

Alles erstirbt in einem Meer von Regen. Über das flache, menschenleere Land fegen Schauer um Schauer. Wie ein tiefer Nebel liegt die Nässe über der Landschaft. Aus der grauen Trostlosigkeit tauchen hier und da einsame strohgedeckte Hütten auf und manchmal irgendein windschiefer Ziehbrunnen. Die Welt scheint im Regen unterzugehen. Dieses Rinnen und Tropfen vom grauen, tiefen Himmel will nicht aufhören. Wie schwarze Todesengel segeln Raben krächzend über die düster wirkenden Wälder. Die Laubbäume sind entblättert, es riecht nach Friedhof, nach Verwesung und feuchter Erde.

Die Front lebt ihr unheimliches Leben. Es rattert und knallt unentwegt und an allen Ecken. Maschinengewehrsalven singen, schlagen auf und prallen irgendwo knochenhart ab. Hin und wieder faucht eine Artilleriesalve über die Stellung. In der Nacht steigen Leuchtkugeln empor: weiße, rote, grüne – für wenige Augenblicke erscheinen die Flanken und Schützengräben im flatternden Magnesiumlicht. Geblendet und wie erstarrt blicken Freund und Feind in das gefährliche Lichterspiel. Danach wird die Nacht jedesmal noch schwärzer, das unheimliche Dunkel noch tiefer. Durch feuchte Gräben tasten sich die lehmverschmierten Landser auf schlüpfrigem Boden. Ab und zu passieren sie gefährlich glitschige Knüppeldämme, das Schlammwasser läuft ihnen von oben in die Schäfte der Kommißstiefel. Sie sind froh, wenn sie den warmen Bunker erreicht haben.

Dieser kleine Unterstand ist 2,80 m breit und 3,70 m lang. Nicht viel Lebensraum für acht Mann, den Sozialdemokraten und Unteroffizier Peter Geyer, der Unteroffizier Hans Diehlmann nach dessen Verwundung abgelöst hat. Geyer kommt aus Essen und ist ein eingefleischter Atheist. Einst wurde er im kommunistischen Jugendbund unterrichtet. Heute spricht er darüber nur noch selten, denn in der Heimat wurde er bereits von der Geheimen Staatspolizei beschattet. Nun darf er hier seine ›nationale Gesinnung‹ bei der ›Frontbewährung‹ zeigen.

Da ist der Obergefreite Linsen, der ehemalige Kompaniemelder, von dem böse Zungen behaupten, er habe Krach mit dem Kompaniechef gehabt. Er stammt aus Nienburg an der Aller und ist mit seinen 21 Jahren bereits stolzer Familienvater.

Siegfried Kittel aus Berlin ist als Senior dieser Gruppe schon 42 Jahre alt, ein humorvoller und unverwüstlicher Berliner, die Stimmungskanone hier im Bunker.

Albert Kusserow, der Abiturient mit dem Kindergesicht und den langen Gliedern, zählt erst 19. Lenze.

Gefreiter Berger aus Bremen, im Zivilberuf kaufmännischer Angestellter, ist still und verschlossen, ein typischer Einzelgänger. Das rauhe Kriegshandwerk ist für ihn besonders schwer.

Gerolf Scheller, das ›verfressene Genie‹ aus Fehrbellin, der letzte ›Bauernsohn des Großen Kurfürsten‹, wie er genannt wird, bekommt die größten Freßpakete aus der Heimat.

Ralf Kohlmeyer ist neu vom Ersatzbataillon zur Einheit gekommen, er stammt aus Brandenburg an der Havel, und von ihm weiß die Gruppe am allerwenigsten.

Zwei Mann der Bunkerbesatzung stehen am Tage Wache, in der Nacht sind es vier, die sich alle zwei Stunden ablösen. Da einige stets unterwegs sind, sei es beim Wacheschieben oder Essenholen, hält man es in dem kleinen Unterstand gerade noch so aus. Wenn sich einer in dem winzigen Raum waschen will, muß der Tisch zwischen die Schlafkojen geschoben werden, einer kann dann gerade noch sitzen, während die anderen unterdessen am besten in ihren Nestern bleiben. Es können auch jeweils nur drei essen, die übrigen hocken auf ihren Pritschen und schauen zu.

In einer solch ›komfortablen Behausung‹ muß es ganz geordnet zugehen, es läuft nicht nur recht und schlecht, sondern fast familiär. Ständig werden witzige Bemerkungen gemacht, und die Bereitschaft zum fröhlichen Gelächter ist vorhanden. Die Brandenburger und Hessen, die Rheinländer und der Schwabe sind allesamt prächtige Kerle, getragen von dem guten Willen, sich das Leben unter diesen außergewöhnlichen Umständen leichter zu machen. Die ständige Angst wird an den Rand des Bewußtseins gedrängt. Diese lebenshungrigen Kreaturen in ihren feldgrauen Kostümen versuchen, das bißchen gemeinsame Leben in ihrer Art zu gestalten. »Wer kennt den Unterschied zwischen Väterchen Stalin und einer Uhr?« fragt Kittel von seiner Koje aus. Er liegt auf dem Bauch und hat seinen Kopf auf beide Hände gestützt.

»Die Russen haben doch gar keine Uhren, die müssen doch morgens zu ihrer Kirchturmuhr laufen, um die Zeit zu erfahren und sie sich für den ganzen Tag merken!« ruft Linsen am Tisch, während er sich seinen einige Tage alten Bart kräftig mit der berühmten ›Frontseife‹ einschmiert.

»Ach Quatsch!« kontert Kittel, »die Uhr geht vorwärts, aber

Stalin immer rückwärts! Die Uhr macht Tik-Tak und Väterchen Stalin sagt: Taktik!«

»Den Witz habe ich aber schon mit einem anderen Namen gehört, nämlich mit dem vom hochverehrten Gauleiter, der eine solch große Klappe hat, daß seine Ohrläppchen jedesmal bei seinen propagandistischen Lügen von den Mundwinkeln Besuch bekommen.«

Kittel ist über diese Äußerung amüsiert, denn er hält nichts von dem Lügenmaul Dr. Josef Goebbels und äfft die Stimme des aus dem Rheinland stammenden Propagandaministers nach: »Kennt ihr schon den neuesten Wehrmachtsbericht, Marke ala Goebbels?

›Wiederum ist es den deutschen Truppen an der russischen Front gelungen, einen sowjetischen Radfahrer zum Absteigen zu zwingen. Das Vorderrad wurde am Boden zerstört, um den Sattel und die Lenkstange wird noch erbittert gekämpft, das Hinterrad aber befindet sich fest in deutscher Hand!‹«

»Sigi, halt dein Lästermaul! Du redest dich noch einmal um Kopf und Kragen«, warnt ihn Hans Nowak.

»Mitnichten, mein lieber Hans! Die einem für solche Witze ins Kittchen bringen würde, sind bestimmt nicht hier zu finden, wo die Luft nach Stahl und Eisen riecht. Die sitzen in Heldenbunkern und verheizen eine Division nach der andern. Sich selbst halten se so möglichst lang aus de Hölle raus! Nee, nee, ick fürcht mia nich vor diesen Kreaturn.« Wenn Kittel innerlich stark erregt ist, fällt er meist in seinen Berliner Dialekt.

Von seiner Koje herunter meint Hans: »Vor Menschen nicht, aber vor der Hölle schon. Es heißt doch: Fürchtet euch nicht vor denen, die den Leib töten können; fürchtet euch aber vielmehr vor dem, der Leib und Seele verderben kann in die Hölle.«

»Jetzt fängt der schon wieder an!« mosert Obergefreiter Linsen. Unteroffizier Geyer, der Nowak seit seiner Verwundung und seiner Errettung aus furchtbarem Feuerhagel als Kamerad und Freund hoch schätzen gelernt und seine leidenschaftliche Feindschaft ein für allemal aufgegeben hat, mischt sich jetzt in das Gespräch: »Es gibt doch überhaupt keine Seele, Nowak! Die Seele ist nichts weiter als eine fixe Idee. Nietzsches Meinung war: ›Es gibt keinen Teufel und keine Hölle. Deine Seele wird noch schneller tot sein als dein Leib. Fürchte nun nichts mehr!‹«

»Das war eben Nietzsches Auffassung von Hölle, Tod und Teufel. Es könnte bei ihm aber auch der Wunschtraum eines belasteten Gewissens gewesen sein. Also auch eine fixe Idee, um die Seele zu beruhigen«, entgegnet Nowak.

»Was ist denn die Seele eigentlich?« fragt Geyer, »doch nichts weiter als ein Mythos!«

»Ist der Glaube, die Seele sei nichts weiter als ein Mythos, nicht auch ein dem Wunschdenken vieler Menschen entgegenkommender Versuch, unruhige Gewissen zu besänftigen? Dieses ausgedachte ›Glaubensbekenntnis‹ täuscht und ist irreführend.«

»O nein, Nowak, meine Gedanken sind etwas Reales, denn sie entspringen meinem Gehirn.«

»Sie glauben also, ihr Gehirn genüge, um alles Denken erklären zu können?«

»Selbstverständlich, mein Gehirn ist die Produktionsmaschine der Gedanken.«

Nowak hat sich jetzt an den Bettrand gesetzt und läßt seine Beine herunterbaumeln.

»Wenn ihr Gehirn erkrankt, Nowak, dann können sie doch nicht mehr denken, oder?«

»Das könnte ich dann vielleicht nicht mehr«, gesteht Nowak.

»Bitte, da haben wir es«, triumphiert der Unteroffizier.

»Sie gehen zu schnell und simpel voran«, meint Nowak.

»Können Sie Schreibmaschine schreiben, Herr Unteroffizier?«

»Ja, ein wenig, so im Zweifingersuchsystem, ein bißchen für den Hausgebrauch.«

»Wenn man nun die Tasten einer Schreibmaschine entfernt, könnten sie dann immer noch schreiben?«

»Natürlich nicht«.

»Aber sie wären doch immer noch davon überzeugt, daß es brauchbare Schreibmaschinen gibt und man auf ihnen schreiben kann, ja?«

»Warum denn nicht?«

»Spielen sie ein Instrument?« – »Ja, Geige, aber auch nur zum Hausgebrauch,« entgegnet Geyer.

»Gut, wenn ich nun die Saiten zerschneiden würde, dann könnten sie nicht mehr spielen.«

»Logisch«, antwortet Geyer mit einem Achselzucken.

»Aber Sie könnten noch immer auf einer heilen Geige spielen, nicht wahr?«

»Selbstverständlich.«

»Wenn ich nun irgendeinem Kind, das nie Geige spielen lernte, eine wertvolle Violine geben würde, könnte es dann mit dem guten Instrument etwas anfangen?«

»Wenn es keinen Unterricht gehabt hat, dann natürlich nicht.«

Nowak springt vom Bett herunter und setzt sich zum Unteroffizier an den Tisch: »Sehen Sie, so verhält es sich auch mit unserem Gehirn und den Gedanken! Eine Violine muß Saiten haben, ohne sie wäre sie nur ein Holzgebilde, aus dem keine Musik ertönen könnte. Aber ein Holzgebilde selbst erzeugt dennoch keine Musik, auch wenn es Saiten besitzt, sondern ein Künstler, der darauf spielt, macht die Musik. Genauso ist es mit unserem Gehirn. Es ist das Instrument, die Voraussetzung, um denken zu können. Die Ursache des Denkens aber liegt außerhalb unseres Gehirns. Das Gehirn ist Materie und hat ein bestimmtes Gewicht, eine gewisse chemische Beschaffenheit, eine bestimmte Form und Farbe. Es besteht aus Zellen, aber alles ist materieller Art. Die Gedanken jedoch, die im Gehirn erzeugt werden, haben weder Gewicht, noch Größe oder Farbe, sie sind eben keine Materie. Wir können beispielsweise ganz abstrakte Ideen haben, denen wir im materiellen Zustand nie begegnet sind und doch existieren sie. Wir nehmen das als selbstverständlich hin.«

Von draußen hört man Maschinengewehrsalven. Hin und wieder schlägt eine Granate neben der Stellung ein. Dann bebt die Erde und feuchter Sand rieselt von der Decke. Die Diskussion geht aber unvermindert weiter.

»Sehen Sie, Herr Unteroffizier, die Freiheit haben Sie noch nie mit ihren Händen berührt oder geschmeckt und dennoch wissen Sie, was sie bedeutet. Unsere Ideen, die einer anderen Ordnung angehören als unser Gehirn, können nicht vom Gehirn verursacht sein, sie werden von unserem Geist erzeugt. Im Schöpfungsbericht der Bibel lesen wir: »Und Gott der Herr machte den Menschen aus einem Erdklumpen, und er blies ihm den lebendigen Odem in seine Nase. Also ward der Mensch eine lebendige Seele.«

»Ach, gehen Sie mir doch mit dem Schöpfungsbericht, das ist doch nur ein Märchen! Er hält der wissenschaftlichen Erkenntnis des 20. Jahrhunderts nicht stand. Es ist doch inzwischen eindeutig bewiesen, daß der Mensch vom Affen abstammt.«

Geyer stopft sich dabei gemächlich seine Pfeife und setzt sie genießerisch in Gang.

»Das dürfen Sie für sich glauben, wenn es Ihnen Vergnügen macht. Vielleicht stammen einige Affen auch vom Menschen ab«, meint Nowak. »Ich kümmere mich nicht um das Familienstammbuch anderer. Es besteht andererseits doch aber ein ganz wesentlicher Unterschied zwischen Mensch und Tier! Der liegt darin, daß der Mensch auf einer höheren Ebene tätig ist als das Tier. Wie könnte sich also der Mensch, der sich in einer höheren Ordnung betätigt, aus einem Affen entwickelt haben, der einer niederen Ordnung angehört?«

»Ganz einfach«, antwortet Geyer, »durch praktische Tätigkeiten, die ihn zu einer höheren Stufe führten. Zunächst waren die primitiven Handlungen da, die sich später durch vielerlei Erfahrungen veränderten und vervollkommneten.«

»Weshalb finden wir nun aber auf der ganzen Welt keine dieser neuen Übergänge von Tier zu Mensch in irgendeiner Art und Weise durch schöpferische Heranbildung? Menschen können wohl ein gestecktes Ziel verfolgen, können sich etwas vorstellen, das noch nicht existiert. Sie experimentieren dann, um ihre Ideen zu verwirklichen. Dieses Verhalten setzt eine gewisse Intelligenz voraus, die aber allen Tieren fehlt. Ein Tier hat seinen Instinkt, vielleicht sogar die Fähigkeit, gewisse Handlungen nachzuahmen. Doch wurde bei keinem Tier je ein Zeichen von schöpferischer Fähigkeit festgestellt. Ein Affe kann wohl nach hartem Training einem Menschen einiges »nachäffen«, doch hat er noch nie ein Beispiel gegeben, aus dem wir schließen könnten, es wäre seiner eigenen schöpferischen Idee entsprungen.«

Nowak ist jetzt in seinem Element. Albert staunt über seine klare Schlußfolgerung. Er denkt an Natascha, an die Gottesdienste im Hause der Gontscharows.

»Herr Unteroffizier, der primitive Mensch vollbringt Dinge, die noch kein Tier zustande gebracht hat! Er macht Werkzeuge, baut Häuser und Kirchen, er verbessert überall seine Lebensbedingungen durch Wissenschaft und Technik. Der Mensch verändert das Antlitz der Erde durch Erfahrungen und Planungen. Noch kein Tier hat das Feuer in seinen Dienst gestellt, obwohl es schon oft Feuer gesehen hat. Die einstigen Höhlenbewohner, die vor Tausenden von Jahren gelebt haben, konnten ihre Höhlenwände mit Zeichnungen von Tieren wie Pferden, Vögeln und Büffeln schmücken, aber noch keinem Vogel wäre es eingefallen, einen Menschen bildlich darzustellen! Das alles hat seinen Grund darin, daß der Mensch dem Tier etwas voraus hat, und dies ist eben das wesentliche Merkmal, was den Unterschied ausmacht: sein Geist! Oder wie es die Christen formulieren: den Odem Gottes!

Wir können es die Intelligenz nennen, die den Menschen befähigt, Ursache und Wirkung festzustellen; aus Wirkungen auf Ursachen zu schließen, Ursachen einzuordnen, daß jeweils die gleichen Wirkungen entstehen und dadurch schöpferische Veränderungen im Weltbild erzeugen. Es ist ganz einfach der denkende Geist, welcher dem Wirken vorausgeht. Nicht das Wirken ist es, welches Intelligenz erzeugt, sondern der Geist, der unser Gehirn in Bewegung setzt.«

»Nun hört doch endlich auf mit dem langweiligen Gequatsche, ich wees nich, ob ihr den Witz schon kennt, wo Kleen-Fritzchen aus der Schule kommt und zum Vater sagt: »Du, Vata, der Lehrer hat jesagt, det der Mensch vom Affen abstammen tut. Da hat der Vata jeantwortet: ›Du vielleicht, ick aba nich!‹«

Wieder einmal hat der Berliner eine Diskussion auf seine Art und Weise unterbrochen.

»Wir sprechen ein andermal weiter, Nowak«, sagt Geyer, setzt sich seinen Stahlhelm auf, legt das Koppel um und zieht den Mantel an, um einen Postenkontrollgang durch sein Grabensystem zu unternehmen.

Endlich hat der Regen aufgehört. Jetzt ist die Nacht mondhell erleuchtet. Dicht hinter dem Hochwald platzen Gewehrgranaten mit scharfem Knallen. In den Pfützen und in den Spuren der morastigen Wege spiegeln sich die kahlen Äste der Bäume.

Zwei Stunden nach Mitternacht taumeln Hans und Albert durch das verschlammte Grabensystem. Bis 4 Uhr morgens werden sie im Vorpostenstand die Wache übernehmen. Als sie aus dem Bunker herauskommen, ist gerade im linken Abschnitt ein Angriff des Gegners im Gange. Der Russe versucht, den deutschen Brückenkopf jenseits des kleinen Flusses abzuquetschen.

»Wache schieben« müssen erscheint für Hans und Albert wie Befreiung. Wer viele Stunden im Bunker eintönig auf feuchtschimmeligen Strohsäcken gelegen hat, also auf stacheliger Spreu und eng zusammengepfercht inmitten nach Schweiß stinkender Landser, die zudem ihre feuchten Socken am Kanonenofen trocknen, der ist froh, wenn ihm ozonreiche, frische Nachtluft um die Ohren, Augen und Nase streicht. Es ist einfach erquickend, solch eine reine Luft einatmen zu können. Die milchigen Nachtnebel hängen wie Brautschleier im Geäst der Bäume oder schweben über dem kalten Wasser des kleinen Flusses. Beim ›Postenstehen‹ lernt man die Schönheiten der Natur viel genauer kennen.

Noch einmal steigert sich der Gefechtslärm am linken Frontabschnitt, ehe es dann wieder still wird. Nur in der Ferne grollt Artillerie. Stumm und regungslos steht der Posten am MG, als sei er mit der Landschaft verwachsen. Eine verdächtige Stille umgibt ihn, wie ihm scheint. Nur hin wieder schreit ein Käuzchen: Kuiwitt – Kuiwitt. Im harten Schilfgras rascheln die Feldmäuse, Igel rumoren und Frösche quaken. Man hört sogar ein scharrendes Getrippel einer Wieselfamilie und das Geräusch eines durch die Gegend streichenden Fuchses. Aber diese trügerische Nachtstille ist nur von kurzer Dauer, denn schon wieder schwirren Wurfgranaten durch die Luft. Leise und tückisch heulen Flachfeuergeschosse. Rechts neben dem Vorposten reißt der Mann am MG den Verschluß zurück, um einige Garben in die finstere Nacht hinauszujagen. Auch er will in diesem diabolischen Konzert sein Instrument zum Erklingen bringen. Zur Linken, an der Spitze des Waldes, wird ein feindlicher Spähtrupp durch Handgranaten aufgerieben.

»Ob der Iwan bald angreifen wird?« fragt Albert.

»Ich glaube kaum, es ist wohl nur ein Zwischenspiel, ein Abtasten nach der schwächsten Stelle. Man spürt es an den Pausen in der Musik, es fehlt die Feuersteigerung, die einen solchen Angriff einleitet; jene Verdichtung des Artilleriefeuers, die den Gegner in die Deckung zwingen und seine Kraft zermürben soll«, entgegnet Hans, blickt aber dabei unentwegt hinüber zu den feindlichen Stellungen.

»Übrigens, ich habe den Eindruck, der Geyer ist sehr nachdenklich geworden. Euer Gespräch hat mich spitzbübisch gefreut. Der hätte mal den Gottesdienst bei Gontscharows miterleben sollen«, flüstert Albert, dessen Gedanken zwischendurch viel bei Natascha weilen. Am Waldrand steigt eine weiße Leuchtkugel empor. Langsam schwebt sie im steilen Bogen über das offene Feld und zerplatzt in fünf grell leuchtende Sterne, die zischend zur Erde herunterfallen und auf halbem Wege erlöschen. Das Gelände ist für Minuten in gespenstisch grelles Licht getaucht. Alle Gegenstände wirken fremd und unwirklich. Die Umgebung gleicht einem unterbelichteten Filmnegativ. Die beiden Posten starren in das Feld, auf die Sträucher und Erhebungen, hinter denen die Russen liegen. Der Lehmboden ist kalt und glitschig. Albert hat die Maschinenpistole vorgeschoben und sein Kinn auf den Griff gestützt, beide lauschen angespannt. Drüben bleibt es still, nur das Rauschen des leichten Windes in den Bäumen ist zu hören. Hans umklammert den Schaft seines Gewehres, seine Augen suchen den Waldrand ab. Er kann nichts Verdächtiges entdecken. Je länger sie Posten stehen, desto langsamer scheint ihnen die Nachtzeit zu verstreichen. Im Deckungsloch hat sich Wasser angesammelt, Alberts Füße sind kalt und naß vom Grundwasser. Seit einer halben Stunde schmerzt ihn seine Blase, die dringend entleert werden müßte. Seine Füße schmerzen, die Muskeln in den Oberschenkeln sind hart und klamm, die Kälte hat sogar den Unterleib erfaßt, und seine Beine sind wie erstorben, da er knöcheltief im Wasser steht. Unruhig tritt er von einem Bein aufs andere und versucht, die Zehen zu bewegen, in denen er kaum noch ein Gefühl hat. Der Brotbeutel, die Feldflasche und die Gasmaske hängen schwer am Koppel und drücken auf den Hüftknochen, so daß auch dieser schmerzt.

»Ich glaube, die haben unsere Ablösung vergessen«, raunt Albert seinem Freund Hans zu.

»Ach, die werden uns schon nicht vergessen, Albert.«

»Mensch, ich müßte mal ganz nötig . . ., mir kommen die Stunden in der Nacht direkt doppelt so lange vor.«

»Es ist die Einsamkeit, die die Stunden so unerträglich macht. Ob beim Brüllen der Granaten, ob beim Fliegerangriff oder einem Raketenüberfall, es ist immer dasselbe Gefühl der ungeheuren Einsamkeit. Ohne Gott und Jesus Christus bleibt der Mensch halt einsam«, flüstert Hans. »Immer, wenn es um das Letzte geht, ist man allein. Ob du dich beim Vormarsch gegen die feindlichen Stellungen befindest oder ob Geschosse rechts und links neben dir explodieren, du bist allein! Während Leuchtkugeln wie Sternschnuppen vom Himmel fallen oder wenn die Erde erbebt und Steinquader durch die Luft geschleudert werden, immer hat man das unheimliche Gefühl der Einsamkeit. Der ganze Krieg ist eine unmenschliche Einsamkeit. Auch beim Lärm inmitten der Kameraden bleibt dieses elende Gefühl des Alleinseins erhalten. In jedem Feldquartier oder Lazarett – du spürst es einfach: Jeder lebt und stirbt für sich allein. Nur einer kann dich von dieser Einsamkeit befreien: Jesus Christus!«

»Man kann dich nur beneiden, Hans, du bist immer gleich in deiner Ruhe und voller Frieden.«

»Ach, das stimmt nicht ganz, ich habe auch so meine schweren Stunden und inneren Kämpfe, aber dann kommt mir der Geist Gottes zu Hilfe und gibt mir Kraft. Du bekommst in solchen Augenblicken die Gewißheit, von himmlischen Heerscharen umgeben zu sein.«

Hier und da steigen Leuchtkugeln zum dunklen Himmel empor, in der Ferne belfert ein sowjetisches MG, einzelne Gewehrschüsse hallen durch die Nacht.

»Der Tod ist stets mit einer solchen Deutlichkeit gegenwärtig, daß wir an ihm nicht vorbeisehen können. Die meisten Menschen fürchten diese Ungewißheit des noch nie Durchlebten. Darüber hinaus ergreift einen das unheimliche Gefühl einer Schuld vor Gott. Menschen ohne Gott klammern sich mit allen Fasern ihres Herzens an die Hoffnung, der Knochenmann möge an ihnen vorübergehen. Von Furcht und Hoffnung werden sie hin- und hergetrieben und werden blaß im Angesicht einer Gefahr. Sie schreien und beten, wenn es gefährlich wird, aber sie vergessen alles, wenn die Gefahr vorüber ist und wollen sich nicht unter den Willen Gottes beugen. Sie lieben die Finsternis mehr als das Licht.«

Eine starke Explosion zerreißt die Nacht, dann eine zweite, eine dritte. Immer mehr, bis man sie nicht mehr zählen kann. Ein wüster Feuerüberfall geht nieder. Hans und Albert krallen sich in die Erde. Ganz klein machen sie sich und pressen ihre Körper in den schlammigen Lehm. Jetzt spüren sie nicht mehr, wie kalt der Boden ist. Die Einschläge kommen in rascher Folge. Am schlimmsten sind die Granatwerfer, denn ihre Geschosse fliegen fast lautlos und platzen dann mit einem höllischen Knall. Wie zusammengeschnürt liegen die beiden am Boden und warten mit inbrünstiger Hoffnung, daß es doch vorübergehen möchte.

Auf Alberts Rücken gehen schwere Lehmbrocken nieder, bei jedem Einschlag zuckt er zusammen und denkt: Wann ist Schluß? Wenn es dich nur nicht jetzt noch trifft! Worte seines Vaters kommen ihm in den Sinn: »Wenn es nicht für einen bestimmt ist, dann trifft es einen auch nicht. Wenn es aber bestimmt ist, dann können wir dem nicht ausweichen, dann kommt es ganz gewiß! Nichts kann man dann mehr tun!« Doch – beten! Und immer wieder denkt Albert: beten – beten – beten!, bis schließlich der Feuerüberfall vorbei ist.

Durch diesen starken Beschuß verzögert sich die Ablösung nun tatsächlich. Erst, nachdem sich der Himmel im Osten leise rötet und die Dämmerung über das Land schleicht, ebbt das Feuer ab. Die Wachen können gewechselt werden.

Erschöpft, durchfroren und von Angst gezeichnet wanken Hans und Albert zum Unterstand zurück. Ganz leichter Regen setzt von neuem ein. In den Gräben begegnen sich Meldegänger, Essenholer, Pioniere mit Drahtwalzen und Sanitäter. Alle sehen aus wie die Moorteufel, verdreckt und beschmiert.

Die Essenholer erreichen den Bunker, in dem sich die Landser mit Heißhunger auf die dicke, eingekochte Erbsensuppe stürzen. Seit fünf Tagen haben sie keine warme Mahlzeit mehr gehabt. Sie lebten nur von Zwieback und Büchsenfleisch, weil der Regen den Boden in eine Schlammlandschaft verwandelte und die motorisierten Feldküchen steckenblieben. An manchen Stellen versanken die Fahrzeuge bis zu einem Meter tief in dem aufgeweichten Lehmbrei. Trotz eilig gebauter Knüppeldämme an der Vormarschstraße blieben Lafetten, Panzer, Nachrichtenfahrzeuge, Feldküchen und unzählige andere Troßfahrzeuge einfach stecken.

Als im späten Sommer einige Einheiten die landesüblichen Panjepferdchen mit Wagen zugeteilt bekamen, schüttelten die deutschen Landser mit ihren hochmodernen Ausrüstungswagen ihre Köpfe. Diese in ihren Augen klapprig aussehenden Leiterwagen, die die rückständigen Kolchosbauern zum Heufahren nahmen, sollten nun Bestandteile der deutschen Wehrmacht werden? Nur widerwillig machten sie sich an die Arbeit und strichen die Wagen grau an, damit sie wenigstens etwas militärischen Anstrich hatten. Wer dann gezwungen war, mit diesen mittelalterlich anmutenden Fahrzeugen durch die Gegend zu fahren, hat sich meistens vor seinen Kameraden in Grund und Boden geschämt.

Wenige Wochen später rollte fast das gesamte militätische Arsenal auf solchen Panjewagen. Diese kleinen, schäbigen und kümmerlich aussehenden Karren werden zum Haupttransportmittel. Mit ihnen kommt man durch jeden Dreck, auch wenn sie bis zur Achse im Schlamm versinken, die russischen Panjepferde ziehen sie da heraus. Die Begleitmannschaften greifen zusätzlich in die Speichen, und mit »Zugleich« und »Hauruck« wird jedes Gefährt vorangebracht, was bei den schweren Militärfahrzeugen nicht möglich ist.

Obgleich die Nachschubtruppen schon reiche Erfahrungen mit den schlechten Wegeverhältnissen gemacht hatten, übersteigt das, was jetzt verlangt wird, alles bisher Dagewesene um ein Vielfaches. Eine Beschreibung der völlig aufgeweichten Waldwege, der Sumpfstellen und des zähen Lehmbodens im unwegsamen Gelände ist kaum möglich. Eine normale und reibungslose Versorgung der Truppe mit Verpflegung, Munition und Betriebsstoff erscheint unter diesen Umständen ausgeschlossen. Die Landser hungern, frieren, haben keinen Sprit und kaum noch Munition. Nicht die Waffenstärke der Russen und ihre große Menschenübermacht wird gefechtsentscheidend, sondern die Schwäche des deutschen Nachschubs.

»General Schlamm« bedeutet für den deutschen Vormarsch ein unüberwindliches »Halt«. Der Angriff wird eingestellt. Alles muß warten, bis es zu frieren anfängt. Überall wird befohlen: »Halten, bis der Frost kommt!«

»Kameraden, heute gibt es Schweinefleisch mit Erbsengeschmack«, ruft Kittel den abgelösten Vorposten entgegen. »Imma ran an'n Speck! Der Dreck, der fällt von allene weg!« lacht Kittel und freut sich über seine dichterischen Eingebungen.

Der Ofen ist zum Glühen gebracht. Die Schnapsflasche macht ihre Runde. Heiß rinnt es durch die Kehlen und die Adern. Völlig erschöpft schmeißen sich Hans und Albert nach der ergiebigen Mahlzeit in ihre Kojen. Mäuse rascheln im Gebälk, nagen hier und da und werfen Dreck von der Decke. Manchmal stochert einer der Landser mit einem Holzspan in den Ritzen herum, dann gibt es vorübergehend Ruhe.

Erst am Nachmittag werden Hans und Albert geweckt, denn sie sollen Verpflegung und die Feldpost holen. Zunächst sitzt die Bunkerbesatzung im Kreis herum, ihnen ist heiß in der stickigen Luft. Einige haben ihre Oberkörper freigemacht. Das Feuer im Kanonenofen prasselt hell und lustig und speit ständig eine wohltuende Glut aus. Berger und Kohlmeyer liegen noch auf ihren Betten, Hans hat das Schreibzeug auf den Knien und denkt an die Heimat. Während Kittel seinen Gedanken nachhängt, seine Frau erwartet nämlich ein Kind, schreibt Hans schnell an seine Eltern:

»Liebe Eltern und lieber Hartmut! Heute sollt Ihr wieder ein Lebenszeichen von mir erhalten. In etwa einer Stunde müssen wir in die rückwärtigen Stellungen, um Verpflegung und Feldpost abzuholen. Dann will ich diesen Brief fertig haben und mitnehmen können. Es geht mir soweit ganz gut, nur beschleicht mich, je länger ich von der Heimat getrennt bin, ein nie gekanntes Heimweh. Ja: ›In der Heimat, in der Heimat, da gibt's ein Wiedersehn‹, so singen wir, und ich freue mich schon darauf. Hier im Bunker haben wir einen Volksempfänger mit Akkubetrieb. Albert, mein Freund, hat ihn installiert. Wenn irgend möglich, hören wir das große ›Wunschkonzert‹. Dann wird es ganz still im Raum, jeder denkt an seine Lieben daheim. Wenn man dann so im Bunker sitzt, hat man das Empfinden wie beim Feierabend. Manche Kameraden sitzen am Feuer, andere spielen Schach oder machen eifrig Jagd auf Läuse und sonstiges Ungeziefer. Die Waffenröcke sind ausgezogen, man schwitzt in dem fensterlosen Raum. Niemanden kümmert es, ob es draußen unentwegt regnet, ob Granaten explodieren oder MG-Salven hallen, hier sitzt man warm und geborgen.« Hans blickt versonnen in die Runde, aus dem Radio erklingt das Lied:

»Im Feldquartier auf hartem Stein
streck ich die müden Glieder
und singe in die Nacht hinein
der Schönsten meine Lieder.«

Kittel blinzelt zu Hans hinüber und meint: »Weeste, wenn ihr nachher in de Ortschaft kommt, denn könnt ihr mal Stieloogen machen, vielleicht ham sich da son paar Hühner verirrt – ick meene, die solln ja nich in die Einsamkeit sterben. Kurz den Hals umjedreht und rin in de Pfanne! Det wer wat für Vatas Sohn, son richtijet Festessen!«

Hans nickt kurz. Im Radio singt Zarah Leander mit ihrer tiefen Altstimme:

»... und schießt mich eine Kugel tot,
kann ich nicht heimwärts wandern,
dann wein dir nicht die Augen rot,
such' dir halt einen andern.
Nimm einen Burschen schmuck und fein, Annemarie,
es braucht ja nicht grad einer sein
aus meiner Kompanie, aus meiner Kompanie.«

Es ist wie ein Wunder, denkt Hans, daß sie noch alle zusammen und am Leben sind. Verwundete hat es schon gegeben, wer aber wird der erste sein, der tot auf dem ›Felde der Ehre‹ liegen bleibt? Die Petroleumlampe und das hell flackernde Feuer sind die einzige Beleuchtung im Unterstand. Draußen gießt und schüttet es ohne Unterlaß. In den Niederungen haben sich riesige Tümpel gebildet, die Wege sind ohne festen Grund. Granattrichter haben sich bis zum Rand mit brauner Lehmtunke gefüllt. Die Armee versinkt in Schlamm und Dreck, der Blitzkrieg ist beendet!

Hans und Albert machen sich zu ihrem Abmarsch bereit. Der zerschlissene Feldmantel wird übergezogen, die ›Hurra-Tüte‹ (Stahlhelm) vom Haken genommen und aufgesetzt, der Karabiner umgehängt und raus geht's in die russische ›Sintflut‹. Es klatscht und gluckst um ihre Stiefel in den Pfützen. Unbarmherzig strömt der Regen. Sie tapsen durch den Graben, bis der nahe Wald erreicht ist. In hohem Farnkraut müssen sie sich vorantasten, das heißt, zurück zu den rückwärtigen Stellungen. Nach etwa einer halben Stunde Marsch durch Schlick und Schlamm erreichen sie einen größeren See. Der Himmel hellt sich für Augenblicke etwas auf, einzelne Sonnenstrahlen durchbrechen die tiefziehenden Wolken. Ein frischer Wind weht über den glitzernden Wasserspiegel, der Horizont verschwindet im Dunst. Am Ufer sind deutsche Stellungen ausgehoben, die Posten stehen einsam und verlassen. Sie starren hinüber zum anderen Ufer. Weiße Schaumkronen tanzen auf bewegten Wellen, das aufgewühlte Wasser klatscht lebhaft gegen die Uferböschung.

»Mensch, Albert, man könnte meinen, wir stünden in Berlin am Wannsee! Die Kiefern, die Birken, der weite Himmel und die schaukelnden Fischerboote! Überall dort ist es schön, wo der Mensch nicht hinkommt mit seiner Qual und Sünde!«

»Das ist wahr, Hans, der Teufel hat den Krieg erfunden!«

»Ja, leider, die Menschen lassen sich dazu hinreißen, weil das Böse in ihnen wohnt und sie antreibt.«

Albert nickt, sie trotten weiter. Wo der Wald zu Ende ist, beginnen Wege. Ein Troßfahrer lädt sie ein, mitzufahren. Sie klettern auf den LKW. Mühsam quält sich eine Autokolonne auf der sogenannten Straße voran. Die Wegverhältnisse sind furchterregend. Der Untergrund scheint immer schlechter zu werden, der Schlamm immer zäher, die Löcher und Furchen tiefer. Die Räder mahlen sich in dem breiigen Schlamm fest, alle Augenblicke gibt es Stockungen, weil eines der Fahrzeuge die Straße blockiert, nicht mehr vorankommt. Hans und Albert werden von einer Seite zur anderen geworfen, aber: ›Besser schlecht gefahren, als gut gelaufen‹ denken sie sich. Mitunter sind die Wege von Transportkolonnen derartig verstopft, daß sich keiner vorwärts oder rückwärts bewegen kann. Ein Kübelwagen mit einem hohen Offizier ist zum Beispiel so verdreckt, daß man weder Scheinwerfer, Schutzbleche, Kühlerhaube noch die Windschutzscheibe richtig erkennen kann. Aber das kleine Fahrzeug, Marke Volkswagen, hat Vierradantrieb und schlingert in munterem Tempo voran. An einer Wegkreuzung rechterhand im Straßengraben ist ein Pferdegespann so tief im Schlamm versunken, daß man nur noch die obere Hälfte vom Tier, also Kopf, Hals und Rücken, sehen kann. Der Wagen liegt umgeworfen und ebenfalls zur Hälfte eingesunken.

Das geschundene, ermattete Pferd hat sich in die Riemen und Gurte verwickelt und kann nicht mehr. Landser ziehen am Zaumzeug und an den Leinen. Von Zeit zu Zeit macht der erschöpfte Gaul verzweifelte Bemühungen, sich aus dem Schlamm herauszuarbeiten, doch es will ihm nicht gelingen. Das Tier ermattet zusehends von Minute zu Minute. Mit großer Kraftanstrengung versuchen die Soldaten, die gequälte Kreatur aus dem haltlosen Schlamm zu ziehen. Noch einmal bäumt es sich auf mit einem entsetzlichen Schrei, dann versagen die Muskeln und der Kopf sinkt vornüber in den Morast, das ganze Tier verschwindet vor den Augen der entsetzt blickenden Männer in dem schlickigen Grab. Sie konnten das arme Tier nicht herausretten aus dem versumpften Gelände, einige weinen jetzt vor Wut und Verzweiflung.

Das Weiterkommen wird noch immer massiv behindert durch festgefahrene Fahrzeuge aller Art. Nach langer Zeit erreichen Hans und Albert die nächste Ortschaft. Zu Fuß machen sie sich auf den Weg und suchen die angegebene Versorgungsstelle. Überall an den Bauernkaten entdecken sie gelbe Warntafeln mit der Aufschrift:

»Achtung! Flecktyphus! Das Betreten ist strengstens verboten!« Ein apokalyptisches Gespenst geistert umher. In allen Kriegen, ja in jedem Jahrhundert fielen zigtausende der Kämpfer und Zivilisten einer Seuche zum Opfer, dem Flecktyphus. Bis zur vorderen Frontlinie sickern Gerüchte durch von dieser entsetzlichen Geißel. Die deutsche Armee bleibt nicht von ihr verschont. »Faulfieber« nannten es die Militärärzte zur Zeit Friedrichs d. Großen. Wie eine Hyäne läuft diese Epidemie hinter den siegreichsten Armeen der Welt hinterher und dezimiert die Kampfkraft der besten Truppen. Auch in Napoleons Armeen wütete diese Seuche, und die Verluste durch Flecktyphus waren ungeheuer groß.

Hans und Albert geht es angesichts dieser erklärten Tatsache eiskalt über den Rücken. Auch begegnet ihnen in der Ortschaft gerade ein Elendszug von sowjetischen Gefangenen, es scheinen Tausende zu sein. Wie eine braune Masse ungeahnter Länge wälzt sich dieser Zug durch die Verschlammung der Wege. Es scheint gar keine Wachmannschaft zu geben, und in der Tat, diese 2000 Gefangenen werden lediglich von 10 Mann Begleitpersonal bewacht. Im Schneckentempo geht es Richtung Westen. Willenlos, wie eine Viehherde, trotten sie stumm und abgestumpft dahin.

Manchmal brüllt ein Posten, hin und wieder knallt eine Peitsche. Der Trupp muß in Ordnung gehalten werden. Die zehn Wachmänner mit umgehängten Karabinern sitzen auf kleinen Panjegäulen. Diese Tiere sind so klein, ihre Rücken so niedrig, daß die Beine der Posten fast im Schlamm entlangschleifen. In diesem traurigen Zug befinden sich Männer jeden Alters, Greise schleppen sich neben Halbwüchsigen und Männern in den besten Jahren, ja sogar neben einigen Frauen dahin. Viele Köpfe sind kahlgeschoren und ohne jegliche Kopfbedeckung, andere wiederum tragen ihre schmutzigen Pelzmützen mit herunterhängenden Ohrlaschen, die wie große Hundeohren aussehen. Die meisten von ihnen sind nur notdürftig bekleidet, wenige tragen Militärmäntel.

»›Betet, daß eure Flucht nicht im Winter geschehe‹, hat Jesus damals zu seinen Jüngern gesagt,« zitiert Hans.

»Weißt du, Hans, ich muß gerade so denken, wenn es uns einmal so ergehen sollte, wir würden ebenfalls wie ein dreckiger Schweinehaufen aussehen, das kannst du mir glauben!« antwortet Albert. »Das kann vielleicht alles sehr schnell über uns kommen.«

Endlich haben sie das Versorgungslager erreicht. Dicht daneben befindet sich der Bataillonsgefechtsstand. Aus der Schreibstube kommt ihnen ein Bekannter entgegen.

»He, Nowak, grüß dich, altes Haus! Freue mich, dich wiederzusehen. Eben habe ich deinen Namen auf der Urlaubsliste entdeckt! Anfang nächsten Monats geht es ab zu Muttern! Kittel ist auch dabei!« Hans bekommt vor Freude ganz weiche Beine und kann kein Wort in der Überraschung erwidern.

»Ja, da staunt der Landser, und das Hänschen wundert sich, was?« Als erfahrener Fronthase gibt er aber Hans den guten Rat: »Schreib noch nicht nach Hause, falls etwas dazwischen kommt! Du weißt doch, dann gibt es daheim das große Heulen!«

»Was sollte denn dazwischen kommen?« fragt Hans.

»Mmh, dazwischen kommen kann vieles, beispielsweise totale Urlaubssperre infolge Feindeinbruchs! Generaloffensive der Sowjets oder ein plötzlich notwendig werdender Stellungwechsel der Division. Das wären Gründe und der schöne Urlaub passé! Dann muß man eben weiter warten.«

Albert gibt Hans einen Stoß in die Rippen und sagt aufmunternd: »Ach was, Hans, freu dich auf zu Hause! Zu Weihnachten kannst du bei den Eltern sein. Mann, hast du ein Schwein!«

Nachdem sie die Kampfverpflegung für drei Tage und die Feldpost gefaßt haben, begeben sie sich wieder auf den Rückweg zur Front.

Im größeren Waldgebiet kommen sie an einem Biwak gefangener Sowjets vorbei. Die Russen haben hier in dem durch Regen aufgeweichten Boden Erdnischen gebuddelt und Feuer gemacht. Sie kochen etwas und wärmen sich dabei. Sie waren nachts bei einem Stoßtruppunternehmen in Gefangenschaft geraten. Die deutschen Landser können nicht genug staunen über die Kunst des Improvisierens bei ihren gegnerischen Landsleuten. Der Russe kennt eben seinen Wald und seine Bodenbeschaffenheit und kann sich noch unter primitivsten Umständen am Leben erhalten, bei denen die Deutschen vielleicht erfroren oder verhungert wären.

Tief in der Nacht erreichen Hans und Albert endlich ihre Stellung wieder. Erschöpft und todmüde fallen sie auf ihre Lager. Hans kann vor Urlaubsfreude und Heimweh kaum einschlafen. Siegfried Kittel ahnt zu dieser Stunde noch nichts von seinem Glück. Er steht gerade mit Linsen auf vorgezogenem Posten.

Weihnachtsurlaub

Für Hans ist es noch immer unbegreiflich, es erscheint ihm wie ein Märchen, daß er zusammen mit Kittel in die Heimat fahren darf. In der Schreibstube erhalten die beiden Frontkämpfer den begehrten Urlaubsschein.

Gültig für freie Urlaubsreisen auf kleinem Wehrmachtfahrschein

KRIEGSURLAUBSSCHEIN

Soldat Hans Nowak Einheit Feldpostnr. 41 912

ist vom 12. 12. 41–10. 1. 42 beurlaubt
nach *Berlin* nächster Bahnhof Berlin-Friedrichstraße

Er reist auf kleinen Wehrmachtfahrschein. Die Inanspruchnahme von Wehrmachtfahrkarten oder Fahrkarten des öffentlichen Verkehrs für die im Wehrmachtfahrschein bezeichnete Strecke ist verboten.
Über die umstehenden Befehle ist er belehrt worden.

Ausgefertigt am 10. 12. 41
Einheit Feldpost-Nr. 41 912

Hochbeladen mit dem eigenen Urlaubsgepäck, dazu die Päckchen von Kameraden, die leider an der Front bleiben müssen, stiefeln Nowak und Kittel wie zwei feldgraue Weihnachtsmänner durch den Ort. Mit vielen guten Wünschen und Grüßen an die Angehörigen in der Heimat sind sie überschüttet worden. Über ihren Schultern hängen, an Riemen verschnürt, die Päckchen, in den Händen tragen sie zusammengebundene Segeltuchtaschen. Strahlende Laune verrät jedem Landser, dem sie begegnen, daß es sich bei ihnen um das schönste Kommandounternehmen handelt: *Heimaturlaub!* Am frühen Morgen wurden sie in Marsch gesetzt, bis jetzt läuft alles wie geschmiert. Zwanzig Tage Urlaub und zusätzlich vier Reisetage stehen ihnen zur Verfügung, als Sonderzuteilung gibt es ein ›Frontpaket‹.

Seit einigen Wochen ist das Land mit einem weißen Schneeteppich bedeckt. Aus dem grauen Dunst des unendlichen und dunklen Himmels fallen prächtige Flocken hernieder. Über Nacht hatte der Frost eingesetzt, die Nässe wurde zu Rauhreif. Der Boden ist nun endlich hart und fest. Auf den Pfützen und den weiten Feldseen hat sich eine dünne Eisschicht gebildet. Zunächst sah das ganze wie eine zarte Silberstiftzeichnung aus, doch dann folgten zentnerschwere Schneemassen, und Schnee fällt noch immer hernieder.

Knietief eingesunken waten die beiden durch Rußlands Winterpracht. Der Schnee dämpft die Geräusche. Im winterlichen Wald ist alles erstarrt, die Bäume sind durchsichtig geworden. Flüchtendes Wild, Rehe und Hirsche, durchzieht das Unterholz. Weiß weht der Atem von Mensch und Tier. Die Luft ist rein. Nowak und Kittel müssen bei ihrem Marsch streng auf die Markierungen achten, denn zu leicht kann man sich in diesem winterlichen Urwald verlaufen. Hans gehen die Worte der Bibel durch den Sinn: »Denn gleich wie der Regen und Schnee vom Himmel fallen und nicht wieder dahin kommt, sondern feuchtet die Erde und macht sie fruchtbar und wachsend, daß sie gibt Samen zu säen und Brot zu essen: also soll das Wort, so aus meinem Munde geht, auch sein. Es soll nicht wieder zu mir leer kommen, sondern tun, was mir gefällt, und soll ihm gelingen, dazu ich's sende.«

»Mensch, Hans, weeste, ick kann det noch ja nich jloben, det wir uns jetzt in Richtung Heimat befinden. Meene Olle wird Stieloogen machen, wenn ihr Männeken vor de Tür steht. Ich hab' nämlich keen Wort davon jeschrieben!«

»Und wenn sie dann nicht zu Hause ist?« fragt Hans, der ebenfalls zum Verschnaufen stehengeblieben ist.

»Na weeste, meene Frau is doch hoch in andre Umstände! Wenn se nich zu Hause is, dann isse bei de Verwandten oder schon uff de Entbindungsstation. Ick wünsch mir ja so 'n kleenen Sohn!«

»Na, dann viel Glück! Wir müssen aber weiter, sonst schaffen wir die Strecke nicht zu unserem Urlaubsexpreß.«

Ohne weitere Worte stiefeln sie vorwärts und erreichen die verabredete Stelle am Bahndamm. Dort nämlich sollen sich die Urlauber des Bataillons treffen, und zwar gleich hinter der Waldschneise. Noch auf dem Weg gesellten sich zu ihnen Männer vom I. und II. Zug der 1. Kompanie, so daß insgesamt dreißig Urlauber den Treffpunkt erreichen. Da von dem Güterzug, der sie mitnehmen soll, weit und breit noch nichts zu sehen ist, bauen einige Männer schnell einen kleinen Unterstand unter den dichten, kleinen Tannen. Ein fröhliches Gespräch kommt in Gang, denn bekannte Gesichter haben sich hier eingefunden. Für sie ist der

Wunschtraum, oft genug gesungen in der Ferne: ›In der Heimat, in der Heimat, da gibt's ein Wiedersehn‹ im Begriff, in Erfüllung zu gehen. Sie sind froh und erheitert; denn sie kommen raus aus der Gefahr der vordersten Frontlinie. Da endlich taucht in der Ferne ein schwarzes Etwas auf! Durch den Schneeschleier hindurch sieht man einen Schornstein mächtig rauchen. Das herannahende Ungetüm wächst und wächst: »Hurra! Der Heimatexpreß ist da!« brüllen rauhe Männerkehlen. Das Gepäck wird hochgenommen und, als der Güterzug zum Halten gekommen ist, in die Waggons hinaufgereicht. Einer nach dem anderen klettert in den Zug. Auch wenn es nur ›Viehwagen‹ sind, das Freudengeheul schwillt an, als sich schnaufend und zischend die eiserne Lok vor dem Güterzug in Bewegung setzt.

Die tief verschneite Landschaft fliegt an ihnen vorüber, hinter dem letzten Wagen wird eine haushohe Schneefontäne aufgewirbelt. Nach etwa einer halben Stunde Fahrt kommen sie auf dem Bahnhof der nächstgrößeren Ortschaft an. Hier wartet der eigentliche Fronturlauberzug des Armeekorps. Für die fünfhundert Urlauber hat man alte deutsche Personenwagen reserviert. Für viele bedeutet diese Fahrt das erste Wiedersehen mit der Heimat. Einige Waggons sind für Verwundete eingerichtet.

Als der lange Zug sich endlich in Bewegung setzt, geht aufs Neue ein Jubelsturm durch die Abteile. Wie hat man doch diesen Augenblick herbeigesehnt! Wie viele Zweifel waren gekommen, bis man nun in Richtung Heimat fahren darf. Die alten Personenwagen von »anno Achtzehnhundertlangsam« ächzen, holpern und quietschen über die vereisten Gleise und Weichen. Eine durchgehende Verbindung von Abteil zu Abteil gibt es leider nicht. Man hat für diese Fahrten die ältesten Modelle aus dem Wagenpark hervorgeholt. Jedes Abteil bildet eine geschlossene Einheit. Nur über die vereisten Trittbretter könnte man zu den Kameraden in den anderen Abteilen gelangen. Jeder ist froh, im Warmen zu sitzen. Es herrscht Hochstimmung. Einer der Männer holt eine Mundharmonika hervor. Ein Lied nach dem anderen stimmt man an: »Wovon kann ein Landser denn schon träumen? – Es steht eine Mühle im Schwarzwäldertal, – In der Lüneburger Heide, in dem wunderschönen Land – Märkische Heide, Märkischer Sand sind des Märkers Freude, sind sein Heimatland – Riesengebirge, deutsches Gebirge« usw., usw. So singt und klingt es stundenlang.

Der aufgewirbelte Pulverschnee nimmt den Männern, die aus den Fenstern blicken, die Sicht. Zum Teil sind die Scheiben sogar vereist. Doch das kann ihnen die ›Bombenstimmung‹ nicht rauben. Eine kreisende Schnapsflasche erheitert die Gemüter von innen. Bald kann man vor Zigarettenqualm nicht mehr atmen. Nach unzähligen Aufenthalten, meist auf freier Strecke, erreicht der Heimatexpreß den Ort Dünaburg. Für einige Zeit bleibt er auf einem Nebengleis stehen. Das Warten scheint endlos zu dauern. Einige schlafen ein, andere wachen über dem Gepäck, denn bei aller Kameradschaft, man kennt ja die Leute vom anderen Haufen nicht. Leider! Da man schließlich auch auf die Pakete von den Kameraden, die an der Front geblieben sind, achten muß, ist Vorsicht geboten. Man will ja nicht durch Unachtsamkeit zur »Verführung von Kameradendiebstahl« beitragen. Die Stunden verrinnen, nichts geschieht. Die Kälte dringt durch die Wände, und es wird ziemlich ungemütlich. Man erfuhr, daß die Lok gewechselt werden sollte. Jetzt wird erzählt, daß die Ersatzlok nicht fahren könne, da alle Wasserstellen bei den Kälterekorden von -35° bis -40° C zugefroren seien. Unmut und derbe Landserflüche werden laut. Kostbare Stunden gehen verloren.

Endlich! – Eine Lok schnauft heran, stark vereist, doch irgendwo hat man Wasser für sie auftreiben können. Der halb eingewehte und mit Schnee überdeckte Zug setzt sich langsam in Bewegung. Im Bummeltempo ächzt er auf den ausgefahrenen Achsen der Heimat entgegen, die Räder schurren dumpf. Die Wagen rollen vom düsteren Tageslicht in die Nacht hinein. Monoton rumpeln die Räder über gefrorene harte Weichen und Gleise. Die Landser haben sich ihre Stiefel ausgezogen und legen sich gegenseitig die Beine auf den Schoß. Die engen Zugabteile sind erfüllt von einem Geruch aus Schweiß, Schnaps und Tabaksqualm. Die Fenster sind bis oben zugefroren. Ein Abteil enthält höchstens 30 Kubikmeter Luft. Jeweils acht Menschen hocken da in einem Gemisch von Gerüchen und schlafen schließlich vor Übermüdung und Sauerstoffmangel ein.

Im Morgengrauen erreichen sie die Grenze des Großdeutschen Reiches. Hier wird umgeladen. Die alten Waggons treten von hier ihre Rückreise an. Vorm Grenzübertritt geht es zunächst durch die Desinfektion. Ein großes Schild mit Richtungspfeil weist auf die ›Entlausungsanstalt‹ hin. Jeder muß den ›E-Schein‹ – den ›Entlausungsschein‹ – vorweisen, sonst kann er das Heimatland nicht betreten. Mit allen Mitteln soll verhindert werden, daß Flecktyphus in die Heimat eingeschleppt wird. Also muß jedermann, ob gesund oder krank, ob verwundet oder nicht, ob General oder einfacher Soldat hier entlaust werden. Das bedeutet, daß Mensch und Kleidung getrennt unter die ›Erfrischungsdusche‹ kommen. Völlig unbekleidet stehen hunderte von Männern wie eine Hammelherde in den großen Räumen und warten auf ihre Abfertigung. Dabei kursieren gemeine Witze und schmutzige Zoten. Manche blöken wie Schafe, es ist schon ein entwürdigender Anblick.

»Wir sind geachtet wie die Schlachtschafe«, geht es Hans durch den Sinn, und in der Tat, die Schlachtschafe des Großdeutschen Reiches erhalten für kurze Zeit einen Gnadenurlaub.

Auf Hans wirkt diese Massenentlausung ekelerregend, diskriminierend, erniedrigend, doch auch sie geht vorüber. Ihm kommt ein Bibelwort in den Sinn, das so treffend auf diese Situation paßt: »Da wurden ihrer beider Augen aufgetan, und sie wurden gewahr, daß sie nackt waren«, heißt es im ersten Buch Mose unmittelbar nach dem Sündenfall. So begann die Demaskierung, die vernichtende Entblößung durch den Sündenfall. Keine Kreatur in der Schöpfung ist so nackt wie der Mensch, muß Hans denken. »Mein Gott, was ist der Mensch, daß du seiner gedenkst?« Diese Kreatur, die das Ebenbild des Schöpfers sein soll, zerstört sich permanent selbst. Durch Ungehorsam hat sie sich in einen Teufelskreis begeben, aus dem sie nicht mehr herauszukommen scheint, wenn Gott selbst nicht den Endpunkt setzt. Als sie schließlich die Prozedur überstanden haben und sich erneut auf dem Bahnhof sammeln, steht ein Zug aus modernen Wagen für sie bereit. Die entlausten Landser suchen sich ihre Plätze und verstauen ihr reichhaltiges Gepäck. Der Zug setzt sich in Bewegung, man ist dem Elternhause nicht mehr fern.

»Mensch Hans, kick mal, det is Deutschland! Det kann jar nichts anderes sind, det sieht een Blinder mit 'n Holzooge! Jetzt sind wa in de Heimat«, sprudelt es aus Kittel vor Freude und Begeisterung heraus. Sauber und freundlich aussehende Ortschaften liegen im gleißenden Licht der tiefstehenden Wintersonne. Nach einer guten halben Stunde Fahrt erscheinen die Umrisse einer größeren Stadt. Der Urlauberzug erreicht die ostpreußische Hauptstadt.

»*Königsberg!* – Hauptbahnhof Königsberg!« ertönt es aus den Lautsprechern. Und weiter: »Sie haben Anschluß zu den Zügen nach . . .« es folgen viele bekannte Städtenamen, den Soldaten wird es warm ums Herz. Bald, ja bald, in nur wenigen Stunden werden sie daheim eintreffen und die Front vergessen dürfen für kurze Zeit.

Während der Zug durch die ostpreußische Landschaft fährt, entdeckt Hans einen Fronturlauber, der am Fenster sitzt und in einer Bibel liest. Die Soldaten rechts und gegenüber von ihm verziehen ihre Gesichter, denn sie empfinden es als peinlich, jemanden in diesem Buch lesen zu sehen. Wer tut denn das heutzutage noch?

Bromberg – Schneidemühl – Landsberg – Küstrin! Mit Schnellzuggeschwindigkeit nähert sich der Fronturlauberzug der deutschen Reichshauptstadt. Langsam rollen die Wagen über die großen Oderbrücken. Im Bahnhof von Küstrin stehen bereits die Vorortzüge nach Berlin. Straußberg – Erkner – Rüdersdorf – Friedrichsfelde – Lichtenberg! Ach Heimat! – Schöne Heimat!

Die Männer in den Abteilen werden zusehends stiller. Hin und wieder hört man einen freudigen Aufschrei. Nicht zu glauben, da! Die S-Bahn! Ostkreuz – Schlesischer Bahnhof und endlich: Berlin-Friedrichstraße! Der lange Soldatenzug hat sein Ziel erreicht. Zwei Tage und zwei Nächte sind sie unterwegs gewesen.

»Berlin-Friedrichstraße! – Berlin-Friedrichstraße! Der Zug endet hier!« tönt es aus den Lautsprechern. Kittel klopft Hans vor Begeisterung auf die Schulter: »Mensch, ick freß'n Besen, Hans, wir sind wieda in Berlin! Schade, det ick noch weiter muß, Berlin is doch Berlin, wa? Ja, denn mach's ma jut, Hans, Muttern hat schon det Bett warm jemacht! Ihr Hänschen kommt uff Urlaub!«

Sie helfen sich gegenseitig, alle Gepäckstücke aus dem Paketnetz herunterzuholen. Hans schnallt sein Koppelzeug um, setzt die Feldmütze auf und nimmt den Karabiner in die Hand. Mit allem Gepäck beladen zwängt er sich durch den schmalen Gang im D-Zugwagen. Der Bahnhof ist dicht bevölkert von jungen Frauen, Müttern und Vätern, lärmenden Kindern und alten Leuten. Verwirrt schaut Hans durch die Wagenfenster auf die Menschenmenge. Überall erhobene Hände, mit Taschentüchern winkend und dazu die Jubelrufe von allen Seiten, wenn man seine Angehörigen entdeckt hat. Arme öffnen sich und umschließen den lang erwarteten, geliebten Mann, Sohn oder Bräutigam. »Mein Gott, Karl, daß du wieder bei uns bist!« – »Ach Vati, was bin ich glücklich!« Solche und andere Freudenausrufe kann man hören und ist ergriffen beim Anblick der vielen Tränen und der herzergreifenden Wiedersehensbegrüßungen. Hans würgt es in der Kehle. Bloß nicht mitheulen, denkt er und versucht, seine Gefühlsaufwallungen eisern zu unterdrücken. Nur drei Meter von ihm entfernt schreit jemand laut auf: »Hans, mein Hans! Mein Junge!« – »Mutter!« jauchzt Hans und liegt in ihren Armen. Vater steht daneben und kämpft mit seiner inneren Erregung. Schnell und verschämt wischt er sich einige Tränen aus den Augen und umarmt dann ebenfalls seinen lieben Sohn. »Schön, mein Junge, daß du wieder da bist! Was bin ich froh, daß der Herr dich gesund erhalten und heil nach Hause gebracht hat«, sagt der Vater. Dann rückt er Hans etwas von sich, hält ihn aber mit beiden Händen fest, betrachtet ihn so, wie man ein Kunstwerk ansieht und meint nachdenklich: »Sehr schmal und müde siehst du aus. Hast sicher viel durchgemacht, was Hans? Aber unser Gott hat dich bewahrt, Lob und Dank dafür! Mutti hat schon wochenlang Lebensmittel gehortet, damit sie ihren Hans verwöhnen kann!«

Hinter Vater steht Hartmut, der sich bis jetzt noch nicht gerührt hat, hoch aufgeschossen, dürr und leicht männlich angehaucht. Bei genauerem Hinsehen kann man über der Oberlippe einen zarten, vermehrten Haarwuchs erkennen. Ein wenig linkisch, eben mit gewissen pubertären Hemmungen, streckt er seinem Bruder die Hand entgegen.

»Tag Hans, herzlich willkommen zu Hause!«

Seine Augen blitzen auf, als er die Nahkampfspange in Silber, das Eiserne Kreuz zweiter Klasse und das Verwundetenabzeichen in Bronze entdeckt.

»Ja, ja, Hartmut, so sieht ein unbekannter Held von der Ostfront aus«, lacht Hans.

»Darf ich deinen Karabiner tragen?«

»Später, Hartmut, wenn wir keinem Offizier mehr begegnen können«, vertröstet Hans seinen jüngeren Bruder.

»Nun mal vorwärts«, mahnt der Vater, »andere wollen auch nach Hause.« Die Pakete werden auf alle verteilt, damit die Last für den einzelnen nicht zu groß ist. Man fährt mit der Rolltreppe hinunter zum S-Bahntunnel.

»Vorsicht an der Bahnsteigkante! Es hat Einfahrt der Zug nach Bernau!« Als die Wagen in Fahrt kommen und Hans aus dem Fenster blickt, erscheint ihm alles wie ein Traum. Mutter und Vater haben ihm gegenüber Platz genommen, Hartmut sitzt neben ihm. Im Dunkeln rauscht der Zug dahin. Noch sind sie im S-Bahntunnel. Oranienburger Straße – Stettiner Bahnhof – danach verläßt die S-Bahn den Tunnel. Es folgen die Stationen Humboldthain – Gesundbrunnen – Bornholmer Straße – Berlin-Pankow – Berlin-Heinersdorf, nun beginnen die Laubenkolonien, die in Hans alte Erinnerungen wecken. Die Sandgrube, wo sie einst Indianer gespielt haben, Winnetou und die Apachen; die Brücke an dem hohen Graben; die alte Straße . . .; Hans' Herz schlägt auf einmal heftiger.

Mutter schaut ihm immer wieder bekümmert in die dunklen Augen. »Du hast sicher viel Schlimmes durchgemacht, nicht wahr, Hans? Deine Augen blicken so fremd!«

»Aber Mutter, Hans ist nur sehr müde! Er kommt doch vom Ende der Welt!« lenkt der Vater ab.

Berlin-Blankenburg – der Zug hält. Der alte Bahnhof hat sich nicht verändert, er sieht noch genauso aus, als wäre Hans erst gestern fortgegangen. Von hier aus mußte er täglich nach Pankow fahren zur Carl-Peters-Schule, der Oberschule für Jungen.

»Wir haben für dich auch ein Fahrrad mitgebracht«, sagt Hartmut stolz. Die Gärten, an denen sie jetzt vorüberfahren, liegen verlassen und öde da. Zur Winterszeit sieht es recht trostlos aus.

»Hoffentlich fällt zu Weihnachten noch Schnee«, wünscht sich Hartmut.

»Na, Schnee hat dein Bruder wohl genug gesehen, ich glaube kaum, daß er sich noch welchen wünscht«, meint der Vater, während sie durch die schmalen Feldwege nach Hause fahren.

Und da ist das Elternhaus! Das kleine, einfache Einfamilienhaus mit den grünen Fensterläden und den Weinranken an der Außenwand. Ist es denn zu fassen, diese Entfernung aus der Weite Rußlands bis hierher in die kleine, vertraute Familienhäuslichkeit geschafft zu haben? An der Garderobe hängt Hans sein Koppelzeug auf und stellt den Karabiner in eine Ecke.

»Geht doch bitte gleich ins Wohnzimmer«, sagt die Mutter, die in Windeseile den Mantel mit der Küchenschürze vertauscht.

»Komm, Hans«, sagt der Vater, »wie du siehst, ist alles noch beim Alten.«

»Ja, Vater, selbst die alte Standuhr tickt wie früher.«

»Die Zeit ist nicht stehengeblieben, mein Junge, hier in Berlin hat sich manches geändert.«

Beide nehmen Platz in den Polstersesseln.

»Einen schönen Adventskranz habt ihr«, stellt Hans fest.

»Heute wird bereits die dritte Kerze angezündet. Mutter hat den Kranz selber gebunden aus Kieferzweigen. Du weißt doch, daß Hartmuts Klassenkamerad der Sohn eines Försters ist. Durch ihn haben wir die Zweige bekommen können, was heutzutage gar nicht mehr so selbstverständlich ist. Manches ist sehr knapp geworden. Den Weihnachtsbaum haben wir auch schon auf dem Boden stehen. Hartmut hat da eine schlanke, tiefgrüne und sehr ebenmäßig gewachsene Tanne ausgesucht. Weißt du, wenn es nach mir gegangen wäre, gäbe es diesmal gar keinen

Baum, aber der Junge bestand darauf, er ist halt noch zu sehr Kind.«

Hartmut hat sich inzwischen nützlich gemacht und besorgt die Kaninchenzucht, die der Familie Nowak zusätzlich ein wenig Fleisch einbringen soll. Die Mutter beginnt mit der Zubereitung des Essens in der Küche und Vater berichtet von den Veränderungen im Hause, über die Hans von der ersten Minute seines Hierseins unterrichtet sein muß.

»Was ich dir vor allen Dingen erzählen möchte, Hans, ist, daß wir seit kurzem eine Untermieterin im Hause haben, ein Fräulein Ruth Engelmann. Es ist ein Wunder, daß sie noch niemand entdeckt hat. Auch Hartmut hat bisher kein Sterbenswörtchen darüber verlauten lassen.«

Hans schaut seinen Vater entgeistert an: »Was bedeutet denn das?«

»Sieh mich nicht so erschrocken an, Hans. Dieses Mädchen, das wir bei uns aufgenommen haben, ist eine Jüdin. Ihre Eltern sind von der Gestapo verhaftet worden und abtransportiert. Seit einigen Wochen haben wir sie bei uns versteckt, damit sie nicht auch . . .«, der Vater erzählt jetzt ausführlich von der ersten Begegnung, von allen Problemen, Ängsten und Sorgen bei den Menschen in der Heimat. »Niemand darf es erfahren, keiner darf sie sehen! Weißt du, diese Heimlichkeiten, diese Angst um das Entdecktwerden zehrt an unseren Nerven. Andererseits sind wir aber davon überzeugt, daß es Gottes Wille ist, barmherzig ihr gegenüber zu sein und sie nicht der Willkür der Gestapo auszuliefern. Darum haben wir es gewagt und so gehandelt.«

»Werden denn die Juden noch immer so belästigt?«

»Belästigt? – Man will sie ausrotten bis zum letzten Mann! Das spielt sich in Raten ab, zuerst stempelte man auf ihre Lebensmittelkarten ein unübersehbares ›J‹. Dann wurden ihre Zuteilungen wesentlich verringert, sie bekamen längst nicht mehr das, was die deutsche Bevölkerung an Lebensmitteln auf Marken einkaufen konnte. Bestimmte Dinge wie Süßigkeiten, Obst, Kaffee und Vollmilch erhielten sie überhaupt nicht mehr, dann hat man ihnen die Radioapparate weggenommen und schließlich die Telefonanschlüsse gesperrt, um sie so immer mehr zu isolieren. Ach, was soll ich dir noch alles berichten, die Schikanen nahmen kein Ende. Sie mußten Fotoapparate, Feldstecher, Pelze und alle elektrischen Geräte abliefern. In keinem Friseurladen darf ein Jude bedient werden. In den öffentlichen Anlagen hat man an den Bänken Schilder angebracht mit der Aufschrift: »Für Juden verboten!«

Das kulturelle Leben ist völlig tabu für sie, kein Theater, kein Kino, kein Konzertsaal darf von ihnen betreten werden. Es ist mir unbegreiflich, daß sich solche entwürdigenden Auswüchse bei uns in Deutschland ausbreiten konnten.«

Hans starrt seinen Vater entsetzt an und fragt: »Und das alles lassen sich die Berliner gefallen? Springt da nicht mal ein Funken über? Wenn in einer Stadt mit fast fünf Millionen Einwohnern nur jeder zehnte Widerstand leisten würde, dann müßte doch ein Pulverfaß zur donnernden Explosion kommen!«

»Hans, der Geist der Zeit hat die Menschen so degeneriert, daß sie aus lauter Angst vor möglichen Konsequenzen zu allem schweigen. Was soll man auch tun, wenn solch eine Stürmerbande von asozialem Pöbel ins Haus einfällt mit dem Auftrag, alle Juden aufzuspüren und abzutransportieren, man steht da wie gelähmt und kann es nicht fassen!

Diese Horden sind ein Herdenvieh, das ohne Murren die Befehle ausführt, und sollten sie den Auftrag bekommen, morgen früh alle Zeitungshändler zu erschlagen, so würden sie leidenschaftslos und ohne innere Rührung vielleicht mit Dreschflegeln ihre Aufgabe erfüllen. Nicht etwa, weil die Zeitungshändler hassenswert seien, o nein, einfach nur, weil das Herdenvieh nicht nachdenkt und mehr Menschenfurcht als Gottesfurcht besitzt.«

»Aber Vater, das sind doch unhaltbare Zustände! Wenn das das Ausland erfährt, was sich hier abspielt, dann spucken sie doch für alle Zeiten vor uns Deutschen aus!«

»Ich bin sicher, daß das Ausland mehr als genug weiß, aber die sind ebenfalls zu feige, das Kind beim Namen zu nennen und fürchten den Teufel mehr als Gott!«

»Kann man denn überhaupt nichts unternehmen, um solche Maßnahmen zu stoppen? Gibt es denn keine Menschlichkeit mehr?«

»Nein, Hans, ich selber könnte vor mir ausspucken, weil auch ich den Mund nicht aufkriege! Aber was nützte es, wenn ich den Mut aufbrächte. Der nächste Spitzel würde mich verraten, und wenige Stunden später würde ich bei Nacht und Nebel von der Gestapo abgeholt. Man würde mich irgendwo aufhängen, ich wäre ein anonymer Märtyrer, der niemanden damit helfen konnte. Das System, dem wir jetzt ausgeliefert sind, ist so teuflisch und der ›An-Führer‹ meines Erachtens nach ein Sohn der Hölle! Ich will nicht sagen, daß ich mich scheue, einen Märtyrertod zu sterben, aber Hans, Märtyrer, die etwas ausrichten wollen, brauchen Zuschauer! Die ersten Christen, die man kreuzigte und von wilden Tieren zerreißen ließ, hatten sie. Nur so kann das Märtyrerblut meiner Ansicht nach nützlich werden.«

»Aber diese Gelegenheit gibt man keinem, ist es so?«

»So ist es.«

Auf dem Flur hört man die Mutter hin- und hergehen, offenbar deckt sie den Tisch im Eßzimmer.

»Noch eins, Hans, wenn Mutter hereinkommt, wollen wir schweigen. Sie kann es kaum ertragen, Tag und Nacht steht sie Ängste aus. Oftmals ist sie mit den Nerven völlig am Ende. Da die Juden auf der linken Brustseite ihrer Kleidungsstücke einen Judenstern tragen müssen, sind sie zum Freiwild für den Pöbel geworden. Zunächst wurde den Juden von den Berlinern dennoch Sympathie signalisiert. Es sah so aus, als würde die Maßnahme der Regierung das Gegenteil dessen bewirken, was die braunen ›Herrenmenschen‹ bezweckten. Aber dem schob man schnell einen Riegel vor, und die große Masse wurde von dem Abschaum der menschlichen Gesellschaft bodenlos tyrannisiert. Es kam zu unsagbaren Ausschreitungen. Die Juden mußten ihre Wohnungen in den Häusern aufgeben, in denen Arier wohnten. Man schickte sie in sogenannte ›Jüdische Häuser‹. In der Regel gab man ihnen nur einige Stunden Zeit für den Umzug. Viele verschleuderten ihr wertvolles Mobiliar für einen Hundelohn. Die meisten Juden sind zum Kriegseinsatz zwangsverpflichtet, das heißt sie müssen zur Müllabfuhr, zur Straßenreinigung oder als Hilfsarbeiter beim Straßenbau schwerste Arbeiten verrichten. Daß sie dazu kaum noch imstande sind, da man ihnen ja die Lebensmittelzuteilungen laufend gekürzt hat, kann man sich an fünf Fingern abzählen. Auch dürfen sie nur noch zwischen 16 und 17 Uhr in den Geschäften einkaufen. Natürlich auch eine Schikane, denn zu der Zeit sind sie meistens noch im Arbeitseinsatz. So ist es ihnen nur unter den größten Schwierigkeiten möglich, zu ihrem notwendigen Lebensmitteleinkauf zu kommen. Ihr Stundenlohn ist mehr als dürftig und beträgt 60 Reichspfennige, von dem sie neben der Lohnsteuer und den Sozialabgaben auch noch eine 15%ige ›Judenabgabe‹ an den Staat abführen müssen. Das Unrecht schreit zum Himmel!«

Hans hört leise Schritte über sich auf dem Dachboden und blickt fragend zur Decke. »Ja, dort oben wohnt sie! Ein bildhübsches Mädchen, ich wünschte, sie wäre meine Tochter. Du wirst sie ja nun gleich kennenlernen. Es ist nicht auszudenken, was für ein Unrecht an diesen Menschen verübt wird. Wenn man sonst schon nichts weiter tun kann, so eben in der Heimlichkeit versuchen,

Menschenleben zu erhalten, indem man sie versteckt und zu Gott betet, daß es einem gelingen möge, nicht entdeckt zu werden.«

»Was machen eigentlich die Christen, Vater? Können die Pastoren nicht von allen Kanzeln zum Widerstand aufrufen und so die Leute mobilisieren?«

»Den Pastoren sind ebenfalls die Hände gebunden! Sie wissen, daß die Spitzel in jedem ihrer Gottesdienste sitzen und darauf warten, etwas Verbotenes entdecken und melden zu können. Aber es gibt auch Pastoren, die daran glauben, daß Hitler der Messias für Deutschland sei und alles, was an Gerüchten eventuell an ihre Ohren dringt, für frei erfunden halten und als Lüge ansehen. Selbst in unserer Gemeinde gibt es hundertfünfzigprozentige Nazis, die ihrem Führer geradezu göttliche Verehrung entgegenbringen. Den Prälaten Lichtenberg zum Beispiel hat man verhaftet, nachdem er in der Hedwigskirche öffentlich für die katholischen Juden hatte beten lassen.«

»Und was wird aus den verhafteten Juden dann?«

Zunächst kommen sie in die Sammelstelle, in die Synagoge Levetzowstraße. Von dort gehen die Transporte mit unbestimmten Ziel auf Fahrt. Ein Bruder, der bei der Reichsbahn beschäftigt ist, erzählte mir, was er dabei beobachten konnte und wie es vor sich geht. Auf irgendwelchen Vorortbahnhöfen, in Erkner, Köpenick, Grunewald oder Wannsee werden sie in der Dunkelheit, wenn man mit keinem Zuschauer zu rechnen hat, mitten in der Nacht verladen. Obwohl es ansonsten ja an Lokomotiven fehlt und wir an den Waggons lesen können: »Erst siegen, dann reisen!«, für solche Transporte sind immer Lokomotiven vorhanden. Wie das Vieh werden sie in offenen Güterwagen zusammengedrängt. Für diese Deportationen scheint alles vorhanden zu sein, obwohl das Schienennetz durch Truppentransporte mehr als überlastet ist.«

Herr Nowak schaut sich um, als hätte er den Eindruck, von irgendeiner Seite belauscht zu werden. Dann flüstert er Hans zu:

»Und nun Hans etwas ganz im Vertrauen! Ein Freund von mir, der bei der Reichsregierung arbeitet, hat mir auf meine vorsichtige Anfrage hin etwas eingestanden, was ich fast nicht glauben kann! Es soll Konzentrationslager geben, in denen Juden und alle Nazigegner, seien sie aus Glaubensgründen oder aus politischen Überzeugungen Gegner Hitlers, systematisch ermordet werden! Wenn ich diesem hergelaufenen österreichischen Großmaul auch viel zutraue, aber das will mir einfach nicht in den Sinn, wie man so etwas durchführen kann! Ich glaube, daß das Feindpropaganda ist. Deutsche können sich doch nicht für so etwas hergeben! Aber wenn das wirklich den Tatsachen entsprechen sollte, dann bin ich davon überzeugt, daß sich über unserem Volk ein schreckliches Strafgericht zusammenbrauen wird, denn Gott hat gesagt: Wer mein Volk antastet, der tastet meinen Augapfel an! Wir werden als Volk bitter büßen müssen für all das Unrecht, was jetzt den Juden angetan wird.«

Nur einen Augenblick hält Vater Nowak inne, doch dann fährt er fort: »Verzeih mir Hans, daß ich dich gleich in den ersten Minuten deines Heimaturlaubes mit solchen Hiobsbotschaften belaste. Du hast ja selber viel Grauen und Schrecken in anderer Hinsicht erlebt, aber ich mußte mir einmal mein Herz entlasten, gemeinsam trägt es sich leichter, zumal ich mit Mutti darüber gar nicht reden kann. Sie wird zu leicht schwermütig angesichts solcher Ungerechtigkeiten an Menschen, die doch nichts verbrochen haben, und Hartmut ist noch viel zu jung, um mit so etwas konfrontiert zu werden.«

Die Mutter kommt in ihrem schönen Sonntagskleid ins Zimmer und sagt: »Wir können essen, du wirst bestimmt großen Hunger haben, Hans, nicht wahr?« Sie blickt zum Vater hinüber und fragt: »Hast du Hans schon von unserem Besuch erzählt?«

»Ja, Mutter, Hans weiß alles, laßt uns jetzt gehen.«

Im Treppenhaus sind die Wände mit Tannenzweigen und bunten Strohblumen geschmückt, genauso, wie sie es immer zur Adventszeit hatten. Im Eßzimmer steht auf blütenweißem Tischtuch das wertvolle Meißner Porzellan, was die Mutter zur Feier dieses Tages gedeckt hat. Ein kleiner Tischadventskranz mit drei brennenden Kerzen, eine größere Bodenvase, gefüllt mit Tannenzweigen, gleich neben dem weiten Balkonfenster stehend, geben dem Raum eine heimelige Atmosphäre. An der Fensterscheibe hängen mehrere farbige Glasornamente mit der Taube und dem Ölzweig als Symbole des Heiligen Geistes, ganz wie in alten Zeiten. Und neben dem Tisch steht Fräulein Engelmann in Anmut und Schönheit, zaghaft lächelnd. Hans wird sichtlich verlegen.

»Nun, darf ich vorstellen«, beginnt Vater Nowak, »unser liebes Haustöchterchen Ruth. Das ist unser Sohn Hans. Von deinen Feldpostbriefen, Hans, bist du Fräulein Engelmann schon ein wenig bekannt, denn wir haben auch ihr einige Passagen vorgelesen.«

»Es freut mich sehr, Sie im Hause meiner Eltern kennenzulernen«, sagt Hans freundlich. Er reicht ihr seine Hand und umschließt die ihre fest, um seinen Worten Nachdruck zu verleihen.

»Vielen Dank, auch mir ist es eine Freude«, antwortet sie.

»Nun laßt uns Platz nehmen, damit das Essen nicht kalt wird. Du, Hans, bekommst deinen alten Stammplatz.«

Neben dem Gedeck des Vaters liegt das Losungsbüchlein der Herrnhuter Brüdergemeine. Er nimmt es zur Hand und schlägt es auf, um das Bibelwort für Sonntag, den 14. 12. 1941 – den 3. Advent – vorzulesen. »Siehe, ich stehe vor der Tür und klopfe an. So jemand meine Stimme hören wird und die Tür auftun, zu dem werde ich eingehen und das Abendmahl mit ihm halten und er mit mir.«

»Laßt uns beten«, sagt der Vater und beginnt: »Himmlischer Vater! Du Gott Abrahams, Isaaks und Jakobs, im Namen deines Sohnes Jesus kommen wir vor dein heiliges Angesicht, um dir zu danken für alles Gute, für deine Barmherzigkeit und Gnade. Ganz besonders danken wir dir für die Bewahrung unseres lieben Sohnes Hans, der nun bei uns sein darf. Wir bitten dich, bewahre auch unseren Eberhard an der Front, der jetzt nicht hier sein kann. Du kannst deinen Engeln befehlen, daß sie über allen deinen Kindern wachen. Dank sei dir dafür! Nun segne uns diese guten Gaben, die wir heute genießen dürfen, stärke unseren Glauben und gib uns die Kraft, dir in Treue nachzufolgen, denn es ist eine böse Zeit. Bleib nicht vor der Tür stehen, sondern nimm Wohnung in unseren Herzen. Im Namen Jesu bitten wir es, Amen! – Gesegnete Mahlzeit!«

Es gibt Gulasch mit Pilzen, dazu Kartoffeln und Leipziger Allerlei. Als Nachtisch hat die Mutter ein köstliches Heidelbeerkompott bereitgestellt. Hans und Hartmut essen mit gutem Appetit und wahrem Heißhunger. Die Mutter sieht es voller Freude.

»Eßt nur, Kinder, es ist von allem genug da. Die Pilze und die Heidelbeeren haben Vater und Hartmut im Mühlenbecker Wald gesammelt. Laß es dir nur gut schmecken, mein lieber Hans!«

»Ach, es ist alles so schön, so gemütlich und heimatlich, Mutti. Das kenne ich schon seit langer Zeit nicht mehr. Hab vielen Dank, du hast dir so viel Arbeit gemacht.«

»Aber, das ist doch nicht der Rede wert! Du glaubst gar nicht, wie sehr es mich freut, wenn ich dich verwöhnen kann nach deiner langen Abwesenheit. Und was wissen wir, wie lange es uns überhaupt noch möglich sein wird, einander Gutes zu tun. Ich bin oftmals sehr, sehr besorgt.«

»Na ja, rosig sieht es nicht aus, aber ich hoffe, daß uns Gott erhält und einen neuen Anfang schenkt nach diesem Krieg.«

»Wenn wir ihn nur überleben, mein lieber Junge«, sagt der Vater. Inzwischen beobachtet Ruth unauffällig den jungen Frontsoldaten. Mit seinen 22 Jahren wirkt er auf sie sehr reif. Er ist mittelgroß und sehr schlank, hat dunkles Haar und gütige Augen, die ihr gefallen. Eine Welle von nie gekannter Zuneigung zu diesem jungen Mann durchflutet ihr Inneres. Ganz plötzlich und in bisher nicht gekannter Intensität hat sie das ›Mehr‹ als nur Sympathie für einen Menschen ergriffen. Vor Verwirrung sieht sie auf ihren Teller.

›Mein Gott‹, denkt sie, ›das kann doch nicht wahr sein! Keine fünf Minuten kenne ich ihn und jetzt diese überwältigenden Gefühle?‹ Mit aller Energie versucht sie, diese innere Erregung niederzukämpfen. Über ihren plötzlichen Gefühlsaufwallungen hat sich ihr Antlitz heftig gerötet, und ungewollt muß sie erneut zu Hans hinübersehen.

Der Vater unterbricht die augenblickliche Stille und meint: »Nun erschrick nur nicht, liebe Ruth, vor einem deutschen ›Helden‹. In der feldgrauen Uniform sieht man anders aus, als man in Wahrheit ist. Das äußerliche Lametta täuscht auch noch. Sein Herz aber, das kann ich als Vater wohl sagen, ist weich und einfühlsam. Er ist unser liebenswürdiger und verständnisvoller Sohn.«

»Ich bin nicht erschrocken, aber . . .« Ruth stockt und ißt dann hastig weiter. Sie kann den Satz nicht beenden, ihre jetzigen Gefühle passen so gar nicht zu den Ängsten und Verzweiflungen der letzten Zeit, die sie durchlitten hat. Auch wären gewisse Träume und Hoffnungen für die nähere Zukunft unter diesen Umständen in ihren Augen völlig unberechtigt.

Als sie danach wieder kurz aufblickt, sieht ihr Hans ganz unbefangen und freundlich in die Augen und möchte ihr die momentane Befangenheit nehmen, indem er sagt: »Heute wollen wir einmal allen Kummer, alle Gefahr und Angst vergessen. Ich bin von Herzen froh, daß wir alle hier am Tisch die Geschöpfe eines Gottes und Vaters sind.«

»Das ist wahr, was wären wir ohne unseren Herrn, und wie würden wir denken und handeln ohne seinen Geist«, meint der Vater. Hans kann seinerseits seinen Blick nicht von dem schönen, ovalen Gesicht mit der hohen Stirn und den großen, lebendigen Augen des jungen Mädchens wenden, er nimmt es in sich auf und denkt dabei an die Worte des berühmten Dichters Heinrich Heine, der ebenfalls ein Jude war: »Wenn ich in deine Augen seh', verschwindet all mein Leid und Weh . . .«

»O weh, das weiße Tischtuch!« Hans hat unbeabsichtigt etwas Soße verkleckert. »Ich bin einfach nicht mehr gewohnt, kultiviert zu essen.«

»Aber Junge«, meint die Mutter, »das ist doch nicht weiter schlimm. Laß es dir nur gut schmecken, damit du schnell wieder zu Kräften kommst.«

»Einmal wird diese schreckliche Zeit auch zu Ende gehen«, sagt Heinrich Nowak. »Dann werden Christen und Juden, Schwarze und Weiße wieder friedlich nebeneinander leben. Ich bin davon überzeugt, auch wenn wir selbst das Ende des Krieges vielleicht nicht erleben werden, aber die, die überleben, werden einen neuen Anfang machen können. Alles steht in Gottes Hand, und ihm wollen wir uns anbefehlen.«

Ruth kämpft energisch mit ihren Tränen. Ein noch nie gekannter ›Heißhunger‹ nach dem Leben wird in ihr wach. Es erfaßt sie geradezu eine Lebensgier, alles Schöne genießen zu wollen, was das Leben zu bieten hat. Mit einem Mal will sie nicht mehr sterben müssen, ehe sie richtig gelebt hat. Verzweifelt ringt sie um Haltung, kann es aber nicht verhindern, daß ihr die Tränen in die Augen steigen. Sie verläßt fluchtartig das Zimmer.

»Ach, Heinrich, warum nur immer diese ernsten Gespräche! Sie ist ihnen nicht gewachsen in ihrer augenblicklichen Situation«, sagt die Mutter.

»Vergib mir, eigentlich wollte ich ja trösten und helfen, aber nun ist es ins Gegenteil umgeschlagen. Ja, ja, wer kann wohl richtig trösten? Es tut mir sehr leid, daß ich so ungeschickt war.«

Hans lauscht und blickt hinauf zur Decke, als müsse er jeden Moment ihre Schritte vernehmen.

Vater Nowak fährt fort zu sprechen: »O großer Gott! Warum ist nur dieser Jammer über uns gekommen? Dieser Wahnsinn von Rasse- und Blutgesetz? Darf nicht jeder da zu Hause sein, wo er will? Als ich noch ein kleiner Junge war, habe ich niemals das Wort »Jude« in verächtlichem Tonfall gehört. Ich kannte das Volk der Israeliten nur aus den Geschichten der Bibel. Damals unterschied man zwischen guten und schlechten Menschen. Es gab anständige und unanständige Deutsche, Russen, Engländer, Franzosen oder eben Menschen aus anderen Völkern. Und heute? In Scharen tauchen die Juden unter. Man macht sich furchtbare Gedanken um die Abtransportierten, weiß nichts über ihr Schicksal. Jeder Unterschlupf wird für die Verfolgten zum Himmelsgeschenk. Wenn Ruth nicht zu uns gefunden hätte, müßte sie vielleicht auch Nacht für Nacht von einem Quartier zum andern huschen, um nicht gefaßt zu werden. Dauergäste sind ja heutzutage schon verdächtig, ein ständiges Kommen und Gehen macht ebenfalls die Nachbarn mißtrauisch. Wie soll das nur noch enden?«

Die Mutter erhebt sich und verläßt den Raum. Sie geht hinauf zu Fräulein Engelmann, um sie zu beruhigen. Im Eßzimmer tritt vorübergehend Stille ein. Hartmut ist das irgendwie peinlich. Mit jugendlichem Elan fängt er ein Gespräch an: »Du, Hans, weißt du schon, daß Görings bester Freund, Generaloberst Udet, bei einem Übungsflug tödlich verunglückt ist?«

»Was, der Udet? Der bekannte Kunstflieger?«

»Ja, der!«

»Was heißt hier verunglückt?« läßt sich der Vater hören. »An der Sache stimmt doch etwas nicht. Mir kommt die Sache nicht so geheuer vor. Es hat schon mancher »in Ehren« irgendwie abtreten müssen oder ist ›abgetreten worden‹, da kennen die Leute keine Skrupel.«

»Das verstehe ich nicht«, sagt Hartmut, »wieso sollte das nicht geheuer sein? Man kann doch verunglücken, oder meinst du, es war beabsichtigt? Beim Staatstrauerakt waren doch der Führer und der Reichsmarschall persönlich anwesend, und gesprochen haben sie auch.«

»Ja, ja, ich weiß: ›Unfaßbar ist uns der Gedanke, daß du, mein lieber Udet, nicht mehr bei uns weilst‹, hat der Dicke in weinerlichem Tonfall von sich gegeben. Ich habe raunen gehört, daß man heutzutage schon einigen den Sarg ins Haus geschickt hat, ehe sie überhaupt gestorben waren! Wenn einer unbequem wird, dann zwingt man ihn eben, sich die Pistole an die Schläfe zu setzen und seinem Leben ein Ende zu machen, ehe er dazu kommt, andere in seinem Sinn zu beeinflussen und vielleicht abtrünnig zu machen von unserem großen Führer! Es riecht nach erzwungenem Freitod. Behalt das aber für dich, Hartmut, damit mich niemand bei der Gestapo anzeigt!«

Dann wendet sich der Vater wieder an Hans: »Ja, Hans, so wie wir pünktlich den uns ›aufgezwungenen Blitzkrieg‹ mit Rußland gestartet haben, so wird manches Unrecht hinter den Kulissen des ›Großdeutschen Reichstheaters‹ verübt. Kommt, laßt uns ins Wohnzimmer gehen, dann sollst du uns aus Rußland berichten und wie es euch da draußen so ergangen ist. Wir möchten auch da ein bißchen mehr aus erster Hand erfahren.«

Vom Nachmittag bis in die Nacht hinein sitzen Nowaks im gemütlich hergerichteten Wohnzimmer und lauschen den Berichten ihres Sohnes. Die Kerzen flackern und werfen ein tröstlich-mildes

Licht auf die Gesichter. Hans kann ausführlich erzählen von all den Geschehnissen, die die Familie nur einseitig beleuchtet aus den Wehrmachtsberichten kennt. Ruth hat es vorgezogen, sich an diesem Tag nicht mehr unten blicken zu lassen. Zweimal meint Hans, sie bitterlich weinen zu hören.

Es ist schon tiefe Nacht, als Hans endlich wie ein Toter im weichen Daunenbett versinkt und zu schlafen beginnt. Er wacht erst gegen Mittag des nächsten Tages auf. Ein stürmisch-regnerischer Tag, grau in grau, erwartet ihn. Dieser erste Urlaubstag ist so trübe, daß zu allen Mahlzeiten die Lampen brennen müssen. Nur ab und zu schimmert es ein wenig heller durch die Wolkendecke, ansonsten bleibt es dämmrig-unfreundlich.

Hans muß als erstes zur Stadtkommandantur, um sich als Fronturlauber anzumelden. Dabei schaut er sich die Innenstadt etwas näher an. Auch hält er schon Umschau für kleine Weihnachtsgeschenke, die er für seine Familie besorgen möchte. Auf der Friedrichstraße – Ecke ›Unter den Linden‹ fahren mehrere Wehrmachtsautos wie düstere Schatten hintereinander her. Er begegnet auch vielen Stabsoffizieren mit ernsten Gesichtern, sogar einem General mit den unverkennbaren Goldstickereien am Kragenspiegel. Als einfachem Soldaten erlahmt ihm fast die rechte Hand vom vielen ›Grüßen müssen‹. Er verdrückt sich aus diesem Grunde in eine Seitenstraße und betritt ein Restaurant, um eine Limonade zu trinken. Über der blinkenden Theke entdeckt er ein Plakat mit der Aufschrift: »Der Deutsche grüßt mit ›Heil Hitler‹!« Als er sich weiter im Raum umschaut, während er an einem Tisch Platz genommen und seine Limonade erhalten hat, ist er erstaunt, zwei Holztäfelchen zu sehen, deren Sprüche bereits leicht vergilbt sind, aber folgenden Wortlaut haben: »An Gottes Segen ist alles gelegen« und »Gott schuf die Zeit, von Eile hat er nichts gesagt.«

Wegen der verräucherten Luft verläßt er bald das Lokal. Als er an einer Hausruine vorbeikommt und seine Schritte verlangsamt, um sich ein bißchen umzusehen, wird er von einem echten Berliner angesprochen: »Det ham wa allet dem dicken Maier zu verdanken! Se wissen doch, wat der jesajt hat, oder? ›Wenn je een Flugzeug üba Berlin erscheint, will ick Maier heißen‹! Wissense, wen ick meene?«

Hans weiß sehr gut, daß der Oberbefehlshaber der Luftwaffe, Reichsmarschall Göring, diesen Ausspruch getan hat. Er äußert sich aber nicht zu dieser gewagten Bemerkung, sondern fragt den Alten: »Sagen Sie, gibt es schon viele solcher Ruinen?« – »Wie man's nimmt, im Tierjarten is ne janze Serie von Bomben injeschlajen. Viele Bäume sind wie Streichhölzer umjeknickt. Et sieht da aus wie ne Kraterlandschaft uff'm Mond. Am Pariser Platz jab et een mächtijen Volltreffa. Da sind an hundert Personen uff eenmal umjekommen. Im Novemba hatten se in Moabit und in Spandau son paar Teufelseier abjelassen. Seitdem ham wa Ruhe. Aba ick trau dem Frieden nich. Vierundneunzig Luftangriffe ham wa schon hinta uns. Und jetzt, wo wa jroßmütigerweise ooch noch Amerika den Krieg erklärt ham, wird et wohl noch manchen Feuerzauber jeben.« Er kratzt sich verlegen am Kopf. »Wissense, am Anfang war mir de abendliche Ruhestörung det Unanjenehmste von allem. Nach jedem Angriff piljerte die Bevölkerung neujierig und sensationslüstern zu de sojenannten ›Schadensstellen‹. Da hat man noch een'n verbrannten Dachjiebel oder een halb injestürztes Haus bestaunt, aber dann wurde et imma mulmiger. Wie jeht et denn an de Front? Se ham doch jewiß allerhand mitjemacht, oder?« Hans blickt sich erstmal um, bevor er antwortet: »Nun, der ›Blitzkrieg‹ ist vorbei. Erst kam die große Schlammperiode und jetzt der sibirische Frost. Da bleibt eben alles stehen. Die Truppen mußten wegen der Nachschubschwierigkeiten bis an die letzten Eisenbahnknotenpunkte zurückgehen.«

»Na ja, ick weeß schon, zu ville Russen und zu wenig Deutsche.«

Jetzt tritt er ganz nah an Hans heran und raunt ihm ins Ohr: ». . . un een Deutscher zu viel am Steuer! Na, denn ›Heil Hitler‹! Nischt vor Unjut, junger Mann! Da kann der kleene Mann ooch nischt ändern. Uff Wiedersehn!« Und schon verschwindet er in der nächsten Seitenstraße.

Im Antiquitätenviertel in einer verdunkelten Buchhandlung ersteht Hans einige Weihnachtsgeschenke für viel Geld. Als er sich schon auf dem Heimweg befindet, sieht er doch noch kurz in ein Musikgeschäft. Dort findet er eine Schallplatte mit Liedern, besungen von dem bekannten Bariton Heinrich Schlusnus. Er nimmt sie für Fräulein Engelmann mit und hofft, ihr damit eine besondere Freude machen zu können. Glückstrahlend verläßt er das Geschäft und denkt, ob sie diese Musik genauso gern hört wie er? Dann sucht er die nächste S-Bahnstation auf und fährt nach Hause, nach Berlin-Blankenburg. Später sitzt er mit Fräulein Engelmann im Wohnzimmer. Sie muß noch einmal auf den gestrigen Tag zurückkommen und sagt: »Ich möchte mich bei Ihnen entschuldigen, Herr Nowak, daß ich mich so von meinen Gefühlen habe hinreißen lassen. Vielleicht können Sie mich verstehen, daß ich so viel an meine Eltern denken muß, von denen ich nun schon wochenlang nichts mehr gehört habe.«

»Sie brauchen sich nicht zu entschuldigen, Fräulein Engelmann. Mein ganzes Volk müßte sich bei Ihnen entschuldigen. Was heute in Deutschland an Ungerechtigkeit und Sünde geschieht, spottet jeglicher Beschreibung. Der Himmel weiß, wer von uns am Schluß noch am Leben sein wird.«

»Ich bin so froh, bei Ihren lieben Eltern eine Unterkunft, ein Versteck gefunden zu haben. Hoffentlich müssen sie es niemals bereuen, mich aufgenommen zu haben.«

Hans ist entzückt von dieser zauberhaften Mädchenstimme. Wie kann man, denkt er, das Volk der Juden nur als ›Unmenschen‹ bezeichnen und ansehen! Wie soll ich mich ihr gegenüber nur verhalten? Da er augenblicklich etwas verwirrt und ratlos ist, fragt er sie: »Wollen wir etwas Musik hören?«

»Ja, gern, vielleicht steht etwas Gutes auf dem Programm. Nehme ich auch nicht Ihre kostbare Urlaubszeit zu sehr in Anspruch?«

»Aber nein! Ich freue mich, in lieber Gesellschaft, nach den ungeheuer großen Strapazen an der Front, die Entspannung genießen zu können.«

Zunächst hören sie einige Nachrichten aus dem jüngsten Wehrmachtsbericht: ›Eine schwere Winteroffensive der Sowjets ist im Gange. Geringfügige Frontverkürzungen wurden vorgenommen. Die feindlichen Armeen haben große Verluste erlitten, von denen sie sich wohl nicht so schnell erholen werden.‹ Verstohlen blickt Hans zu Fräulein Engelmann hinüber. Er betrachtet ihr liebevolles Gesicht mit den großen, dunklen Augen, ihre gepflegten Haare und Hände, dazu atmet er den feinen Duft eines frischen Parfüms ein, ja, frisch und kühl wie ihre schöne Erscheinung, denkt er dabei.

Im Großdeutschen Rundfunk wird jetzt ein Konzert angekündigt. Karl Schmidt-Walter singt ein Lied: »Ihres Auges himmlisch Strahlen leuchtet heller als die Sonne . . .«

Beim Genuß dieser herrlichen Stimme schaut Hans immer wieder zu Ruth hinüber.

». . . all mein Sehnen, all mein Streben geht zu ihr, zu ihr allein . . .«

Hans schließt für Augenblicke seine Augen und fühlt, wie eine wohltuende Wärme in seinem Inneren sich ausbreitet. Wer hätte das gedacht? Sein Herz schlägt auf einmal schneller und höher für ein armes, verfolgtes und gejagtes jüdisches Mädchen, das im

Hause seiner Eltern ein vorläufiges Asyl gefunden hat. Ist es Mitleid? Dann wäre es gefährlich, eine tiefere, menschliche Beziehung zu beginnen. Nein, o nein, es ist mehr für ihn und auf keinen Fall Mitleid!

Kammersängerin Erna Berger singt: »Du meine Seele, du mein Herz, du meine Wonne, o du mein Schmerz . . .«

Was hat sie doch für eine wundervolle Stimme! So frisch und mädchenhaft, so voller Herz und Wärme!

»Sie hat eine herrliche Stimme«, sagt Fräulein Engelmann, die ihre Augen ebenfalls geschlossen hat.

»Dasselbe habe ich auch gerade gedacht«, erwidert Hans. »Wie begnadet manche Menschen sind, sei es mit ihrer Stimme, sei es mit ihren Händen, mit denen sie Künstlerisches gestalten können. An der Front, in unseren Unterständen können wir auch manchmal Musik hören, die bekannten Wunschkonzerte. Lieben Sie klassische Musik?«

»Sehr sogar. Die leichte, seichte Schlager- und Unterhaltungsmusik mag ich gar nicht gern.«

»Da kommt mir gerade etwas in den Sinn. Vielleicht gelingt es mir, Konzertkarten zu bekommen, dann könnten wir beide einen schönen Abend genießen.« Hans hat in diesem Augenblick nicht daran gedacht, welche Verordnungen für die Juden gültig sind. Ruth schüttelt traurig den Kopf und antwortet: »Ich darf mich als Jüdin nicht frei und öffentlich in der Stadt bewegen!«

»O Verzeihung, Fräulein Engelmann, daran habe ich eben nicht gedacht, ich wollte Ihnen auf keinen Fall wehtun. Meine Gedankenlosigkeit tut mir sehr leid. Aber können Sie denn nicht mal spazieren gehen?«

»Ich traue mich nicht. Ich weiß aber von anderen, daß sie es trotz härtester Strafandrohung tun. In irgendeiner Tasche nehmen sie ein zweites Kleidungsstück ohne den aufgenähten Judenstern mit und kleiden sich in einem verborgenen Winkel um, wenn sie ihre Nachbarschaft hinter sich gelassen haben, die sie ja kennt und eventuell anzeigen könnte. Ich selber habe Ihren Eltern versprochen, nie das Haus zu verlassen, und das habe ich seit Monaten auch nicht getan.«

»Ich werde das mal mit meinem Vater besprechen, ob es nicht doch eine Möglichkeit gibt, mit Ihnen in die Stadt zu fahren. Es wäre mir eine große Freude, Sie ausführen zu dürfen! Ich könnte mir denken, daß Ihnen in Begleitung eines Frontsoldaten keine Gefahr droht.«

Hans ergreift nun zum ersten Mal ihre Hand und spürt, wie sie leicht zusammenzuckt, aber sie überläßt ihm ihre Hand. Augenblicke stummen Glücks durchfluten die beiden, und jeder hat so seine eigenen Gedanken, denen er nachsinnt.

Am nächsten Tag, als die Familie morgens um den Tisch versammelt ist, das heißt, Hartmut ist schon zur Schule gegangen, für ihn haben die Weihnachtsferien noch nicht begonnen, liest Vater Nowak die Tageslosung der Christen: »Wir haben desto fester das prophetische Wort, und ihr tut wohl, daß ihr darauf achtet als auf ein Licht, das da scheint in einem dunklen Ort, bis der Tag anbreche und der Morgenstern aufgehe in euren Herzen.«

Der Vater schließt daran noch einige eigene Gedanken an: »Wie viele Sterne – Menschenseelen – verlöschen wohl in diesem Augenblick? Gehen unter, werden in eine ewige Nacht gerissen durch fremde oder durch eigene Schuld! Gott, der Herr, bietet uns hier an: der Morgenstern soll aufgehen in unseren Herzen! Deshalb bin ich überzeugt davon, daß auch der Davidstern eines Tages wieder ein Stern der Ehre sein wird, nämlich dann, wenn Hitler und Konsorten untergegangen sein werden!«

»Was nützt Hitlers Tod, wenn vorher Millionen Menschen durch seine Diktatur umkommen?«

»Was nützt ein Leben – und würde ein Mensch auch hundert Jahre alt – wenn seine Seele nicht auf das ewige Leben vorbereitet ist?« fragt der Vater.

»Und doch hängt der Mensch an diesem kleinen, winzigen Leben mit allen Fasern seines Herzens«, erklärt Hans. »Ich habe eine große Bitte, Vater, darf ich in diesen Tagen mit Fräulein Engelmann einen kleinen Ausflug in die Stadt machen?«

Zutiefst erschrocken blickt der Vater seinen Sohn an und sagt: »Weißt du überhaupt, wie gefährlich ein solches Unternehmen ist? Was willst du zum Beispiel tun, wenn ihr in eine Ausweißkontrolle geratet? Die braunen Bluthunde lauern doch überall!«

»Vater, einem Urlauber von der Ostfront wird man doch sicher keine Schwierigkeiten machen! Auch vertraue ich auf die Hilfe unseres Gottes!« antwortet Hans mit Überzeugung.

Nachdenklich blickt der Vater Hans und Ruth an. In diesem Augenblick bekommt er eine Ahnung von der ungeheuren Zerreißprobe, die über sie kommen kann. Andererseits denkt er daran, wieviel näher sie täglich dem Tode sind als dem Leben, und so bringt er es nicht übers Herz, ihren Wunsch rundweg abzuschlagen.

»So Gott will, es sei! Möge der Herr uns vor dem Schlimmsten bewahren!«

»Danke, Vater«, sagt Hans und umarmt ihn stumm.

Am nächsten Morgen leuchtet die Sonne besonders hell in die Dachkammer. Ein schneeloser, kühler Tag voll Klarheit beginnt. Winterliche Lichtgespinste breiten sich aus über der entlaubten Kleingartenlandschaft des nördlichen Berlins. Schnell hat sich Ruth angekleidet, so nett, wie es ihr unter den gegebenen Umständen überhaupt möglich ist. Als sie dann mit Hans das Haus verläßt, fühlt sie sich wie eine Patientin, die heimlich einem Sanatorium entflieht, das ihr monatelang Geborgenheit geboten. Ängstlich und scheu geht sie neben ihm den Weg entlang, auf dem sie vor Monaten zum vorläufigen Endpunkt ihrer Flucht gekommen war.

»Es wird heute ein schöner Tag werden«, versichert Hans, der seine Uniform angezogen hat. Er ist froh über die Tapferkeitsauszeichnungen, die er an seiner linken Brustseite sichtbar tragen darf. Nicht aus Eitelkeit, o nein, er erhofft sich für Ruth und auch für sich selbst einen gewissen Schutz gegenüber den politischen Häschern. Aus diesem Grund hat er seinen Militärmantel im Schrank hängen lassen.

»Wird es für Sie nicht zu kalt sein?« fragt Ruth ihn besorgt.

»Nein, bestimmt nicht, gegenüber der arktischen Kälte in Rußland herrscht hier in der Heimat eine Temperatur wie im Frühling«, versucht Hans, sie zu beruhigen.

Mit der Berliner Stadt-Bahn erreichen sie schnell die Innenstadt. Die Nationalgalerie hat geöffnet. Nicht alle Gemälde sind ›evakuiert‹, nur die wertvollsten Kunstwerke hat man vorsichtshalber in Sicherheit gebracht. Aufmerksam wandern die beiden durch die Ausstellungsräume. Sehr interessiert betrachtet der einfache Frontsoldat mit seiner netten Begleiterin die Gemälde, Skizzen und Handzeichnungen von Matthias Grünewald, Albrecht Dürer, Caspar David Friedrich, Adolf von Menzel und vielen anderen.

Die Gemälde und Plastiken von Max Liebermann, Louis Corinth, Emil Nolde, Otto Dix, Ernst Barlach, Marc Chagall sind nicht mehr ausgestellt. Sie gelten im Dritten Reich als entartete, jüdische ›Unkultur‹. Um die Mittagszeit verlassen die beiden die Gemäldegalerie.

»Sie ahnen ja gar nicht, Herr Nowak, was für eine große Freude Sie mir heute, nach dem monotonen Einerlei der vergangenen Wochen, bereitet haben. Es war ein schönes Erlebnis, und ich danke Ihnen ganz herzlich dafür. Mir ist, als würde sich meine Seele gesundatmen.«

Mit der Stadtbahn fahren sie bis zum ›Zoologischen Garten‹. Bald promenieren sie auf dem Kurfürstendamm. An ihnen vorbei schlendern hier die üblichen Geschäftebummler, Liebhaber der Schaufensterauslagen und verschiedene Mittagstischbesucher. Es sind auffällig mehr Frauen als Männer. Der Verkehr rollt um die Kaiser-Wilhelm-Gedächtniskirche, es riecht nach Benzin. In einer glasverkleideten Terrasse eines Restaurants nehmen sie Platz. Ein Serviermädchen legt die Speise- und Getränkekarte auf den Tisch. Für den Frontsoldaten mit dem EK II und der silbernen Nahkampfspange gibt es sogar noch alles ohne Marken. Natürlich auch für seine nett aussehende Begleitung. Nun, ein ungeschriebenes Gesetz. Nach dem guten Mittagessen gibt es sogar ein schmackhaftes Dessert. Aus langen Strohhalmen schlürfen sie frische Getränke. Danach wandern die beiden gemächlich zum Zoologischen Garten. Zu dieser Jahreszeit befinden sich nur wenig Tiere im Freigehege, doch die beiden möchten gern die frische Luft genießen. Unter den entlaubten, alten Bäumen wandern sie von einem Gehege zum anderen. Manchmal bleiben sie stehen und beobachten die Tiere, die sich draußen aufhalten. Der Tag ist kühl und klar. Der übliche Stadtlärm erreicht nur gedämpft ihre Ohren. Vor einem Wildgehege bleibt Ruth besonders lange stehen. Sonderbar starrt sie auf die Tiere, denn ihre Gedanken weilen in der fernen Vergangenheit, als sie noch als kleines Kind bei ihren Eltern war.

Etwas verlegen räuspert sich Hans und sagt: »Solche Prachtexemplare von Rotwild habe ich vorige Woche noch in den nordrussischen Wäldern in freier Wildbahn beobachten können.«

»Ja, in freier Wildbahn?« – Soweit liegt die Vergangenheit zurück.

»Ich glaube, die Tiere sind in diesen Tagen die unbeschwertesten Kreaturen der Schöpfung, die in unseren Breitengraden leben. Sie kennen keine Vergangenheit und keine Zukunft«, antwortet Ruth. Es klingt so fern, es scheint, als komme sie aus einem fremden Land. Lange dauert es, bis sie wieder voll ›da‹ ist. Die leeren Augen tasten sich zurück zur Gegenwart und füllen sich langsam wieder mit Leben. Schließlich blickt sie ihren Begleiter an, so, als wäre sie eben aus einem tiefen Schlaf erwacht.

»Vater sagte damals: ›Wie der Hirsch nach frischem Wasser schreit, so schreit meine Seele, Herr, zu dir.‹ Es war das letzte Mal, als wir hier im Zoo standen. Er ahnte wohl das unheilvolle Geschehen, das auf uns zukommen würde. Und nun ist alles so hoffnungslos, so düster geworden.«

Sie beginnt haltlos zu weinen, ihr Schluchzen ist so verzweifelt, daß es Hans schier das Herz abdrückt. »Aber Ruth, bitte«, stammelt er hilflos und streicht ihr ganz behutsam über das Haar. Es dauert eine gewisse Zeit, bis sich Ruth gefaßt hat. »O bitte, verzeihen Sie mir, daß es mich so mitgenommen hat, ich wollte doch gar nicht weinen.« Hastig kramt sie aus ihrer Handtasche ein Taschentuch hervor und schnäuzt sich die Nase. Hans versucht, seine Arme um ihre Schultern zu legen, aber sie wehrt ihn sanft ab und schüttelt mit dem Kopf: »Nein, bitte nicht!« Hans nimmt ihren linken Arm unter den seinen und geht mit ihr weiter. Als sie dann später auf einer Bank sitzen, fängt Ruth an zu berichten:

»Eine Nachbarin hat mir alles erzählt, wie es sich abgespielt hat, als man meine Eltern abgeführt hat. Es ist grauenhaft, schrecklich gewesen. Die Gestapo hat das Haus umstellt, sie haben die Türschlösser einfach geknackt, selbst Stahlringe durchsägten sie wie bei einem Einbruch! Um zehn Uhr vormittags hielt ein Lastwagen vor der Tür, zwei Beamte in Zivil sprangen heraus, stürzten die Treppe im Hausflur hoch und läuteten Sturm. Meine Eltern öffneten nicht. Dann hämmerten sie fünf Minuten lang an der Wohnungstür, ehe sie bei der Nachbarin klingelten und sie fragten: »Wo sind die Judenschweine von gegenüber?« – »Ich weiß es nicht«, stammelte die Frau vor Aufregung. »Können wir bei ihnen telefonieren? Hier: Geheime Staatspolizei!« Dabei zeigten sie ihre Dienstplaketten vor. Dann läutete das Telefon in unserer Wohnung, aber meine Eltern gingen einfach nicht ran. Vielleicht glaubten sie, die Gestapo täuschen zu können, doch diese hatten ihre Verstärkung mitgebracht, Männer in Braunhemden! Die versuchten es zunächst mit Fußtritten gegen die Wohnungstür. Als sie keinen Erfolg hatten, zerstörten sie die Tür mit Äxten, die sie bei sich hatten. Nur wenige Minuten später konnte die Nachbarin durch den Sehschlitz ihrer Eingangstür sehen, wie meine Eltern in Handschellen abgeführt wurden. Sie seien gegangen, als wären sie bereits gestorben, hat die Nachbarin gesagt. Seit diesem Zeitpunkt haben wir nichts mehr von ihnen gehört.«

Hans blickt in die verzweifelten Augen und fühlt sich so hilflos, womit soll er sie trösten?

Am liebsten würde er sie in die Arme nehmen, ihr Wärme und Geborgenheit geben wollen.

»Heute früh noch hatte ich mir fest vorgenommen, nichts von der unglückseligen Vergangenheit zu erwähnen, und nun – ach, es ist für mich so furchtbar, mit dieser Ungewißheit und in der Angst um meine Eltern leben zu müssen und in keiner Weise irgendwie helfen oder lindern zu können. Und außerdem, es ist nach Monaten das erste Mal, wieder in freier Luft sein und atmen zu können. Können Sie mich verstehen?«

»Ich verstehe Sie voll und ganz. Es tut Ihnen sicher gut, sich einmal alles von der Seele reden und weinen zu können. Sie mußten Ihr Herz erleichtern, wenn ich nur helfen könnte! Aber dieses teuflische Regime hat mit einem stahlharten Netz von Gewalt und Terror von vornherein jeglichen Widerstand zum Scheitern verurteilt. Man ist so unendlich machtlos.«

Es ist schon spät, als sie sich endlich auf den Heimweg machen. Sie kommen durch menschenleere, verdunkelte Straßen. Hin und wieder fährt ein Auto an ihnen vorbei. Die Scheinwerfer sind mit Plastikhauben abgedeckt, so daß nur aus einem schmalen, waagerechten Schlitz ein wenig Licht auf den Fahrdamm fällt. Die Fußgänger tragen Leuchtstoffplaketten an den Mantelaufschlägen. Wie Glühwürmchen sehen diese kleinen Magnesiumlichter in der Nacht aus. An einer Straßenkreuzung legt Hans dem blassen Mädchen seine beiden Hände auf die Schultern und sagt mit weicher Stimme: »Sie dürfen die Hoffnung, Ihre Eltern wiedersehen zu können, nicht aufgeben! Sie müssen glauben, daß Gottes Liebe siegen wird über Haß und Terror. Und ist es uns nicht vergönnt, ein Wiedersehen in diesem Leben feiern zu können, so wissen wir doch, daß es ein Wiedersehen bei Gott in der Ewigkeit und Herrlichkeit geben wird, wenn wir dem Schöpfer glauben.«

Sie nickt heftig, bleibt aber stumm wie ein Schäfchen.

Als er sie an sich zieht, um sie fest in den Armen zu halten, sagt sie: »Ja, ja, ich weiß. Nur Gott kann uns noch helfen!«

Dann gehen sie weiter durch die dunklen Straßen der Reichshauptstadt. Als sie in der S-Bahn sind, kommt es für beide zu einer kurzen, aber gefährlichen Situation. Zwei Beamte in Zivil betreten den S-Bahnwagen und rufen laut über die Köpfe der Fahrgäste hinweg: »Ausweiskontrolle! Bitte alle Ausweise bereithalten!«

Zum Glück für Hans und Ruth beginnen sie am anderen Ende des Wagens mit ihrer Kontrolle. Ein Arbeiter scheint sich zu weigern, denn sie hören, wie der eine Beamte den Mann anherrscht: »Wenn Sie nicht gleich ihren Ausweis zeigen, müssen Sie mit zum Polizeipräsidium!«

Der Zug fährt gerade im Bahnhof Gesundbrunnen ein, und Hans sagt zu Ruth: »Hier müssen wir umsteigen.« Mit verdeckter Eile verlassen sie das Abteil und sind froh, der Situation entronnen zu sein. »Ich dachte schon: ›Jetzt ist alles aus!‹ Nun haben sie mich doch noch erwischt wegen meines leichtsinnigen Ausflugs mit Ihnen«, stottert Ruth. Auch Hans zittern die Knie, als sie auf dem Bahnsteig stehen und auf den Zug nach Blankenburg warten. Doch da kommt Hans eine Idee, und er meint: »Kommen Sie, wir fahren mit einem Taxi von hier nach Hause.« So verlassen sie den Bahnhof. An der Lichtburg strömen gerade die Besucher aus dem Kino.

Den letzten Wegabschnitt durch die Laubenkolonien gehen sie zu Fuß, glücklich, einem Unglück aus dem Weg gegangen zu sein. Die Sterne funkeln aus großer Höhe, der Mond wirft einen milchigen Schein auf die kleinen Wohnlauben und die Einfamilienhäuser. Der Boden unter ihren Füßen ist hart gefroren, der Sand knirscht unter den Stiefelsohlen.

Am Sonntag, dem vierten Advent, fahren Nowaks mit ihrem Sohn Hans zum Gottesdienst. Ruth bleibt daheim. Von allen Seiten wird Hans in der Gemeinde stürmisch begrüßt. Viele Fragen werden ihm gestellt, die er gar nicht so schnell beantworten kann. »Wann werden wir Moskau eingenommen haben?« – »Sind die Wintersachen, die wir in der Gemeinde gesammelt haben, zum Teil sogar selber geschneidert, rechtzeitig an der Front angekommen?« – »Werden die Russen bald kapitulieren?«

Ein Volksdeutscher aus der Ukraine fragt nach den Christengemeinden in Rußland. Doch es wird Zeit, sich hinzusetzen, denn Pastor Schröder beginnt mit dem Gottesdienst. Zunächst wird ein Lied angestimmt. Nachdem dies verklungen ist, beginnt Pastor Schröder mit folgenden Worten: »Wir begrüßen heute zum Advents-Gottesdienst unseren lieben Hans Nowak. Wir freuen uns, daß du hier sein und Urlaub in der Weihnachtszeit haben kannst. Darf ich dich bitten, nach vorn zu kommen und uns etwas von dem zu berichten, was du in der Fremde erlebt hast? Bitte, komm!«

Hans wüßte viel zu berichten, aber über das Kriegsgeschehen sagt er nichts. Er erzählt lieber von der Versammlung bei dem russischen Ehepaar Gontscharow, die ihn und seinen Freund tief beeindruckt hatte. Sie waren erstaunt über den lebendigen Glauben dieser russischen Christen, ihren Bekennermut unter schwierigsten Umständen und die herzliche Aufnahme ihrer eigentlichen deutschen ›Feinde‹.

»Liebe Geschwister und Freunde der Gemeinde. Wir leben in einer ereignisreichen Zeit. Der Teufel geht umher wie ein brüllender Löwe. Er ist zwar nicht der Löwe, sondern geht nur einher wie ein Löwe! Satan benutzt zwei Strategien, um die Menschen vom lebendigen Glauben an Gott abzuhalten, und zwar einerseits durch ein antigöttliches System und andererseits ein antichristliches System. Viele meinen auf den ersten Blick, das sei doch dasselbe, ist es aber nicht. Liebe Gemeinde, ich möchte euch dies verdeutlichen und den Unterschied aufzeigen: die antigöttliche Lehre leugnet radikal die Existenz eines Gottes, die Existenz eines Schöpfers und damit auch die Tatsache eines Sohnes Gottes mit Namen Jesus. Für sie gibt es keine Wunder, die wir in der Bibel beschrieben finden, keine Auferstehung und kein Leben nach dem Tode. Bei ihr wissen wir, woran wir sind, es ist der pure Atheismus. Die antichristliche Lehre ist verführerischer und damit weit gefährlicher, denn sie leugnet nicht die Existenz eines Gottes, der irgendwo über dem Sternenzelt thronen soll. Sie spricht von der ›Vorsehung‹, von dem ›Allmächtigen‹, aber sie spricht nicht von Jesus Christus als dem Messias und einzigen Erlöser der Menschheit. Sie schafft einen ›Anstatt-Messias‹, einen Befreier und Erlöser nach eigenem Gutdünken. Im Namen Gottes werden heute viele Sünden begangen, aber Gott läßt uns durch seinen Propheten sagen: ›Da der Allerhöchste Völker zerteilte und zerstreute Menschenkinder, da setzte er die Grenzen der Völker nach der Zahl der Kinder Israel, denn des Herrn Teil ist sein Volk, Jakob ist sein Erbe. Er fand ihn in der Wüste, in der dürren Einöde, da es heult. Er umfing ihn und hatte Acht auf ihn; er behütete ihn wie seinen Augapfel. Wie ein Adler ausführt seine Jungen und über ihnen schwebt, breitete er seine Fittiche aus und nahm ihn und trug ihn auf seinen Flügeln.‹ König David betete: ›Behüte mich wie einen *Augapfel* im Auge, beschirme mich unter dem Schatten deiner Flügel vor den Gottlosen, die mich verstören, vor meinen Feinden, die um und um nach meiner Seele stehen.‹«

Hans schaut einen Augenblick zu Pastor Schröder, der ihm aufmunternd zunickt.

Dann fährt er fort: »Der Gott Abrahams, Isaaks und Jakobs behütete sein Volk wie einen Augapfel, als er es aus der Gefangenschaft Ägyptens in das verheißene Land führte. Er ließ David beten: ›Behüte mich wie einen Augapfel‹ und den Propheten Jeremia klagen, seinen Augapfel nicht ewig zu verstoßen. Aber die Völker, die sein Volk antasten, warnt Gott mit den Worten: Denn so spricht der Herr Zebaoth: ›Er hat mich gesandt nach Ehre zu den Heiden, die euch beraubt haben; denn wer euch antastet, der tastet seinen *Augapfel* an. Denn siehe, ich will meine Hand über sie schwingen, daß sie sollen ein Raub werden denen, die ihnen gedient haben; und ihr sollt erfahren, daß mich der Herr Zebaoth gesandt hat.‹

Ja, meine lieben Geschwister, wir stehen heute in gewaltigen Kämpfen im Osten, Westen, Norden und im Süden. Der größte Kampf aber spielt sich in unseren Herzen ab. Hier wird die größte Schlacht geschlagen; denn wer den unsichtbaren Feind, den Teufel mit seiner List und Verführung erkennt, ihn haßt und mit der Kraft Jesu überwindet, der ist der wahre Sieger, denn es steht geschrieben: ›Wer überwindet, den will ich machen zum Pfeiler in dem Tempel meines Gottes und er soll nicht mehr hinausgehen; und ich will auf ihn schreiben den Namen meines Gottes und den Namen des neuen Jerusalem, der Stadt meines Gottes, und meinen Namen, den neuen. – Sei getreu bis an den Tod, so will ich dir die Krone des ewigen Lebens geben.‹«

Mit großer Eindringlichkeit hat Hans ein Gotteswort an das andere gereiht. Er kennt sich selbst nicht mehr. Die Zuhörer spüren es, sein Zeugnis wird zu einer Predigt und diese Predigt wirkt wie eine Offenbarung Gottes.

»Unsere Kraft kommt von dem Herrn, denn der in uns ist, ist stärker als alle, die um uns sind, und der letzte Sieger heißt Jesus Christus, er wird den Anti-Christen durch den Hauch seines Mundes umbringen, und sein Volk in die Freiheit führen, denn es steht geschrieben: ›Kann einem Sieger seine Beute wieder abgenommen werden? Läßt ein Tyrann die Gefangenen frei? So spricht der Herr: Ja, einem Sieger kann die Beute wieder abgenommen werden, und ein Tyrann läßt seine Gefangenen frei, ich streite nun diesen Streit, und ich helfe deinen Söhnen. Ich lasse deine Peiniger sich selbst zerfleischen. Sie sollen sich an ihrem eigenen Blut wie an Most berauschen, und alle Welt wird erkennen, daß ich der Herr, dein Heiland bin und dein Erlöser, der Mächtige in Jakob.‹« Eine Bewegung geht durch die Reihen der Zuhörer, denn jeder weiß, auch wenn keine Namen fallen, hiermit sind die Juden, das Volk Israel gemeint und die Nationalsozialisten mit ihrem Tyrannen Hitler. Besorgt schaut Mutter Nowak nach rechts und links, ob sie eine ihr unbekannte, eventuell verdächtige Person erkennen kann. ›Gott sei Dank!‹ denkt sie, es scheint kein Fremder im Raum zu sein, der als Spitzel mit zuhört.

»Heute ist der vierte Adventssonntag, liebe Geschwister, deshalb möchte ich noch etwas aus dem 126. Psalm vorlesen:

›Wenn der Herr die Gefangenen Zions erlösen wird, so werden wir sein wie die Träumenden. Dann wird unser Mund voll Lachens und unsere Zunge voll Rühmens sein. Da wird man sagen unter den Heiden: ›Der Herr hat Großes an ihnen getan! Der Herr hat Großes an uns getan; des sind wir fröhlich. Herr, bringe wieder unsere Gefangenen wie du die Bäche wiederbringst im Mittagslande. Die mit Tränen säen, werden mit Freuden ernten. Sie gehen hin und weinen und tragen edlen Samen und kommen mit Freuden und bringen ihre Garben.‹

Wie viele säen heute mit Tränen, die einst mit Freuden ernten werden! Wie viele Gelegenheiten bieten sich heute, den edlen Samen des Wortes Gottes in die Welt zu tragen. Meine lieben Geschwister, Gott zur Ehre sage ich es, ich habe die Gelegenheiten benutzt, um meinem Kompaniechef, meinem Zug- und Gruppenführer und nicht zuletzt meinen Kameraden immer wieder das Wort des lebendigen Gottes anzubieten. Sollte mich eine Kugel treffen, so weiß ich, daß der ausgestreute Same aufgehen wird. Der Herr wird durch seine Boten die ewigen Garben einsammeln lassen. Ich danke allen, die für mich gebetet haben, und ich möchte euch bitten, gedenket auch der Geschwister in Rußland und an das große Volk Gottes in aller Welt.

›Tochter Zion, freue dich! Jauchze laut, Jerusalem!
Sieh, dein König kommt zu dir, ja, er kommt, der Friedefürst!‹
Der Herr segne uns alle!«

Pastor Schröder erhebt sich und reicht Hans die Hand: »Herzlichen Dank, mein lieber Hans! Du hast uns allen eine eindrucksvolle Adventsbotschaft gebracht. Gott segne dich!«

Er wendet sich an die Gemeinde: »Ich möchte die Ältesten der Gemeinde bitten, daß sie nach vorn kommen, und daß sich alle von ihren Plätzen erheben, denn wir wollen unseren Bruder im Namen des Herrn segnen.« Hans kniet am Altar nieder, die Gemeindeältesten legen ihre Hände auf ihn, Pastor Schröder erhebt segnend seine Hände und betet: »Der Herr segne und behüte dich, der Herr lasse sein Angesicht leuchten über dir und sei dir gnädig, der Herr beschirme dich auf allen deinen Wegen, er setze dich zum großen Segen, wohin er dich auch führen möge. Bleib getreu bis in den Tod, so wird er dir die Krone des ewigen Lebens geben.«

Nachdem Pastor Schröder noch eine Kurzpredigt, sowie Gemeindenachrichten und die Vorankündigung der kommenden Gottesdienste gebracht hat, singt die Gemeinde als Abschlußlied:

»Macht hoch die Tür, die Tor macht weit!
Es kommt der Herr der Herrlichkeit . . .«

Die Tage vor dem Heiligen Abend sind ausgefüllt mit allerlei Festtagsvorbereitungen. Süße Düfte durchziehen das Haus. Mit viel

Liebe werden die Gabenpäckchen gepackt und geschmückt. Überall im Haus, in der Diele, dem Treppenflur bis hinauf zur Mansarde, duftet es nach Tannenharz. Der Weihnachtsbaum steht bereits mit roten und silbernen Kugeln geschmückt im Wohnzimmer. Große, dunkelbraune Tannenzapfen hängen an der Spitze des Baumes. Auf Lametta haben Nowaks verzichtet, aber viele Kerzen sollen Licht in die winterliche Dunkelheit bringen. Am politischen Horizont drohen hingegen dunkle Gewitterwolken. In den politischen Kommentaren hört man scharfe Töne: ›Getreu den Befehlen des Weltjudentums sei der ›paralytische Whiskysäufer‹, der Präsident der USA, Roosevelt, der Judas des anglikanischen Weltreiches, der höchstbezahlteste Knecht des Judentums, gemeinsam mit seinen dunklen Hintermännern in den Vernichtungskrieg getreten. Die satanischen Hirne des Judentums würden den Untergang der arischen Rasse und somit die heiligen Kulturgüter des christlichen Abendlandes planen und zu ihrem Ziel gemacht haben. England, dieses dem Kontinent vorgelagerte Protektorat des Weltjudentums, habe auch Finnland, Ungarn und Rumänien den Krieg erklärt.‹« Und weiter: »Angesichts des ungeheuren Ringens um Sein oder Nichtsein der germanischen Herrenrasse hat der Führer Adolf Hitler persönlich das Oberkommando der Deutschen Wehrmacht übernommen. Generalfeldmarschall von Brauchitsch hat um seinen Rücktritt gebeten. Der Chef des Generalstabes, Generaloberst Halder, wurde aus gesundheitlichen Gründen vom Dienst suspendiert.«

Im Wehrmachtsbericht, der täglich herausgegeben wird, kann man kaum noch den Einbruch der schweren russischen Offensive, das ›Verkürzen‹ der eigenen Frontlinie verschleiern. Große Plakate verkünden, daß der deutsche Soldat die Waffen nicht eher aus der Hand legen werde, bis der Jude vernichtet sei.

Dazwischen ertönen die altbekannten Weihnachtslieder wie: »Leise rieselt der Schnee«, »Morgen, Kinder, wird's was geben«, »Bald nun ist Weihnachtszeit, fröhliche Zeit.«

Am Morgen des Heiligen Abends breitet sich tiefe Dunkelheit über Norddeutschland aus. Von Sturm und Regen gepeitscht, wogen die Tannenkronen und Kiefernwipfel auf und ab. Als die Glocken zu läuten beginnen, sitzen Nowaks in der Kirche und hören eine Predigt über den Text der Tageslosung: ›Es soll nicht mehr gehört werden die Stimme des Weinens, noch die Stimme des Klagens.‹

Wann, mein Gott, o wann wird es endlich Frieden geben? denkt Hans. Seine Gedanken sind auch bei Ruth, die verlassen und einsam in der Dachkammer zurückgeblieben ist. Auch seine Kameraden kommen ihm in den Sinn. Wer von ihnen ist vielleicht schon erfroren, verhungert oder gar gefallen und mag im eisigen Schnee Rußlands liegen?

Am frühen Nachmittag erklingt daheim das bekannte Glöckchen zur Festtagsbescherung. Es erinnert ihn an glückliche Weihnachtstage in seiner Kindheit. Der Lichterbaum erstrahlt feierlich und taucht für Stunden die bisher leidvollste Weihnacht im Hause Nowaks in ein weiches, mildes Licht. Dennoch vermag der Schein aller Kerzen den Schleier der im Dunklen liegenden Zukunft nicht zu erhellen. Was mögen die nächsten Tage, Wochen, Monate oder auch noch Jahre für Prüfungen, Anfechtungen und Gefahren bringen? Wie lange wird man Fräulein Engelmann noch verborgen halten können? Weshalb konnte Eberhard seinen Weihnachtsurlaub nicht antreten? Die Dunkelheit nimmt zu von Stunde zu Stunde.

Der Vater liest die Weihnachtsgeschichte vor:

»Es begab sich aber zu der Zeit, daß ein Gebot von dem Kaiser Augustus ausging, daß alle Welt geschätzet würde . . .

Und der Engel sprach zu ihnen: Fürchtet euch nicht! Siehe, ich verkündige euch große Freude, die allem Volk widerfahren wird; denn euch ist heute der Heiland geboren, welcher ist Christus, der Herr in der Stadt Davids.«

Danach schließt er seine Bibel, steckt die Brille ins Etui und sagt: »Vor fast 2000 Jahren wurde Jesus von Nazareth in Bethlehem geboren. Aus der strahlenden Herrlichkeit des himmlischen Reiches betrat er das finstere Reich des Fürsten dieser Welt. Er kam in sein Eigentum, und die Seinen nahmen ihn nicht auf. Wie viele ihn aber aufnahmen, denen gab er Macht, Gottes Kinder zu werden, die an seinen Namen glauben.« Dann blickt er allen der Reihe nach schweigend in die Augen.

Mit zitternder Stimme beginnt die Mutter zu singen:

»Dies ist die Nacht, da mir erschienen
des großen Gottes Freundlichkeit;
das Kind, dem alle Engel dienen,
bringt Licht in meine Dunkelheit;
und dieses Welt- und Himmelslicht
weicht hunderttausend Sonnen nicht.«

Hans, der dieses Lied schon aus früheren Tagen kennt, reicht Ruth das aufgeschlagene Gesangbuch mit dem Text. Er deutet mit seinem Zeigefinger auf die zweite Strophe.

»In diesem Lichte kannst du sehen
das Licht der klaren Seligkeit,
wenn Sonne, Mond und Stern vergehen,
vielleicht schon in ganz kurzer Zeit,
wird dieses Licht mit seinem Schein
dein Himmel und dein Alles sein.«

Mitten in das Singen der kleinen Hausgemeinde hinein beginnt draußen das große Einläuten der Christnacht. Aus allen Windrichtungen ertönen die Kirchenglocken.

Nach der Bescherung sitzen Nowaks mit Ruth am festlich gedeckten Tisch zum Abendessen. Aus kleinen Tischvasen ragen weiße Alpenveilchen, daneben flackern und leuchten die Tischkerzen, alles ein Bild des Friedens.

Das Weihnachtsprogramm des Großdeutschen Rundfunks berieselt die zum Teil bedrückten oder verzagten Zuhörer des deutschen Volkes mit den altvertrauten Weisen: »O du fröhliche, o du selige«; »Vom Himmel hoch da komm ich her«; »Stille Nacht, heilige Nacht«; »Lobt Gott, ihr Christen, allzugleich«; »Nun singet und seid froh«.

Die Erwachsenen geben sich einem melancholischen Wunschdenken hin, einer quälenden Mischung von Hoffen und dunklem Ahnen, einer Herzenssehnsucht nach Frieden in dem unerbittlichen Bewußtsein, es werde keinen Frieden geben ohne den Untergang dieser Teufelstyrannei.

Frau Nowak ist innerlich sehr betrübt, da sie von Eberhard, ihrem zweiten Sohn, seit längerer Zeit nichts gehört hat. Besorgten Blickes schaut sie auf Hans und Ruth, und mit größter Anstrengung gelingt es ihr, die Herzensqual zu verbergen. Trotz des tiefen Schmerzes behält sie ein mütterlich schönes Gesicht, dem die hellen Silberhaare erst jetzt einen würdigen Rahmen geben. Sie kann sogar ein wenig lächeln, als sie ihrem Hans ein knuspriges Bruststück des Gänsebratens auf den Teller legt.

»Wie schade, daß Eberhard nicht auch hier bei uns sein kann«, sagt sie wie nebenbei.

»Gott sitzt im Regiment und führet alles wohl, Mutter«, sagt Hans. »Ja, ja, das ist wahr«, entgegnet sie schnell. »Aber warum eßt ihr denn so zaghaft, es wird doch alles kalt! Greift nur zu!«

Für Hartmut ist es das erwartete Signal, den Festtagsschmaus mit sichtlichem Vergnügen zu genießen. Vater Nowak drückt seiner Frau kurz die Hände, die weich und rauh zugleich sind. Sie können streicheln oder auch schmerzverzerrt auf krankem Herzen liegen, sie können arbeiten und zum Gebet sich schließen. Ein leichtes Zittern in den Fingern, meint er, dabei wahrzunehmen.

Nach dem Essen werden die schön verschnürten Weihnachtspäckchen geöffnet. Da gibt es so manche Überraschung, mit der man nicht gerechnet hat.

Später dann, nachdem alles bewundert worden ist und jeder sich beim anderen bedankt hat, sitzen Hans und Ruth bei der großen Grammophontruhe. Sie hören Lieder, von Heinrich Schlusnus gesungen, dem Bariton mit dem unverkennbaren, einzig schönen Schmelz in der Stimme, und hängen ihren Gedanken nach, die sie bei dem Text dieses Liedes empfinden:

»Ich liebe dich, so wie du mich,
am Abend und am Morgen.
Noch war kein Tag, wo du und ich
nicht teilten unsre Sorgen.

Auch waren sie für dich und mich
geteilt leicht zu ertragen;
du tröstetest im Kummer mich,
ich weint in deine Klagen.

Drum Gottes Segen über dir,
du meines Lebens Freude.
Gott schütze dich, erhalt dich mir,
Schütz und erhalt uns beide.«

Während des Gesanges blickt Hans in die dunklen, leuchtenden Augen von Ruth. Es ist ihm, als würde er in einen klaren, unberührten Bergsee hineinblicken. Liebevoll betrachtet er ihre hohe Stirn, ihre wohlgeformten Lippen und ihre schönen, langen Haare.

»Bezaubernd schön, diese Stimme – auch der Text des Liedes«, erklärt Ruth mit leichter Erregung. Für sie ist dieses Lied wie ein Geständnis. Hans' heimliche, flüchtige Blicke bleiben ihr nicht verborgen. Sie liebt seine offene, fröhliche Art, aber auch sein versonnenes Schweigen. Sie empfindet eine wohltuende Wärme in seiner Gegenwart. Seine dunklen Augen wirken auf sie nüchtern und begeisternd zugleich, sie blicken zärtlich, aber nicht aufdringlich.

»Ruth, ich möchte dir gern etwas sagen« –

»Ach bitte, Hans, muß man denn gleich alles sagen? Vielleicht später, bitte, nicht jetzt!« entgegnet sie erschrocken. Eine zarte

Röte überzieht ihr Gesicht. Sein Kopf war ihr so nah gekommen, und er sieht, wie ihre Lippen leicht zittern und sich schnell und energisch schließen. Er holt tief Luft, ehe er langsam zurückweicht. Dann blickt er einfach auf die alte Standuhr, die melodisch-dumpf dahertickt. Ein leichter Schmerz durchzieht seine Brust. Er erkennt, wie sich Ruth gegen die Möglichkeit wehrt, eine aufkeimende Zuneigung zu nähren und sie vielleicht später mit bitteren Seelenschmerzen bezahlen zu müssen, weil die äußeren Umstände gegen sie sind. So bleiben sie beide gefangen in ihren Gedanken und Sehnsüchten, die sie noch nicht zum Ausdruck bringen können.

Am späten Abend, kurz vor Mitternacht, kommt es im trauten Familienkreis noch zu einer lebhaften Unterhaltung.

»Mir kommt alles so unwahrscheinlich, so ›schizophren‹ vor, was wir momentan durchleben«, meint der Vater. »Die Völker der Erde feiern die Geburt des weltbekannten Juden ›Jesus‹, heute ist das sogenannte Fest der Liebe und des Friedens! Jesus von Nazareth, den alle rassenpolitischen Bemühungen nie zu einem ›Arier‹ umwandeln konnten, ist der Friedefürst, der diesem Fest den Inhalt gibt.« Er nickt Ruth aufmunternd zu.

»Warum aber müssen wir Juden heute dafür büßen, weil eine kleine Gruppe des damaligen jüdischen Volkes Jesus als den Sohn Gottes abgelehnt und ihn nicht als Messias anerkannt hat?« fragt Ruth verzweifelt. »Seit Jahrhunderten behauptet man, sie hätten Jesus ans Kreuz geschlagen, wo es doch nachweislich die Römer gewesen sind, die das Land besetzt hatten und regierten. Es steht doch geschrieben: ›gelitten unter Pontius Pilatus!‹«

»Nun ja, die Pharisäer und Schriftgelehrten haben ihn damals an die Römer, sozusagen an die Heiden, ausgeliefert und somit durch ihre Anklage den Grund gegeben, daß er zum Tode verurteilt wurde«, sagt Herr Nowak.

»Und wenn sie es nicht getan hätten«, meint Ruth weiter, »dann hätte es wahrscheinlich keinen Opfertod am Kreuz gegeben, aber was würde dann ein nicht gekreuzigter Christus für die erlösungsbedürftige Menschheit noch bedeuten? Waren die Juden hier nicht das Werkzeug einer höheren Macht? Darf eine Generation nach fast zweitausend Jahren für das Verhalten einer geringen Minderheit eines Volkes immer noch schuldig gesprochen werden?«

»Ach ja, wenn doch die Menschen endlich aufhören würden, die Schuld für alles bei anderen zu suchen! Es sollte jeder für sich und bei sich die Fehler suchen und wiedergutmachen«, sagt die Mutter.

»Und doch haben Mose und die Propheten des jüdischen Volkes diese langen und schweren Prüfungen, auch die Verfolgungszeiten bis in kleinste Details vorausgesagt. Doch wehe dem Volk, das zur Gerichtsrute Gottes wird!« entgegnet Nowak.

»Der Wille Gottes und seine Wege sind für uns kleine Menschen einfach oft so unverständlich«, sagt Ruth, ehe Vater Nowak den Propheten Jesaja zitiert: »Ach, daß du den Himmel zerrissest und führest herab . . .!«

Es wird Mitternacht. Eine sternenreiche aber stürmische Nacht soll folgen. Lange liegen sie schlaflos in ihren Betten, Vater, Mutter, Hans und Ruth. Nur Hartmut ist nach wenigen Minuten in seine Traumwelt versunken. Am zweiten Feiertag ist Ruth bereit, einen Spaziergang mit Hans in die entlaubten, aber großen Mischwälder der nördlichen Umgebung von Berlin zu machen. Ein eisiger Wind pfeift durch die Wipfel. Die hohen Kiefern schwanken bedenklich. Seit über einer Stunde gehen die beiden jungen Menschen durch den Wald und haben kaum miteinander gesprochen. Ruth versucht tapfer, neben Hans Schritt zu halten, der das Marschieren gewöhnt ist und ein entsprechendes Tempo vorlegt. Er scheint nicht zu merken, wie anstrengend es für Ruth ist, ihm zu folgen. Bis hierher sind sie noch keinem anderen Menschen begegnet. Dem Schöpfer danken sie dafür, mit ihrem Glück allein zu sein.

»Pst – da!« Zwei Rehe kreuzen ihren Weg, den engen Waldpfad. Ruth hat sie zuerst entdeckt. Mit einer Leichtigkeit huschen sie dahin. »Sie sind bestimmt glücklicher in dieser Zeit als viele Menschen auf dieser fluchbeladenen Erde«, stellt sie nachdenklich fest.

Der schmale Pfad wird immer enger, die spitzen Zweige verflechten sich kaum einen Meter über dem mit Nadeln besäten Waldboden. Hans geht jetzt voraus und biegt die Zweige zurück, um Ruth einen besseren Durchgang zu ermöglichen. Dicht am Waldesrand, an einer kleinen Lichtung, hämmert ein Buntspecht munter an der harzigen Borke einer verwitterten Kiefer. Beide bleiben wie staunende Kinder Hand in Hand stehen, um den Geräuschen zu lauschen. Hans drückt die weiche Mädchenhand von Ruth, ehe er sie an seine Lippen führt und einen innigen Kuß auf den Handrücken drückt. Danach springen sie ein wenig übermütig über Stock und Stein und gelangen an einen kleinen Waldsee. Auf einem gefällten Baumstamm setzen sie sich nieder. Ruth schließt ihre Augen und beginnt zu träumen. Hans schaut bis in eine Baumspitze hinauf. Wie klein ist der Mensch!, denkt er beim Anblick eines solch hohen Stammes. Dann betrachtet er das klare, schöne Mädchenantlitz. Am liebsten würde er sie in die Arme nehmen und ihre wohlgeformten Lippen küssen, doch als er gerade etwas näherrückt, schlägt sie die Augen auf und lächelt ihn schelmisch an, es ermutigt ihn zu nichts. Der Geruch des Waldes, der Duft des nahen Wassers, der Frieden im Schilf, der stille und weite Himmel über ihnen – ein liebenswertes Mädchen neben ihm, Hans kommt eine Zeile in den Sinn: ›Verweile doch, du bist so schön!‹ So schön ist die Natur Gottes, so friedvoll, und der Mensch?

Oh, wie er den Krieg haßt, dieses sinnlose Zerfleischen und dieses sich gegenseitige Verwunden! Warum nur läßt sich die Menschheit immer aufs Neue in die barbarischen Kriege stürzen! Kann sie nicht in Frieden leben und Gottes Geboten folgen?

Ruth spürt die innere Bewegung, die Hans ergriffen hat und legt sanft ihre Hand auf die seine. »Hans, es gibt eine schönere Welt, in der kein Leid, kein Krieg, kein Schmerz, kein Geschrei, kein Abschied und kein Tod mehr sein wird. Wenn wir dort ankommen, werden wir wie die Träumenden die Wunder Gottes bestaunen. Laß uns die Sekunden der kurzen, schönen Gelegenheit genießen und nur an das vor uns liegende Glück denken, es mag uns geschenkt werden oder nicht!«

Die Kälte läßt sie hier nicht lange verweilen, sie machen sich auf den Heimweg. Als sie die kleine, sogenannte ›Heidekrautbahn‹ benutzen, geraten sie überraschend in eine heikle Situation. Ruths einstiger Deutschlehrer begegnet ihnen und blickt sie recht erstaunt an. Er begrüßt seine ehemalige Schülerin mit den Worten: »Guten Tag, Fräulein Engelmann, das ist aber eine Überraschung! Ich hätte nicht geglaubt, Sie noch einmal wiederzusehen!«

Ruth schüttelt heftig mit ihrem Kopf, um ihm zu verstehen zu geben, daß sie sich nicht kennen und blickt ängstlich um sich.

»Oh, entschuldigen Sie bitte, ich muß mich wohl geirrt haben«, sagt der ältere, schon pensionierte Lehrer. »Ich wünsche Ihnen alles Gute, auf Wiedersehen!« Er steht auf und geht in ein anderes Abteil. Zwei der Fahrgäste blicken ihm verwundert nach. Hans sieht, wie Ruth am ganzen Leibe zittert. Er nimmt sie beruhigend in seinen Arm und meint: »Irren ist menschlich!« Leise flüstert er ihr ins Ohr: »Der Herr ist unser Schutz!«

Noch am Abend dieses Tages schreibt er in sein Tagebuch, das er seit der Zeit seiner Einberufung zur Wehrmacht nicht mehr benutzt hat und das vergessen in einer Schublade liegt:

Der Tag war sturmbewegt,
ein kalter Wind pfiff durch die Heide,
wir beide waren ganz allein.
Nur Gottes Liebe zog mit uns,
wir gingen still und wußten beide,
ein Herz und eine Seele bleiben wir,
der Tod nur kann uns scheiden.

Ein bunter Specht pocht an dem Baume,
wir standen Hand in Hand, fast atemlos
im schönsten Liebestraume.
Zwei Rehe kreuzten unsern Weg,
den wir durchwanderten in sand'ger Heide,
so rein, so scheu, und schwerelos
wie wir uns liebten beide.

Wir wollen deshalb dankbar sein,
wenn bald auch weit geschieden.
Gott weiß die Stunde, er macht alles fein zu seiner Zeit,
wer nichts begehrt,
darf froh und freudig lieben.

Die weihnachtliche Atmosphäre im Hause Nowak überdeckt für kurze Zeit den Ernst dieser schweren Kriegsjahre. Als man an der Kaffeetafel zusammensitzt und die Weihnachtskerzen den Raum erhellen, kann Ruth auf einmal herzlich und fröhlich lachen, daß Hans ganz wohl ums Herz wird.

Draußen ist ein neuer, sonniger Tag angebrochen, klar und kalt. Ein feiner Schnee liegt wie Puderzucker über der kahlen Landschaft. Die Heeresberichte sind ernst und lassen Unheil ahnen. In ihnen heißt es: »Heftige Kämpfe bei minus 30–40° C Kälte. Tag für Tag ringen die Truppen aller Waffengattungen an der gesamten Ostfront mit äußerster Anstrengung gegen die zahlenmäßig große Übermacht der Sowjets. Eine großangelegte, bolschewistische Offensive hat begonnen. Der Wüstenkrieg in Nordafrika dagegen scheint bereits nahezu verloren.

Die letzten Stunden des Jahres brechen an. Ein trüber Tag schleicht mit langer Morgendunkelheit mühsam heran. Im Haus werden das Tannengrün, die Kerzen und die Blumen zur häuslichen Silvesterfeier noch einmal frisch geordnet. Was wird die nahe Zukunft bringen? Ob man das nächste Jahr, ja überhaupt die nächsten Tage, Wochen oder Monate unbeschadet überstehen wird? Wer kennt sein Schicksal?

Herr Nowak zitiert: »Dreifach ist der Schritt der Zeit: zögernd kommt die Zukunft hergezogen, pfeilschnell ist das Jetzt entflogen, ewig still steht die Vergangenheit!

Wenn ich mich recht erinnere, hat das Schiller geschrieben, stimmt's?« fragt er.

Ruth ist in Gedanken gerade bei ihren Eltern und in ihrer Kinderzeit. ›O quälende Ungewißheit!‹ Herr Nowak glaubt, die Gedanken zu lesen und fährt deshalb fort: »Der Herr hat nichts vergessen, was geschehen, wird er messen nach dem Maß der Ewigkeit – oh, wie klein ist doch die Zeit.«

Aus der Bibel fügt er noch hinzu: »Schicket euch in die Zeit. Seid fröhlich in Hoffnung, geduldig in Trübsal, haltet an am Gebet!«

Das wollen wir auch tun. Sie beten miteinander das: »UNSER VATER – der du bist im Himmel . . . und erlöse uns von dem Übel! Denn dein ist das Reich und die Kraft und die Herrlichkeit in Ewigkeit! Amen.«

Um Mitternacht hört man die Glocke dumpf schlagen, weil kein Neujahrsgeläut wegen der Luftangriffe stattfinden darf. Auf den Straßen bleibt es seltsam still. Der verhüllte Himmel wird durch den verborgenen Mond leicht erhellt.

»Siehe, ich breite über Jerusalem Frieden aus wie einen Strom«, so lautet die Losung am Neujahrstag 1942. Dieser Tag erfüllt alle mit einer dunklen Ahnung, eine unaussprechlich große Weite düsterer Ungewißheit betreten zu haben. Nur für Hartmut bleibt vorerst alles unkompliziert.

Von nun an scheinen sich die Stunden selbst zu verschlingen. Hans wird in der Gemeinde im Gottesdienst offiziell verabschiedet. Daheim gibt es eine unausgesprochene Übereinkunft, denn niemand sagt und erinnert damit daran: Jetzt sind es nur noch soundsoviel Tage. Die verbliebene Zeit des Heimaturlaubs soll möglichst unbeschwert ausgekostet werden.

Noch einmal sitzen Hans und Ruth miteinander in der Dachkammer, dem Fluchtasyl der Menschen, die sich nicht lieben dürfen und es doch mit ganzem Herzen tun, die ihre Herzen aneinander verloren haben und nicht wissen, ob sie sich jemals wiedersehen werden. Eine einzige, dunkelrote Rose hat Hans auf den kleinen Tisch gelegt und eine Fotografie von sich dazu. Nun haben sie keine Lust mehr, die schützenden vier Wände zu verlassen. Sie wollen allein sein, ungestört bei zärtlichen Gesprächen und leiser Musik, die sie beide so lieben. »Bald, mein lieber Hans, müssen wir Abschied von der wunderschönen Zeit nehmen. Alles Schöne auf Erden hat plötzlich sein Ende. Ich danke dir von Herzen, du hast mein Leben so bereichert in diesen Tagen. Nun kommt die Stunde, wo wir ›Leb wohl‹ und ›Behüt dich Gott‹ sagen müssen!«

Ruths Stimme klingt blechern vor Schmerz um die bevorstehende Abschiedsstunde.

»In wenigen Tagen ist es leider, leider soweit.« Auch Hans' Stimme ist belegt, denn er fühlt sich bei dem Gedanken daran sehr elend.

»Wann wirst du wiederkommen können?«

»Ich weiß es nicht«, entgegnet er bedrückt. Und plötzlich nimmt er Ruth in seine Arme, schaut ihr in die wunderschönen Augen, die sich langsam mit Tränen füllen. Dann küßt er ihre Augenlider, die sie geschlossen hat. Einen Augenblick denkt er daran, ob es wohl der einzige Zeitpunkt sein und bleiben wird, der ihm dieses Glücksgefühl beschert? O, er möchte leben! Aber ob es für sie beide überhaupt eine glücklichere Zeit geben kann? O Gott im Himmel, warum nur müssen die Menschen diesen verhaßten Krieg führen? –

In den nächsten Tagen sind alle Begegnungen, Gespräche und die gemeinsamen Mahlzeiten von dem nahenden Abschied überschattet. Mutter fragt möglichst unauffällig: »Ach, du wolltest doch noch deinen Klassenlehrer vorher besuchen, Hans.«

Vorher – ach ja, das war es. Dieses elende Wort ›vorher‹.

»Wir wollen doch noch einmal einen Rundgang durch die Laubenkolonien machen«, meint der Vater.

»Du wolltest doch Tante Anneliese noch anrufen!«

»Ich wollte dir noch einmal Gottes Segen wünschen«, sagt Horst, der ehemalige Jugendleiter von Hans. Er ist durch eine spinale Kinderlähmung, die er vor Jahren hatte, teilweise gelähmt, deshalb nicht verwendungsfähig für die Front. So mancher beneidet ihn jetzt darum.

Plötzlich ist es soweit. Der schreckliche Tag ist da! Er wirkt düster und kalt. Der Bahnhof, auf dem sie stehen, ist verrußt bis an das Dachgewölbe. Unaufhörlich füllt er sich mit eintreffenden Frontsoldaten, deren Urlaub nun zu Ende ist. Nervös streichen sich die wartenden Soldaten und deren Angehörige die wirbelnden Schneeflocken wie Tränen von den Wagen. Eine Streife der Feldgendarmerie kontrolliert die ankommenden Landser. Blaugraue Tauben tippeln auf den Bahnsteigen einher und halten Ausschau nach Eßbarem. Sie sind die Unbeschwerten und Glücklichen, die keine Marschpapiere vorzuweisen brauchen. Wie gelähmt stehen die feldgrauen Männer bei ihren Familien, hilflos blicken sich die meisten an. In nur kurzer Zeit hat die Front sie wieder!

Am Packwagen werden Feldpostsäcke ausgetauscht, gebündelte Wünsche, Sehnsüchte, Menschenschicksale fliegen heraus und hinein. »Christen sehen sich nie das ›letzte Mal‹«, sagt der Vater, während Ruth sich am rechten Arm von Hans festhält.

Wie in Friedenszeiten kommen die Fernzüge und fahren wieder davon. »Komm wieder, mein Junge«, fleht die Mutter, »Gott behüte dich, Hans.« Sie spricht die Worte mit der Inbrunst eines Gebetes aus.

Der Mann mit der roten Mütze läuft aufgeregt zwischen den Wartenden hin und her.

»Bitte einsteigen und die Türen schließen!« hallt es aus den Lautsprechern. Noch steht der Fronturlauberzug auf Gleis 7 des Schlesischen Bahnhofs in Berlin. Es ist ein langer Zug mit 28 Wagen, der sich bald durch die ungeheuren Weiten Rußlands und durch die gefährlichen Wälder des Feindes fortbewegen wird.

Die Urlauber verharren weiterhin auf dem Bahnsteig, obwohl der Transportoffizier nun zum wiederholten Mal »Einsteigen« gebrüllt hat. Doch Fronturlauber leben in dem Gedanken, daß es der letzte Urlaub gewesen sein könnte, deshalb lassen sie sich nicht so schnell von ihren Lieben trennen. Sie kosten bis zuletzt noch jede Sekunde aus, denn wenn sie erst einmal die Trittbretter der schmutzigen Waggons betreten haben, dann gibt es für sie kein ›Zurück‹ mehr.

Ruth blickt voller Wehmut in die Augen von Hans, dann stellt sie sich auf ihre Zehenspitzen und küßt ihn zum letzten Mal auf Stirn und Wangen. »Vielleicht dauert es nicht mehr lange, Ruth, dann bin ich für immer bei dir!« Er möchte sie ein wenig trösten und ihr über den Abschiedsschmerz hinweghelfen. Ruth nickt ergeben mit dem Kopf, doch schaut sie recht ungläubig drein. Wie gern würde sie ihm noch etwas Ermunterndes sagen, doch es würgt ihr in der Kehle, und sie bekommt keinen Ton heraus. Noch einmal umarmt Hans alle seine Lieben: Vater, Mutter, Hartmut und zuletzt seine Ruth. Er spürt das leichte Zittern in ihrem Körper. Ihre Stimme klingt so matt beim letzten ›Leb wohl, Hans‹. »Ich werde dir so oft wie möglich schreiben«, verspricht sie ihm.

Der Zugkommandant schreitet am Zug entlang: »Beeilung! Lassen Sie einsteigen!« schnarrt er einen Feldwebel der Feldgendarmerie an.

In den Gängen der D-Zugwagen werden noch immer die

Marschbefehle kontrolliert. Ruth schaut den langen Zug entlang, sie verspürt Herzstiche und eine atemberaubende Beklemmung. Was werden die nächsten Wochen, Monate, vielleicht auch Jahre noch alles an Schmerz und Verzweiflung bringen? Die verrußte Lokomotive außerhalb der Bahnhofshalle läßt gerade Dampf ab. Zischend preßt sich eine weiße Fontäne empor, die zu einer Wolke wird. Hans schaut, über Ruth hinweg, auf die große Bahnhofsuhr. Die dicken Zeiger rucken langsam weiter, wärend der rote Sekundenzeiger ununterbrochen das Ziffernblatt umkreist. Angespannt und leicht nervös streicht Hans noch einmal über das schöne Haar von Ruth. Um ihre Lippen zuckt es, ihre Augen blicken fragend, noch größer, noch dunkler, ja ganz flehentlich zu Hans hinauf. Sie beißt sich auf die Lippen, um nicht in Tränen ausbrechen zu müssen. Nun hat der Zug schon zehn Minuten über den Abfahrtstermin hinaus Verspätung. Elende zehn Minuten, die für Hans schleppender dahinstreichen als später zehn Stunden beim Halt auf freier Strecke im Feindesland, wo man umgeben sein wird von Partisanen und Wölfen. Hans blickt schon wieder zur Uhr. Er haßt dieses endlose Warten. Es kann an der Tatsache des unabänderlichen Abschieds doch nichts mehr ändern. Er möchte nun seine »Hinrichtung« pünktlich hinter sich bringen. Ruth tritt an das geöffnete Fenster heran, seine Eltern und Hartmut stehen etwas dahinter.

»Ich habe dich unsagbar lieb, Hans! Ich warte auf dich!« flüstert sie. »Komm wieder, Hans, bitte komm wieder!«

»Du meine Seele, du mein Herz«, erwidert Hans ergriffen. Er ist an der Grenze seiner Selbstbeherrschung.

Schrill ertönt ein Pfiff, so schrill und endgültig wie das Fallbeil einer Guillotine. Mit einem harten Ruck gerät der Zug in Bewegung. Die Puffer knallen gegeneinander. Die Lokomotive faucht furchterregend. Glutrote Funken sprühen aus den Qualmwolken und fallen auf den Bahnsteig. Die Antriebsräder der Lok drehen mehrmals durch und überfahren die ersten Schienennahtstellen. Frauen, Männer und Kinder rennen neben dem Zug her und winken.

»Ade, Hans!« schreit die Mutter noch einmal, und aus der Menge der Zurückbleibenden ragt eine Hand mit einem hellen Taschentuch besonders hoch heraus. Wie benommen starrt Hans auf dieses Tuch, dann knallt er das Fenster zu und quetscht sich schnell an den Kameraden vorbei in ein Abteil, wo er noch einen Sitzplatz gefunden hat. Er läßt sich fallen und schließt seine Augen.

Sein Brustkorb ist ihm wie zugeschnürt. Er haßt diesen wahnsinnigen Krieg wie noch nie. Ekel und Abscheu gegen dieses sinnlose Völkermorden ergreifen sein Innerstes, am liebsten würde er seinem Unmut Luft machen, den Abschiedsschmerz herausschreien.

Wie hieß es früher beim Jungvolk? »Gelobt sei, was da hart macht!« Wahnsinn! Heller Wahnsinn! hämmert es in ihm. »Gelobt sei der, der endlich mit diesem Menschengemetzel Schluß macht!« denkt er, und die Räder des Zuges poltern eintönig über die Gleise und Weichen. Als er seine Augen endlich wieder öffnet, überrollt der lange Fronturlauberzug bereits die großen Oderbrücken.

Wie lange kann dieser elende Krieg noch dauern, denkt Hans. Wo mag Eberhard jetzt stecken? Irgendwo, weit entfernt und verloren, vielleicht zweitausend Kilometer von hier weg in dem riesigen Land, das jener wahnsinnige »Verführer« mit seinen Truppen eiskalt überfallen hat. Rußland ist für die Landser zu einer einzigen Riesenfalle geworden, gespickt mit Minen und ungeheuer vielen Hinterhalten ganzer Partisanenregimenter. Die Eisenbahnwagen rattern über ausgefahrene und beschädigte Geleise und rütteln die Landser durch. Bald wird es Nacht. Die blaugefärbte Lampe an der Decke des Abteils wirft ein kümmerliches Licht auf die Männer. Die Verdunkelungsrolladen sind heruntergelassen. Drei Soldaten am kleinen Klapptisch des Fensters spielen unverdrossen Skat. Im blauen Dämmerlicht des Abteils wirken ihre Gesichter gespenstisch fahl. Andere dösen vor sich hin oder schlafen, so gut es im Sitzen geht.

Hans hat sich auf die Suche gemacht nach seinem Kameraden Siegfried Kittel, dem ewigen Obergefreiten. Er schlendert von Abteil zu Abteil, von Wagen zu Wagen. Kittel muß ja schon in Hannover in diesen Zug gestiegen sein. Aber er findet ihn zunächst nicht. Im vordersten Wagen schiebt Hans die Verdunkelungsjalousien hoch und starrt hinaus in die Dunkelheit. Er kann jedoch nichts weiter als sein eigenes, elend aussehendes Gesicht in der dreckigen Scheibe erkennen. Seine Gedanken wandern zu Ruth. Ein wundersamer, tiefer Schmerz erfüllt seine Brust. Er zieht an dem Lederriemen des Fensters und reißt es mit einem Ruck herunter. Scharfer Fahrtwind schlägt ihm ins Gesicht. Die Luft ist erfüllt von stinkenden Kohlenoxydgasen. Als der lange Zug in eine Kurve fährt, sieht Hans den feurigen Funkenflug der Lokomotive. Seelenlos schleppt dieses Ungeheuer aus Stahl und Eisen Hunderte deutscher Soldaten in die Hölle des Krieges. Die

Räder rumpeln unentwegt über verbrauchte und geflickte Gleisstellen. In der Dunkelheit kann Hans die Umrisse der Landschaft nur schwach erkennen. Aus irgendeinem Abteil hört er schadenfrohes Gelächter.

Vielleicht hat ein alter Fronthase einen Witz gerissen oder jemand hat ein Skatspiel verloren.

»Wir sind alle verloren, wenn Gott sich nicht unser erbarmt!« sagt Hans leise vor sich hin. Verratene, verlorene Söhne deutscher Mütter, zum gnadenlosen Kampf aufgehetzt gegen völlig unbekannte Söhne russischer Mütter! Fanatisiert durch politische Ideologien, werden sie aufeinandergehetzt und zerfleischen sich gegenseitig. Eine Tyrannei der Hölle von Anbeginn der Menschheitsgeschichte.

Frontauffangsstellung

In der Nacht durchbraust der Zug Ostpreußen. Es dauert lange, bis Hans sein Abteil wieder erreicht hat, denn es geht über Koffer und Kisten, über Wäschesäcke, Tornister und Kartons aller Größen, dazu noch andere Handgepäckstücke. In den Abteilen wird der letzte Heimatschnaps hinter die Binde gekippt. Außerdem scheint jedes Abteil eine Räucherkammer zu sein. Unaufhörlich wird gepafft neben dem obligatorischen Skatgedresche, obwohl es schon tiefe Nacht ist. Man denkt: Wer weiß, wie lange der Zug noch rollt, denn irgendwo im russischen Riesenland lauert ja doch der Tod! Niemand weiß, wohin die Partisanen ihre Minen gelegt haben, aus welchem Winkel der nächtliche Beschuß erfolgen wird, welche Brücken gesprengt sind und an welcher Stelle weitere Gefahren auf sie warten. Elende Sauerei! Immer dasselbe: man weiß es nicht, ob und wo man ankommt. Überall lauert der Feind, aus breiten Baumkronen, hinter irgendwelchen Heuschobern hervor kommt urplötzlich ein Feuerregen. Darum spielen die verratenen Söhne der Nation unentwegt Skat, betäuben ihre Gehirne mit Alkohol und denken: nach uns die Sintflut!

Hans bleibt an einer Ecke stehen, um die Feldstreife durchzulassen. Er hält seine Augen geschlossen, um noch einmal das liebe Gesicht von Ruth, ihren lieben, zärtlichen Blick ins Gedächtnis zurückzuholen. Es ist ihm, als spüre er erneut das leichte Zittern ihres Körpers, den süßen Duft ihrer Haut und ihrer Haare.

In einem Abteil gröhlen rauhe Männerkehlen das beliebte und bekannte Soldatenlied: »Auf der Heide blüht ein kleines Blümelein, und das heißt – *Erika!*«

»Mensch Hans! Alter Eiakopp! Hab ick endlich deine jute Visage erwischt?« Kittel klopft seinem Kameraden von hinten herzhaft auf die Schulter. Auch er befand sich gerade auf der ›Kameradensuche‹. »Ick hab noch keenen von unserm armseligen Haufen entdeckt. Die sind wahrscheinlich alle bei Muttern jeblieben. Wie war et denn in mein' jeliebtes Berlin? – He, Hans, alter Junge! Wie siehst du denn aus? Du kiekst so sonderbar aus de Wäsche! Bei dir stimmt doch wat nich! Hast du etwa Dummheiten jemacht? Holzooge sei wachsam! Du hast dir doch nich etwa verliebt? Junge, Junge, so wat kann man sich heutzutage nich leisten, weeste?«

»Bilden Sie hier keine Panzersperre! Räumen Sie gefälligst den

Gang!« bellt ein Offizier vom Zugbegleitkommando. Der Zug rumpelt über eine Brücke, die Räder kreischen entsetzlich. Hans beginnt, seinem Freund Siegfried vom Heimaturlaub zu berichten. Nur eines verschweigt er, nämlich, daß Ruth eine Jüdin ist. Kittel seinerseits berichtet von seiner Frau und dem kleinen neugeborenen Sohn, den er nun mit eigenen Augen sehen konnte. Auch von seinen anderen Kindern weiß er einiges zu berichten. Im Abteil, wo sie sich niedergelassen haben, spielen, singen oder dösen die Landser vor sich hin. Von dem Schnaps- und Zigarettendunst kann einem übel werden, denn er reizt die Schleimhäute sehr.

Kittel raunt Hans zu: »Wer hat nur den verdammten Krieg erfunden? Man sollte dem Hitler und dem Stalin einen Säbel in die Hand drücken und sie zum Zweikampf auffordern. Meinetwejen könnten die beiden wie Stierkämpfer in einer Arena uffenander losschlagen, von mir aus in't Olympiastadion vor hunderttausend Zuschauer! Aber uns solln se jefälligst in Ruhe lassen, oder?«

Hans blickt sich leicht beunruhigt im Abteil um, ob jemand zugehört haben könnte. Dünaburg ist erreicht. Hier steigen die Landser aus dem Urlauberzug und werden in Gruppen zu Personenzügen gebracht, die dann in die verschiedensten Richtungen fahren. Der Zug, in dem Hans und Siegfried Kittel sitzen, schiebt zwei mit Sand gefüllte Güterwagen vor sich her, um eventuell gelegte Minen rechtzeitig zur Zündung zu bringen und dadurch Personenschaden abzuwenden.

Schon bald erblicken sie das für sie so verhaßte Frontbild: Munitionslager, Feldlazarette, Tanklager, Panzerreparaturwerkstätten und anderes mehr.

Im Gegenverkehr kommen Lazarettzüge mit Schwerverwundeten vorüber. In den Abteilen wird es zusehends stiller. Kein Rufen, kein Gesang, kein Skatspiel, kein Gespräch. Ein dumpfes Gefühl beschleicht die Eingeweide der Frontsoldaten. Die Strecke wird eingleisig. An einer Ausweichstation rollt wieder ein Transport mit Schwerverwundeten an ihnen vorbei. Einige Wagen sind notdürftig erleuchtet. Dort ist man wohl mit den am schwersten Verwundeten oder gar Sterbenden beschäftigt. Die Rückkehrer aus der Heimat vernehmen Stöhnen und Wimmern, daß es ihnen durchs Herz geht.

Es geht weiter. Die Brücken, die sie passieren müssen, sind geschützt durch Palisadenwände und Wachttürme gegen Partisanenüberfälle. Die Bahnstrecken müssen scharf bewacht werden, denn sie sind die wichtigsten Verkehrswege für den Nachschub und daher ein ständiges Angriffsziel des Feindes. Durch seine Einsätze bei Nacht und Nebel werden ganze Verpflegungs- und Munitionszüge in die Luft gesprengt.

An einem kleinen Bahnhof ist Endstation. Vor dem halb zerschossenen Stationsgebäude hat man ein großes Schild angebracht, unübersehbar, selbst für Kurzsichtige lesbar:

›*Fronturlauber* und vom *Osten* kommende
Wehrmachtangehörige melden sich beim
AUFFANGSSTAB
gegenüber der *Ortskommandantur!*‹

Ein Hauptmann leitet die Frontleitstelle. Allen Fronturlaubern ist der Schreck in die Glieder gefahren, denn sie kennen das alte Lied und wissen, was ein Auffangsstab bedeutet. Wer hier ankommt, wird einer ›Alarmeinheit‹ zugeteilt, einer zusammengewürfelten Truppe, die irgendwo an einer gefährlichen Frontstelle ›Feuerwehr‹ spielen muß. In der Regel ist es ein sogenanntes ›Himmelfahrtskommando‹.

Hans und Siegfried stehen nun mit anderen Feldgrauen in einer wartenden Schlange, um sich registrieren zu lassen. Bis jetzt haben sie noch keinen von ihrem Bataillon gefunden. Sie fühlen sich völlig verraten und verkauft.

»Mensch, Hans, det hat uns jerade noch jefehlt! So'n elender Mist! Nun können wir unser Testament machen! Tage und Nächte sind wir durch de Landschaft jetuckelt, um hier ›JWD‹ (janz weit draußen) zu verrecken.«

Auf einem Nebengleis stehen etwa dreißig deutsche Lokomotiven, die durch Frostschäden ausgefallen sind. Für diese extremen Kältegrade hatten die Ingenieure die Maschinen nicht konstruiert.

»Junge, Junge, wenn det der Adolf wüßte, wie et hier aussieht!«

»Das stimmt! Wenn der Russe so weitermacht wie bisher, dann ist er sowieso in drei Tagen hier!« prophezeit ein Posten vom Bahnhofskommando, der gerade bei ihnen steht.

»Ja, Kamerad, können se uns nich een Tip jeben, wie wa wieda zu unsere Einheit kommen?« fragt Kittel und holt so nebenbei eine Schachtel Zigaretten aus seinem Brotbeutel, die er dem Posten in die Hand drückt.

»Am besten, ihr schleicht euch zum Marktplatz. Dort haust ein Armeekommandostab, da fragt ihr einen Offizier nach eurem Haufen. Hier werdet ihr sowieso gleich in den Fleischwolf gesteckt. Vorn ist nämlich die Hölle los! Der Iwan hat unsere Linie auf breiter Front durchstoßen. Eine Alarmeinheit nach der andern wird jetzt verheizt. Macht's gut und Schnauze halten!«

»Und wie kommen wa hier aus'm Bahnhofsgelände?«

»Laßt euch da hinten beim Sanitätsdienst einen Passierschein fürs Reservelazarett geben, damit ihr euch gegen Flecktyphus impfen lassen könnt. Ihr seid doch noch nicht geimpft, hab ich euch recht verstanden?« raunt der Posten durch seine Zähne und zwinkert ihnen mit einem Auge zu. Kittel läßt sich nicht lumpen und gibt ihm noch schnell eine Schachtel Kekse.

»Danke, Kameraden, Hals- und Beinbruch!« wünscht er ihnen und geht weiter.

Kittel und Nowak durchstreifen das kleine Städtchen. Die Spuren des Krieges sind überall deutlich erkennbar, zerstörte Häuser, verbrannte Wagen, Autos und Fahrzeuge aller Art, zerbrochene Telefonmasten, niedergerissene Drähte, sogar ein Panzerwrack, leicht zugeschneit, versperrt ihnen in einer Straße den Weg.

An den Straßenkreuzungen hängen Hinweisschilder für die Soldaten, taktische Zeichen von Truppeneinheiten, Stäben, Sanitätsstellen, Verpflegungsausgabestellen, Hinweise für Sondereinheiten und so weiter.

»Wer weiß, ob diese Schilder überhaupt noch stimmen? Wie willst du denn herausbekommen, wo unsere Einheit liegt?« fragt Hans.

»Janz einfach, ick hau einfach den nächsten Offizier an, der uns bejegnet.«

»Mensch, Siegfried, das kannst du nicht machen!«

»Wieso nich? Wenn de Kinder sich verloofen ham, denn könn'se doch jefälligst nach ihrer Mutter fragen, oder? Is det verboten?« – »Verboten nicht gerade, aber . . .«

Da kommt auch schon ein Offizier, ein junger Oberleutnant, die Straße entlang. Nowak und Kittel nehmen Haltung an: »Bitte Herr Oberleutnant, jehorsamst etwas fragen zu dürfen!«

»Ja, was gibt's?«

»Wir suchen unsere Einheit«, Kittel nennt noch die Regimentsnummer. Der Offizier verspricht ihnen, sich sogleich beim Stab zu erkundigen, die beiden sollen warten. Nach zehn Minuten erscheint der Oberleutnant wieder und sagt: »Ja, das ist eine verzwickte Sache. Ihr Regiment wurde völlig versprengt. Man ist bemüht, Funkkontakt zu ihrer Einheit herzustellen. Außerdem hofft man, daß sich noch Versprengte bei uns einfinden. Ansonsten kann ich Ihnen leider nichts Genaues mehr sagen. Vielleicht versuchen Sie mal, am großen Sportplatz beim Nachschubzentrum etwas zu erfahren. Unter Umständen finden Sie dort sogar einen Wagen Ihrer Einheit.«

»Danke vielmals, Herr Oberleutnant!« Beide schlagen die Hacken zusammen und machen sich auf den Weg. Sie finden auch den genannten Platz und entdecken nach längerem Suchen einen LKW mit dem Zeichen ihres Regimentes.

»Kamerad, is noch een Plätzchen frei für zwei frontbedürftige Landser? Wir haben unser Regimentszeichen an deinem Wagen gesehen, wir wollen nämlich zur HKL« (Hauptkampflinie).

»Wohin wollt Ihr? Zur HKL? Wenn ick nich lache! Menschenskinder, man merkt, det ihr von vorjestern übrigjeblieben seid! Ward wohl lange bei Muttern, wie? Nee, nee, ne HKL gibt et seit Wochen nich mehr, wenigstens nich hier im Norden! Euer Regimentszeichen is ooch nur zufällig dran, denn wir haben den Wagen herrenlos uff freier Strecke jefunden. Ick jehöre zum Divisionsversorgungsstab. Augenblicklich karre ick Verwundete und Tote von vorn zurück ins Hinterland und Fressalien auf dem Rückweg von hinten nach vorn. – Also los, wenn ihr ein Stückchen mitkommen wollt, bei mir wird aber nur in ›natura‹ bezahlt, verstanden?« Det heißt, Nahkampfverpflegung Marke Drahtverhau hab ick selber. Ick könnte mir vorstellen, det ihr noch von de feine Weihnachtsgeschenke wat in eure Tornister versteckt habt. Bei uns kam nämlich nich der Weihnachtsmann, sondern nur Väterchen Frost! Na, und wat der bringt, det wißt ihr ja: Eisblumen mit Frostbeulen!«

»Siehste Hans, det is ne echte Berliner Pflanze! Ick hab' ja schon immer jesagt: Glück muß der Mensch haben!«

Er tritt an den Stabsgefreiten heran und sagt: »Darf ick vorstellen: Det is mein Kamerad Hans und ick heeße Siegfried, beide sind wa mit Spreewasser jetauft!« Der Kraftfahrer reicht beiden die Hand: »Franz heiße ick, et is sozusagen meen altdeutscher Name. Also, wat habt ihr denn Schönet mitjebracht?«

Kittel kramt ein Päckchen Zigaretten und ein Beutelchen Tabak hervor. »Hier, det is zum Inhalieren, damit die Lungen recht sauber wer'n und de Bronchen besser Luft bekomm'n! Solange der Schornstein raucht, is noch Feuer unterm Ofen.«

Alle drei klettern ins Führerhaus des schwerfälligen LKW's. Um die großen Räder sind Schneeketten gelegt.

»Ziemlich kalt hier in Sibirien«, meint Hans.

»Kalt? – Mensch, du hast vielleicht 'ne Ahnung! Et is merklich wärmer jeworden, wir haben nur noch 25 Grad unter Null! Aber dafür haben mächtige Schneestürme die Straßen vielfach unpassierbar gemacht. Wenn wa steckenbleiben, dann müßt' ihr zum

Schieben raus!« Der Dieselmotor springt an. Dröhnend läßt er den vereisten Wagen erzittern. In den Straßen der Stadt ist der Schnee zu einer schmierigen Masse geworden, man hat ihn weich gefahren, doch schon gleich außerhalb der Ortschaft hinter den letzten Häusern beginnt eine holprige Rutschpartie.

»Vor eener Woche hatt'n wa noch minus 45 Grad, det war vielleicht 'ne Scheiße! De Motoren streikten, et jab nich jenug Frostschutzmittel, det Kühlwasser wurde zum Eisblock! Natürlich platzten de Motorblöcke. Endstation! – Zappenduster! Nischt jing mehr. Die Infanteriewaffen machten nich mehr mit, weil det Öl in de Schlösser injefroren war, und überall standen de Lastwagen, Personenwagen und Panzer wie vereiste Museumsstücke in de Landschaft herum. Ick kann euch flüstern, wat hier an Material versaut wird, det jeht uff keene Kuhhaut!«

Der Fahrer schaltet in den 2. Gang, die vereiste Straße geht etwas bergan. Er reicht Hans ein präpariertes Tuch und sagt: »Hier, wisch doch mal de Seitenscheibe, damit wa jute Seitensicht ha'm, falls 'n Partisanenüberfall kommen sollte. Ja, so is et uns jegangen, de hohen Herr'n ha'm nich mal an Winteröl jedacht. De Reifen platzten einfach bei diese mörderische Kälte.« Für Sekunden unterbricht der Berliner seinen Redefluß. Konzentriert lenkt er den schweren Wagen über eine vereiste, abschüssige Kurve. Dabei kommt das Fahrzeug dermaßen ins Rutschen, das es fast quer steht. »Na, na, nun ma janz ruhig! Wir sind doch nich vom Eisballett«, redet der Stabsgefreite vor sich hin. »Ick weeß ooch nich, wat sich Adolf dabei jedacht hat, uns bei 40 bis 45 Grad Kälte ohne Schafspelze, Filzstiefel und Fellmützen, janz zu schweigen von jefütterte Handschuhe kämpfen zu lassen. Det hält doch der stärkste Riese nich aus. De armen Pferde litten jenauso wie wir vor Kälte und Hunger. Keen Hafer, keen Stroh, nischt kam nach vorn durch. Det jefrorene Stroh von de Dächer ha'm de Pferde jefressen und denn sind se verreckt. Die Räude jing um, da klappten die armen Gäule einfach zusammen und verendeten reihenweis'.«

»Vorsicht!« schreit Hans.

»Ja, ja, ick seh' schon, so sieht det aus! Allet im Eimer. Wenn det de Adolf wüßte, wat hier allet kaputt jeht!«

Vorsichtig steuert er den LKW um einen umgestürzten Wagen herum, der von Schnee völlig bedeckt daliegt.

»Bei ein'n Spähtruppunternehmen is een Leutnant uff wat janz Unheimlichet jestoßen, det muß ick euch noch erzähl'n. Zuerst dachten'se, der Iwan hätte 'ne Falle jestellt. An een'n flachen Hang stand 'ne Gruppe von Pferden und Menschen, nur so janz verschwommen zu erkennen im tiefen Schnee, etwa einen Meter tief einjeschneit. Allet war unheimlich still! Janz verdächtige Situation, verstehste?«

Mit der rechten Hand macht der Fahrer eine drehende Handbewegung: »Ihr wißt ja, de Russen sind Meister im Heckenschützenkampf! Also, wie jesagt, janz unheimliche Stille, nischt regt sich. Der Spähtrupp pirscht sich vorsichtig an die Gruppe heran – na und? Wißt ihr, wat det war? Erfrorene Pferde und Reiter, dicht zusammengepfercht, bis zum Bauch im Schnee, alles erstarrt, grauenhaft! An eener Seite een Soldat an det Pferd jelehnt, als wollte er pennen! Unter den vereisten Augenbrauen die weit geöffneten Augen – und alle mausetot! Een Verwundeter saß uff'm Pferd vornüberjeneigt mit 'nem Kopfverband wie injeschlafen. Uff'm andern Pferd saß een Offizier, halb zur Seite jerutscht, de Hände in de Mähne von's Pferd jekrallt. Zwischen zwei Pferde einjeklemmt stand een janz junger Kerl, der wollte sich wohl in de letzten Minuten von sein junget Leben an die Leiber von de Pferde wärmen! Alle standen se zusammen wie 'n Eisdenkmal da. Oh, dieser verfluchte Krieg!«

»Waren das Russen oder Deutsche?« fragt Hans.

»Russen war'n et, aber ooch Menschen, die jern weiterjelebt hätten, is doch war, oder? Unsre eigenen Tiere magerten mächtig ab, det vergammelte Stroh, det Schilf und Tannenreisig, ooch jefrorene Baumrinde ha'm se jefressen und Koliken bekommen. Wenn dann noch irgendein Tierarzt vorbeikam, dann jab et nur noch 'nen Gnadenschuß, und dann: rin in 'ne Pfanne!«

Kittel kramt aus seinem Brotbeutel etwas Weihnachtsgebäck heraus. Da der Fahrer eine Zigarette zu Ende geraucht hat, gibt er ihm jetzt von den süßen Naschereien.

»Danke, Kamerad, det schmeckt ja unjewöhnlich jut! Weeßte, wenn ick de armen Kerle von de Infanterie ins Feldlazarett kutschiere, denn kann een'n det Heulen ankommen. Da ha'm se bei 40 Grad Kälte im Schützenloch vorne jelegen, aus ihren Karabinern gefeuert, wat det Zeug hielt und nich jemerkt, wie de Beene und Füße abjestorben sind. De Russen greifen in Massen an, stundenlang, immer wieder mit neue Rejimenter bis in de Nacht hinein, manchmal sogar bis zum nächsten Morjen. Wenn dann uns're armen Schweine endlich abjelöst wer'n und in de Wärme kommen, merken se zunächst jar nischt. Aber wenn de Jlieder so allmählich ufftau'n, dann fangen de Schmerzen an, und alles wird blaugrau mit vielen Blasen. Oft jenug fangen de Blasen an zu eitern. Manchen müssen de Beine abgenommen werden. Echte

Verwundete haben wir wenig, aber die Erfrierungen und immer wieder Erfrierungen. Mensch, det Jott im Himmel so viel Elend zuläßt! Ick kann ja nich mehr an een' Jott jlooben!«

Im nächsten Augenblick muß der Stabsgefreite wieder all sein Können daransetzen, um den Wagen unter Kontrolle zu bekommen. Hans und Siegfried werden tüchtig durcheinandergeschüttelt. Nach der mehr oder weniger kurzen Turbulenz fragt Hans: »Hast du denn überhaupt schon einmal an Gott geglaubt?«

»Na hör mal! Ick bin doch jetauft und konfamiert, ick bin doch keen Heide, verstehste! Meene Jroßmutter war 'ne janz fromme Frau. Die is nie inne Kirche jejangen, aber de Bibel hat se immer jelesen. Die konnte Menschen und Tiere besprechen und gesund machen, da hat se immer mächtig jebetet.«

Der LKW-Fahrer wischt sich mit dem Handrücken die Nase.

Kittel blickt Hans erwartungsvoll an und weiß schon, was jetzt kommt. »Warum hast du da neben deinem Steuer ein Hufeisen, Franz?«

»Na, det weeß doch jeder, det bring Jlück, und det brauchen wa nu wieder alle Tage in diesen verdammten Krieg.«

»Im Grunde bist du dann doch ein Heide, denn ein Christ erwartet sein Glück und Heil nicht durch solchen Zauberkram, sondern allein von seinem Herrn Jesus Christus.«

»Na jetzt schlägts dreizehn! Du bist doch nich etwa so'n Bibelforscher? Det klingt nämlich fast so!«

»Warum schlägt's deshalb bei dir dreizehn? Weil dreizehn eine Unglückszahl sein soll? Und wenn an einem Freitag, den dreizehnten auch noch eine Katze, schwarz natürlich, deinen Weg von rechts nach links kreuzt, dann soll dich in einem solchen Fall das Hufeisen retten, wie? Weißt du, was Gott dazu sagt?«

»Nee, ick bin ja keen Pfaffe«, dabei grinst er leicht irritiert zu Hans hinüber.

»In der Bibel steht für die Menschen niedergeschrieben, daß es Gott ein Greuel ist, wenn sie sich solcher Dinge bedienen wie Zauberei, Wahrsagerei, Tagewählen, Kartenlegen, Besprechen, auf Vogelgeschrei achten und was es sonst noch für heidnischen Kram gibt. Gott möchte der Herr und Vater aller Menschen sein und von ihnen gebeten werden, Bewahrer, Helfer, Retter aus Gefahren und Todesnöten zu sein. Alles andere fällt unter den Unglauben, das heißt, daß diejenigen gottlos sind, die sich nicht an Gott, den Schöpfer wenden! Von gottesfürchtigen Menschen steht geschrieben: ›Du aber wirst dich bekehren und der Stimme des Herrn gehorchen, daß du tust alle seine Gebote – und der Herr, dein Gott, wird dir Glück geben in allen Werken deiner Hände . . .«

»Für det Glück kann man sich bedanken, Mensch, wer det Unrecht hier sieht, der kann doch beim besten Willen nich mehr an de Bibel glauben!«

»Doch, Franz, gerade hier kann man die Zerstörungswut des Teufels anschaulich beobachten, denn er ist es, der die Menschen zu diesen Greueln verleitet, weil er der Herr und Fürst dieser Erde ist.« Der Wagen holpert jetzt langsam über eine Notbrücke. Vor ihnen tauchen drei Posten der Feldgendarmerie auf.

»Kettenhunde! Mensch, haltet uns nich uff! Ihr Aasgeier!«

Der Fahrer tritt auf's Gaspedal, und die Posten mit den blinkenkenden Brustschildern können gerade noch zur Seite springen.

»Wenn die euch hier oben erwischen, dann schicken se euch jleich zu 'ne Alarmeinheit, denn jibt et eenen Freifahrtsschein zum Himmel!« Zu Hans gewandt, fügt er noch hinzu: »Nee, nee, wenn et eenen Jott jeben würde, gäb es nich dieset Elend. Is denn der Teufel stärker als Jott?«

»Für alle, die dem Herrn Jesus Christus nicht glauben wollen, ist der Teufel stärker, denn er ist dann automatisch der Herr ihres Lebens!«

»Nu mal langsam mit des Teufels Großmutter, halt ma die Luft an! Du willst doch nich etwa behaupten, daß der Stabsgefreite Franz Krüger een Kind der Hölle is – det jeht zu weit! Na, det wär' een starket Stück!«

Eine Militärkolonne kommt ihnen entgegen und wirbelt für Minuten mächtige Schneewolken empor, so daß die Sicht sehr schlecht wird. Der LKW muß am Straßenrand anhalten.

»Ich weiß ja nicht, ob du dem Herrn Jesus Christus von Herzen glaubst«, beginnt Hans von neuem, »dementsprechend sieht dein Leben aus. Deine Großmutter allerdings war eine Zauberin und keine gläubige Frau. Sie hat zwar im Namen Gottes Hokuspokus getrieben, doch das sind Werke der Hölle, die Gott ein Greuel sind und uns ins ewige Verderben führen.«

»Menschenskind, was hat die arme Frau denn Böses getan? Sie hat doch wenigstens den armen und kranken Menschen jeholfen! Ick wünschte, sie würde noch leben, dann könnte se hier an de Front so manchem Kameraden Hilfe bringen!«

Kittel schaltet sich jetzt in das Gespräch ein. »Franz, hör mal zu! Wenn Jesus unser Gebet erhört und hilft, dann brauchen wir keine Großmütter, die wie Spiritisten ein Medium haben, dann kommt unsere Hilfe direkt von Gott. Et jeht eigentlich nur darum, det wir alle persönlich an den Herrn Jesus Christus jlooben – ick kann dir det nich so jut erklären, aber der Hans, der is'n echter Christ, der weeß, wat jlooben heeßt, den kennt die janze Kompanie als eenen ...«

In diesem Augenblick zischen Granaten heran, Schneefontänen spritzen rechts und links vom LKW empor.

»Alter Mist!« schreit der Fahrer. »Los, raus! Der Iwan scheint schon wieder durchjebrochen zu sein!« Und schon springt er in den angehäuften Schnee neben dem Weg. Nowak und Kittel haben sich auf der anderen Seite in die Schneeverwehungen geschmissen. Dicht neben dem Stabsgefreiten krepiert unter lautem Getöse eine Granate. Wie durch eine Riesenfaust wird er emporgeschleudert, reißt dabei seine Arme hoch und rollt dann wie eine leblose Puppe in den Schnee zurück.

»Aaaaah!« brüllt er mit greller Stimme. »Heelft mir! Sanitäääter! Großer Gott, so helft mir doch!«

Nowak und Kittel springen zu ihm, gezieltes MG-Feuer zischt durch die Luft, der Schnee spritzt hoch. Sie drehen mit vereinten Kräften den Verwundeten im Schnee herum und sehen den Rükken des LKW-Fahrers aufgerissen. Ein breiter Blutfleck weitet sich aus.

»Los, rauf mit ihm in den LKW, ehe der Iwan uns alle zusammenschießt!« befiehlt Kittel, und beide wuchten den Stabsgefreiten in das Fahrerhaus. Dann setzt sich Kittel hinter das Steuer.

»Kannst du denn einen LKW fahren?« fragt Hans erstaunt.

»Warum nich? Ick habe lange jenuch schwere Fahrzeuge beim Autobahnbau jesteuert, det weeß bloß keener bei de Kompanie.«

Während Siegfried Kittel den Wagen aus dem Schnee herausfährt, stöhnt der Verwundete herzerweichend. »Mein Gott, mein Gott, det is nich auszuhalten!« Hans hat aus dem Sanitätskasten Verbandsmaterial herausgeholt und versucht nun, die Rückenwunde notdürftig abzudecken.

»Wenn ick nur wüßte, wo hier 'n Verbandsplatz is«, murmelt Kittel halblaut vor sich hin. Das feindliche Feuer hat nachgelassen. »In der Kirche! Im nächsten Ort in der Kirche«, haucht der Stabsgefreite mit letzter Kraft vor sich hin.

Tatsächlich, wie sich's bald herausstellt, ist der nächste Truppenverbandsplatz wirklich in der kleinen Dorfkirche im nächsten Ort. Kittel und Nowak lassen den Schwerverwundeten von Sanitätern herausschleppen. Einen ›Operationsraum‹ hat man notgedrungenermaßen hinter dem Altar in der Kirche eingerichtet. Über dem Altar hängt ein großes Gemälde mit einem segnenden

Christus, von einem wertvollen, verschnörkelten Goldrahmen umgeben. Hans und Siegfried lassen sich auf der letzten Bank nieder. Das leise Wimmern und Stöhnen verhallt in dem weitläufigen Gewölbe dieses Kirchenraumes. Eine seltsam sakrale Atmosphäre breitet sich aus. Die beiden Männer lassen ihre Blicke im Raum umhergehen. Von der Decke herab hängt ein schöner Kronleuchter. Auch ist der Raum sehr gut geheizt. Die Wärme tut ihnen besonders gut, sie vertreibt die letzte Starrheit aus ihren Gliedern.

Später stapfen Kittel und Nowak durch den kleinen Ort, um eventuell dort jemanden zu treffen, der ihnen Auskunft über ihr Regiment geben könnte. Aber sie haben kein Glück. Am zugefrorenen Bach entdecken sie vereiste Panjewagen. Der Hebebalken eines Ziehbrunnens steht hoch und weist wie ein aufgerichteter Zeigefinger gen Himmel. Er überragt die niedrigen Dächer, die dicht mit Schnee bedeckt sind. Sie werden von einer Feldstreife angehalten, die ihnen aber auch nichts über den Verbleib ihres Regimentes mitteilen kann. Während sie noch im Gespräch sind, heult etwas wild und eisenhart durch die Luft. Instinktiv springen die Männer in die hohen Schneewächten. Krachend schlägt es neben ihnen ein. Schneefontänen wirbeln hoch, glühende Splitter prallen gegen die steinhart gefrorenen Baumstämme. Der Kirchturm wird getroffen. Laut ertönt der Ruf: »Alarm! Alarm!« Ein feindlicher Stoßtrupp arbeitet sich gegen das wichtige Nachschubzentrum vor. Undenkbar, wenn es dem Feind gelänge, auch diesen Stützpunkt zu erobern.

Beherzte Offiziere bilden eine notdürftige Kampfgruppe aus den vorhandenen Männern, die in ihrer Eigenschaft als Köche, Sanitäter, Funker, Schuhmacher, Schneider und Fahrer völlig unerfahren im Infanteriekampf sind.

Der Russe greift nach dem kurzen Feuerüberfall mit Granatwerfern an. Unter schrecklichem »Urrä-Geschrei« stürmen weißgekleidete, sibirische Schützen heran. Die Nerven der Männer aus den Versorgungsdiensten halten das nicht aus. Sie verlassen ihre Stellungen und räumen das Armeeversorgungslager.

Die Russen fallen wie die Hunnen über die weitläufigen Lagerschuppen neben dem Bahnhofsgebäude her. Nowak und Kittel, die ein leichtes MG erwischt haben, können die plündernden Feinde durch ein Fernglas beobachten.

Wie in einem Bienenkorb geht es zu. Was zunächst als Verlust ausgesehen hatte, erwies sich nun als Rettung in höchster Not. Die Sowjets schleppen Verpflegung und Spirituosen aus den Barakken. »Junge, Junge, man könnte meinen, uff irgendeenem arabischen Markt im Orient zu sein, wenn auch allet von Schnee umjeben is. Mensch, wenn dat man jut jeht!! Nun kieck dir bloß det an! Die scheinen ja janz varrückt zu sein nach de kapetalistische Konsumjüter! Die schleppen allet weg, wat ihnen unter de Finger kommt! Kuchen, Kekse, Schokolade und Eisbein in Aspik, allet zusammen. Kannste det sehen, Hans? Mit det Bajonett stochern se Fischkonserven uff. Junge, Junge!« – »Würden wir es anders machen? Die haben doch auch Hunger!« – »Im Prinzip hab' ick ja nischt dajejen einzuwenden, aber det ist doch grausam leichtsinnig, wat de Brüder dort machen! Nu kieck dir det bloß mal an – na, na, Jenosse Iwan! Wir sind doch hier nich uff'ne Hochzeit oder in'ne Tanzdiele!«

Kittel schüttelt entsetzt mit seinem Kopf. »Ick kann et ja verstehen, det der Kognak besser schmeckt als euer elender Ersatzwodka!« Belustigt beobachtet er das Treiben der Soldaten durch den Feldstecher: »Junge, Junge, ick werd' verrückt! Ick freß 'nen Besen! Kieck doch mal Hans, die fangen an zu tanzen!«

Er reicht Hans das Fernglas. »Die scheinen sich ihres Sieges sehr sicher zu sein, vielleicht stoßen sie momentan selten auf ernsthaften Widerstand. Die Sonderverpflegung für unsere gehobenen Stäbe und für die Luftwaffe scheint ihnen offensichtlich besser zu schmecken als ihre eigene Kampfverpflegung, das steinharte Brot und die Sonnenblumenkerne. Sie leben nach dem Motto: Lasset uns essen und trinken, denn morgen sind wir tot!«

»Is det von Schiller oder von Jöthe?«

»Nee, Siegfried, weder – noch! Das ist vom Apostel Paulus, der Gottes Wort zitiert.«

»Wat nich allet in de Bibel steht!«

Hans gibt Siegfried das Fernglas zurück.

»Heeßt det nich ooch: ›Wer jut essen will, darf den Koch nich beleidigen‹? Ick jloobe, die haben de Rechnung ohne den Wirt jemacht. Die spüren de Kälte nich mehr und meenen, se sind im siebenten Himmel! Hör mal, wie die singen! Junge, Junge, hat de Welt schon mal sowat jesehen? Die umarmen und küssen sich mitten in de Hauptkampflinie!«

Plötzlich krachen Handgranaten und MG-Salven in den Haufen ausgelassener Plünderer hinein. Offenbar ist eine deutsche Einheit am Waldrand erschienen und hat den Feuerzauber entfacht. In wilder Flucht rennen einige Russen davon, andere wälzen sich schreiend im Schnee. Einer kommt mit erhobener Schnapsflasche auf die Deutschen zu. Grölend springt er über Schneemulden, ein MG-Salve von der linken Seite her reißt ihn nieder.

Nach diesem kurzen, makabren Spiel meint Kittel trocken: »Kennste schon die neuesten deutschen Wunderwaffen? Französischer Kognak, Schweizer Milchschokolade, spanische Ölsardinen, echte Havannazigarren und polnische Fettjänse! Det sind ojenblicklich uns're besten Bundesjenossen! Armet Deutschland!«

»Laß den Unsinn, Siegfried! Denk daran, wie viele russische Mütter um ihre Söhne weinen müssen!« entgegnet Hans bitter.

Zum großen Erstaunen treffen sie kurz danach auf ihnen bekannte Gesichter! Es sind die überiggebliebenen Kameraden ihrer ehemaligen Kompanie, die sie schon verloren glaubten. Sie waren es, die die Russen vom Waldrand her in die Flucht gejagt haben.

»Obergefreiter Kittel und Schütze Nowak melden sich vom Heimaturlaub zurück!« Hans und Siegfried schlagen, so gut es auf der vereisten Straße geht, vor ihrem Kompaniechef die Hacken zusammen. »Ja, sagen Sie, träum ich oder gibt es auch eine Fata Morgana in Eis und Schnee? Sie habe ich hier ja nicht erwartet!«

»Wir Sie ooch nich, Herr Hauptmann, aba es steht jeschrieben: Suchet, so werdet ihr finden!«

»Man merkt sofort, Kittel, in welcher Begleitung Sie gereist sind!«

»Jawoll, Herr Hauptmann, sage mir, mit wem du umgehst, und ich sage dir, wer du bist!« antwortet Kittel spontan.

»Kittel, Sie haben Ihr Maul am rechten Fleck! Man könnte meinen, Sie wären in Berlin geboren.«

»Det will ick ooch hoffen«, sagt er grinsend. »Sie ha'm ja een mächtigen Feuerzauber uff de Russen losjelassen! Wir ha'm det Jefecht durch'n Fernglas beobachten können. Jrausam, wie de besoffenen Russen krepiert sind!«

»Ja, mein Lieber, wenn sie nicht in die lukullische Falle gelaufen wären, dann hätten sie wahrscheinlich früher oder später uns geschnappt. – ›Homo hominis lupus‹ – ›Der Mensch ist des Menschen Wolf‹, Kittel!« Der Hauptmann tippt mit seinem Zeigefinger auf eine Brustseite.

»Es war auch höchste Zeit, daß Sie auftauchten, sonst hätte der Iwan alles kassiert«, pflichtet Hans bei.

»So, Nowak? Sie wissen doch: Fortes fortuna adiuvat! Den Tapferen hilft das Glück!«

»Oder: ›Wo die Not am größten, da ist Gott am nächsten‹, Herr Hauptmann!«

»Sie sehen die Dinge wohl immer nur vom Glauben her«, meint der Kompaniechef.

»›Justus enim fide vivit‹, hat Luther gesagt«, Hans antwortet schlagfertig.

»Na, Kittel, was hat ihr Freund eben für eine Weisheit von sich gegeben? Haben Sie das verstanden?«

»Nee, Herr Hauptmann, ick bin ja nich in China geboren, aber et wird schon was Vernünftiges sein.«

»Vom Schützen Nowak kann man auch gar nichts anderes erwarten, Kittel. Es soll heißen: Der Gerechte lebt durch den Glauben.«

»Det kann man wohl laut flüstern, Herr Hauptmann.«

»Ja, mein Lieber, wenn jeder danach leben würde, brauchten wir hier nicht unsere russischen Brüder zu erschlagen. Also, bis später, Kameraden.«

Der Hauptmann geht augenblicklich zur Ortskommandantur. Hans und Siegfried aber feiern fröhliches Wiedersehen mit ihren Kameraden.

Hölle zwischen Mitternacht und Morgen

Minus 40 Grad Kälte! Seit Tagen war das Thermometer ständig gesunken. Die Luft ist wie Glas. Zum Glück weht kein Wind. Man könnte die wolkenlose Unendlichkeit zerschneiden. Wo sich Feuerstellen befinden, steigen weiße Qualmwolken kerzengerade empor. Die Ostfront ist wie erstarrt, es kommt zu keinen nennenswerten Kampftätigkeiten, was man hier erlebt! Die Zeit scheint eingefroren zu sein wie das Quecksilber im Thermometer. Wollen diese nordischen Winternächte in Rußland kein Ende nehmen?

Die Nächte sind hell. Zuerst funkeln die Sterne von eisiger Höhe herab auf den glitzernden Schnee. Aus dem unendlichen Weltall fällt Todeskälte hernieder. Dann kommt der Mond blutrot am Horizont hervor. Hinter den schwarzen Wäldern steigt er lautlos auf. Jetzt kann man beim Vorposten die Eisnadeln am Mundschutz und über den Wachtmänteln sehen. Riesengroß steigt die silberhelle ›Sonne der Nacht‹ aufwärts, hier ein erschreckend großer Mond! Je höher er zu den Sternen aufsteigt, desto kälter wird seine Farbe, desto grausiger die Nacht. Ungehindert kann die Kälte des Weltraums in die schneeverwehte Landschaft eindringen. Der Mond scheint dem Vorposten in die Augen zu lachen. Die Stunden zwischen Mitternacht und Morgen sind die unerträglichsten, denn man meint, das Blut in den Adern gefrieren zu fühlen.

Erst gegen neun Uhr morgens wird es im Osten dämmerig. Nur langsam schleicht der Tag heran. Ehe die bleiche Wintersonne erscheint, wird der Gefechtsvorposten abgelöst. Die Männer, die diesen Dienst versehen müssen, spüren weder Füße noch Zehen in ihrem Schuhwerk. Ungelenk stapfen sie durch den Schnee am zugefrorenen Bach entlang. In der Ferne steigt weißer Rauch aus Bauernhütten empor. Es gibt keine zusammenhängende Frontlinie mehr. Die Nordflanke kann nur noch stützpunktartig gesichert werden. Die wenigen Truppen sind zu schwach, ausgeblutet, noch schlimmer – ausgefroren! Eigentlich müßten die Soldaten Filzstiefel, Wattonmäntel und Pelzmützen haben so wie der Iwan, doch Hitler, der ›genialste Feldherr aller Zeiten‹, hat daran nicht gedacht! Mit Sommermänteln, viel zu engen Stiefeln, einfachen

Socken und dünnen Paradehandschuhen liegen Männer der Infanterie-Divisionen im Freien und sind der Kälte schutzlos ausgeliefert.

›Generalfeldmarschall Winter‹ hat ›General Schlamm‹ abgelöst. Er hält die Armeen mit eisernem Griff umklammert, alles inbegriffen: Menschen, Tiere, Fahrzeuge und Waffen.

So erleiden die deutschen Truppen durch arktische Kälte mehr Schaden als durch Feindeinwirkung. Glieder faulen einfach ab, Ohren und Nasen brechen wie morsches Holz vom Gesicht. Länger als eine Stunde kann kein Posten bei den hier herrschenden Temperaturen von minus 30°–40° C vorn im eisigen Schneeloch liegen. Jeder denkt, wenn er nur erst eins der Holzhäuser erreicht hätte! Ob die Verpflegungskolonnen nachts durchgekommen sind? Man friert nicht nur, man hungert auch! Wenn das Brot dann da ist, muß man es mit einem Beil zerteilen. Am Ofen wird es aufgetaut und die ›Steinbutter‹ dazu wie Eis am Stiel gelutscht. Kittel und Nowak trotten hintereinander durch eine ausgetretene Schneerinne. Keiner spricht ein Wort. Ihre Gesichter haben sie mit wollenen Tüchern umwickelt. Nur die Augen blinzeln unter vereisten Wimpern und Augenbrauen hervor. Die weißen Tarnhemden flattern im Wind. Hinter der nächsten Schneewehe liegt der heißersehnte Bunker. Die beiden unförmigen Gestalten watscheln linkisch, wie Pinguine, auf den Eingang zu. Ihr Bunker ist momentan ein quadratisches Erdloch, das mit rohen Fichtenstämmen und stärkeren Ästen abgestützt ist. Alte Munitionskisten dienen als Pritschen, auf dem primitiven Tisch schmaucht eine Petroleumlampe. Mittelpunkt der Unterkunft ist ein alter Kanonenofen, dessen Ofenrohr rotglühend ist. Um den Ofen herum stehen Kochgeschirre. Er ist das ›Allerheiligste‹ in dieser lausigen ›Wintervilla‹; denn Wärme ist alles, sie bedeutet Leben für die Männer in der polarischen Schneewüste. So lange ein Feuer brennt, erscheint ihnen das Leben doch halbwegs erträglich. An den Wänden und in den Ecken haben sie ihre Ausrüstungsgegenstände und Waffen abgestellt. Familienfotos, zerschlissene Bücher und ein selbstgezimmertes Holzkreuz vervollständigen die Einrichtung dieses Erdloches. Unteroffizier Diehlmann, der nach einer Verwundung aus seinem Genesungsurlaub zurück ist, die Kameraden Linsen, Kusserow, Berger, Kohlmeyer und Scheller sitzen in Ofennähe und erwarten die beiden Posten.

»Da seid ihr ja! Irgendwelche Vorkommnisse?« fragt Diehlmann.

»Keine besonderen Vorkommnisse, Herr Unteroffizier!« entgegnet der Obergefreite Kittel als Postenführer.

Kusserow hilft Nowak aus der steifen Wintermontur und fragt: »Wie steht's, Hans?«

»Grauenhafte Kälte! Meine Zehen sind wie weg und kein Gefühl in den Händen.«

Linsen, der ehemalige Kompaniemelder, ist Kittel behilflich und reicht ihm zudem die Schnapsflasche hin: »Hier, nimm 'nen Schluck, das hilft!«

Das läßt sich Kittel nicht zweimal sagen, er nimmt einen langen, gurgelnden Schluck und wischt sich mit dem Handrücken den Mund. Seine Augen beginnen zu glänzen. Man kann es direkt mitverfolgen, wie das Blut in seine blaugefrorenen Wangen strömt. »Hee, Mensch, det is jut! Det is det einzige, wat eenen noch uff de Beene halten tut! Det jeht einem durch und durch!«

Noch einmal setzt er die Flasche an, und wie ein Feuer rinnt es durch die Kehle und die Speiseröhre entlang bis in den Magen. Durch den Körper zieht ein wohliges Gefühl. Im Nu scheint alle Mattigkeit und Steifheit hinweggefegt.

»Der Iwan schweigt so vadächtich! Hinter de Front jeht et zu wie uff'm Jahrmarkt, ick jloobe, da liegt wat in de Luft. Wenn ick bedenke, dat wa mit unsern armseligen Haufen die janze Ecke hier rundherum verteidigen soll'n, na – det jeht bestimmt nich jut!«

»Ach Kittel, Sie sind ein alter Schwarzseher! Wenn alle so dächten wie Sie, dann hätten wir den Krieg schon längst verloren«, entgegnet Diehlmann. Er stopft sich zum x–ten Mal seine unverwüstliche Pfeife voll Tabak.

»Die Einheiten sind doch bestens aufgefrischt worden.« Er deutet auf Scheller und Kohlmeyer, die Grenadiere vom Ersatzbataillon. In einer Ecke ihres Unterstandes liegt Scheller auf einer Bretterpritsche, er ist mitten in der Nacht mit der Verpflegungskolonne wieder zu ihnen gestoßen. Nun blinzelt er unter der Decke hervor. Nur zwei Stunden hat er bisher geschlafen, und seine entzündeten Augen sehen noch recht müde und trostlos in die Gegend.

»Schlaf weiter, Kleiner«, sagt Diehlmann, »deine Augen fallen sowieso gleich wieder zu!«

Diehlmann, der bereits beim Frühstück ist, philosophiert: »Ja, so leben die Soldaten, so recht von Gottes Gnaden!« Dabei schiebt er sich ein weiteres Stück Brot von seiner Ration zwischen die Zähne.

»Se meenen woll: Die Infanterie, die Krone aller Waffen, wer dabei ist, gleicht dem nächsten Affen!«

»Ach was, quatsch nicht krause, Kittel, da! Euer Frühstück wird von Kusserow schon bestens vorbereitet.«

Einige Scheiben Brot rösten auf der Ofenplatte, im danebenstehenden Kochgeschirr schmilzt Schnee. Mit dem Schneewasser soll Tee gekocht werden. Nachdem Kusserow alles fertig hat, serviert er die Mahlzeit, eine recht kärgliche Ration, mit den Worten: »So, meine Herren, feinster Brotkuchen aus Roggen und Gerste, frisch aufgebacken, dampfend und warm wie bei Muttern! Vielleicht haben sich in der klebrigen Masse ein paar braune Küchenschaben verirrt, die sind dann ›ungeahnte‹ Fleischzulage, sozusagen«, mit Daumen und Zeigefinger macht er eine graziöse Bewegung, als wäre er Kellner in einem Grand-Hotel, der auf die köstlichen Spezialitäten des Hauses hinweist.

Am Ofenrohr dampfen bereits Hosen und Socken, die Landser sitzen etwas breitbeinig um den für sie gedeckten Tisch.

»Wenn wir im Sommer bei der Großoffensive gleich weitermarschiert wären«, meint Kusserow, »brauchten wir jetzt nicht hier in diesem dreckigen Loch zu sitzen, sondern könnten in Moskau in besseren Quartieren kampieren. Aber wir wollten uns ja keineswegs wie bei Napoleon die Stadt über dem Kopf anzünden lassen. Das wäre vielleicht der Anfang vom Ende gewesen. Der Nymbos von der Unbesiegbarkeit der deutschen Armee wäre flöten, die Legende vom unnachahmlichen Herrenmenschen dahin.

»Wir jenießen den Endsieg halt in kleene Rationen«, kontert Kittel.

»Die sojenannte Vorfreude is doch de scheenste Freude, oder? Im Mai feiern wa dann uff'em Roten Platz vorm Kreml mit den heißgeliebten Führer unsere Siegesparade!«

»Hoffentlich sind uns bis dahin nicht die Nasen und Ohren vom Frost entrissen! Sonst glauben uns die Russen nicht, daß wir von der arischen Herrenrasse abstammen!« meint Kusserow und äfft dann den Berliner nach: »Det wa so janz ohne Hände und Fieße uffmarschiern, det wäre aber jammerschade, nicht wahr, Kittel?«

»Kusserow! Kittel! Halten Sie gefälligst Ihre lästerhaften Schnauzen! Sie quatschen sich noch um Kopf und Kragen!« mahnt Diehlmann.

»Herr Unteroffizier, ick hab' et dem Unteroffizier Geyer schon eenmal jesagt, die uns für det ins Kittchen bringen würden, die sind nich hier an 'ne Front zu finden, wo de Luft so eisenhaltig und sibirisch rauh is! Die hocken in ihre Ritterjüter - Marke ›Eigenklau‹!«

Kittel ist frech und unbekümmert, er nimmt kein Blatt vor den Mund. »Wie war das noch, sollten wir nicht schon zu Weihnachten wieder zu Hause in der Heimat sein?« fragt Kusserow.

»Stimmt! Man hat uns nur nicht verraten, in welchet Jahr!« grinst Kittel.

»Jetzt macht aber Schluß! – Eure Feldpost liegt dort hinten auf dem Kanister, das bringt euch hoffentlich auf andere Gedanken, verstanden?« befiehlt Diehlmann.

Nun wird es ganz still wie bei einem feierlichen Gottesdienst. Nur hin und wieder knistert das rauhe Feldpostpapier. Im Kanonenofen bullert es munter. Hans Nowak ist in seinen Brief vertieft, während Kittel etwas umständlich ein Feldpostpäckchen aufzuschnüren versucht. Nachdem er es endlich geschafft hat, schart sich gleich die Bunkerbesatzung um ihn, um die Herrlichkeiten zu bestaunen, die da zum Vorschein kommen: Schokolade, Kekse, Fruchtstangen, Wurst- und Fischkonserven, Nüsse, Feigen und von seiner Frau hergestelltes Gebäck. Natürlich ist auch ein eigenhändiger Brief dabei. Mit Stolz zeigt Kittel die neuesten Fotos von seiner Familie und sagt: »Hier, meene ›Olle‹ und de Jörn!« Jeder darf die Fotografien bestaunen, und alle, ob sie nun von Natur aus Rauhbeine und Lästerer im harten Kriegsgeschäft sind, hierbei werden alle still und andächtig. Keiner wagt, den anderen durch unbedachte Bemerkungen zu verletzen, denn er würde die Seele des Familienvaters antasten. Irgendwie steht bei jedem das Bild der eigenen Frau und Familie, der Braut oder der Eltern vor Augen, einfach die Heimat! Beim Anblick solcher Bilder schweigt alles. Jeder ist für sich mit seinen Gedanken an Zuhause beschäftigt, von wo er weggegangen und wohin er nur allzu gern und schnellstens wieder zurückkehren möchte. Wann wird das sein? An irgendeinem fernen Tage? Ach, nur nicht darüber nachdenken müssen!

Auch für Nowak ist die rauhe Wirklichkeit in Rußland für kurze Zeit verbannt. Zwei Briefe in einem Umschlag haben ihn erreicht. Zitternd vor Erregung und mit erwartungsfrohem Herzklopfen liest er den Brief von seiner Ruth. An ihre Handschrift muß er sich erst noch gewöhnen. »Liebster Hans! – ›Wer sich an Gott wendet, der wird Gottes Glanz widerspiegeln. Sein Gesicht wird hell sein von Freude‹, diese Tageslosung hat Dein Vater heute morgen vorgelesen. Sie soll auch Dir Trost und Hilfe sein und zwar gerade da, wo Du jetzt bist! Ich bete für Dich! Der Engel des Herrn wird allezeit bei Dir sein. – Mein ganzes Herz ist bei Dir, mein Liebster! Ich kenne mich gar nicht mehr wieder und glaube manchmal, daß ich vor Glück zerspringe! Mit allen Fasern meines Herzens liebe ich Dich! Und dies unter so ungünstigen Umständen! Ich bin ja wie in einem Kloster eingesperrt. Wenn das Telefon klingelt, wünschte ich oft, daß Du es wärst, obwohl ich ja weiß, daß das unmöglich ist. Warum bist Du nur so weit fort von mir! Ich bin eine Verfolgte, die ihr Dasein jetzt einsam fristen muß und in ständiger Gefahr lebt, entdeckt zu werden. – Beglückt denke ich an unsere gemeinsam verbrachten Tage und Stunden, an den herrlichen Waldspaziergang, an den Ausflug – zurück in meine Jugendzeit – an die heimlichen Treffpunkte und – an den Abschied. Wenn ich mit Dir zusammen war, versank die grausame Wirklichkeit um mich her. Ich konnte glauben, im Paradies zu sein! Noch heute fühle ich mich von Dir umgeben, bespreche alles mit Dir, was mich bewegt und bin in Gedanken nur bei Dir. Ach, Hans, ich möchte so gern teilhaben an allem, was Dein Leben reich und schön macht, aber auch an dem, was Dich belastet und bedrückt. Ich möchte mit Dir eine geistliche Einheit bilden und Gott, dem Allerhöchsten, dienen. ›Einer trage des anderen Last‹, heißt es in der Bibel, daran möchte auch ich teilhaben. Manchmal bin ich todtraurig und laß meinen Tränen freien Lauf, die Gefühle überwältigen mich. Daß Glückseligkeit und Schmerz so nah beieinander liegen, hatte ich bisher noch nicht erfahren in meinem kurzen Leben. Auch verstehe ich erst jetzt, warum Jesus die Liebe der Menschen zu sich mit der Liebe in der Ehe vergleicht. Im ›Hohen Lied Salomos‹ habe ich gelesen: ›Die Liebesäpfel duften süß, und über unsrer Tür sind köstliche Früchte jeder Art, frische und alte. Ich habe sie für dich, mein Geliebter, aufbewahrt.‹

Ja, Dein ist mein ganzes Herz und – soll es ewig bleiben! Hoffentlich kannst Du meine Schrift entziffern, denn ich hocke in meiner Lieblingsstellung auf dem Fußboden. Gestern habe ich mich laut mit Dir unterhalten, so, als wärest Du neben mir! Wenn das jemand gehört hätte, wäre ich für ihn gewiß eine ›Spinnerin‹. Zuerst habe ich Dich nur geneckt, dann habe ich Dich ein wenig geärgert und schließlich habe ich Dir ›den Krieg erklärt‹! Ach, verzeih mir, von Krieg habe ich ja gar nicht reden wollen! Am liebsten würde ich wie ein Vögelchen unter den Flügeln einer Mutter Schutz suchen und mich in einem Nest verbergen. Ja, mein lieber Hans, diesen Schutz haben wir beide in unserem Gott. Wie gern wäre ich mit Dir zusammen unter seinen Flügeln in Sicherheit. Er behüte Dich, mein Liebster, und bringe Dich gesund zurück. Ich warte auf Dich!

. . . Deine Ruth«

Hans schließt seine Augen, er muß tief Luft holen, so, als würde er unter akutem Sauerstoffmangel leiden. »Mein Liebling« flüstert er leise vor sich hin. Nach einem tiefen Seufzer beginnt er den zweiten Brief zu lesen. Der Vater berichtet von Zuhause und schreibt unter anderem: »Wie mag es Dir gehen? Die letzten Urlauber haben berichtet, daß viele Soldaten nicht genügend warme Kleidung haben. Mutter strickt Dir deshalb dicke Handschuhe und Socken. Außerdem hat sie für Dich einen Pelzkragen anfertigen lassen. Hier zu Hause geht alles seinen gewohnten Gang. Von den Fliegerangriffen merken wir bei uns im Randbezirk nicht so viel. Am Sonntag hörten wir eine Predigt über das Gotteswort: »Denn ich schäme mich des Evangeliums von Christo nicht, denn es ist eine Kraft Gottes, die da selig macht alle, die daran glauben.«

Wir sind alle so froh, daß Du Deinen Herrn und Heiland auch in schwersten Tagen bezeugst. Er wird Dich bewahren und hindurchführen durch alle Widerwärtigkeiten! Denke nur immer daran: ›Wer will uns scheiden von der Liebe Gottes? Trübsal oder Angst oder Verfolgung oder Hunger oder Blöße oder Gefahr oder Schwert? . . . Um deinetwillen werden wir getötet den ganzen Tag; wir sind geachtet wie Schlachtschafe . . .«

Beim letzten Spähtruppunternehmen ereignete es sich. Sie kamen nur langsam voran. Der Wind trieb ihnen die Schneeflocken ins Gesicht. Der grausame Ostwind schnitt wie Nadelstiche in die Wangen. Ein Spähtruppunternehmen war immer gefährlich. Angst kroch ihnen unter die fast erstarrte Haut. Unteroffizier Diehlmann schaute immer wieder auf den Kompaß, um in dieser eintönigen Schneewüste die Richtung nicht zu verlieren. Jeden Augenblick waren sie in Gefahr, auf Minen zu treten. Diesem Gedanken durfte man nicht nachhängen, sonst überfiel einen das kalte Grauen. Hans war froh, daß der unangenehme Wind so heulte, denn dadurch wurden die Laufgeräusche auf dem verharschten Schnee übertönt. Ja, wie die Schlachtschafe! denkt Hans.

Der Spähtrupp näherte sich langsam einer Schonung, die etwa 70 Meter vor der russischen Stellung lag. Die kleinen Tannen standen, vom Schnee bedeckt, dicht beieinander und waren brusthoch gewachsen. Jeden Augenblick mußten die Männer damit rechnen, trotz ihrer Schneehemden erkannt und mit feindlichem MG-Feuer beharkt zu werden. Wer von ihnen wußte schon, wie viele Augen sie vielleicht eiskalt beobachteten.

»Großer Gott, bewahre uns bei diesem Unternehmen!« betete Hans. Die Männer legten sich vorübergehend auf den Boden und robbten die letzten Meter durch die feindselige Landschaft.

›In der Welt habt ihr Angst, aber seid getrost, ich habe die Welt überwunden‹ hatte Jesus seinen Jüngern gesagt, und daran mußte Hans jetzt denken. Immer langsamer wurde ihr Tempo, doch endlich hatten sie die Schonung erreicht. Die Zweige der kleinen

Tannen waren tief heruntergebeugt durch die Schneelast. Jedesmal, wenn einer von ihnen einen Ast berührte und dieser hochschnellte und dabei Schnee verlor, zuckte man zusammen, aber Geräusche ließen sich einfach nicht vermeiden. Ihre Herzen klopften so laut, daß jeder von ihnen das Gefühl hatte, der andere müßte es hören. Dann preßten die Männer ihre Gesichter noch tiefer in den Schnee. Hans starrte kurz nach vorn und erschrak. Was war denn das? Lagen da, wo das Gelände etwas abfiel, nicht zwei Russen? Regungslos wie Tote! Jeder von ihnen wußte andererseits, wie geübt die Sowjets im Tarnen waren. Der Wind heulte, das Schneetreiben hielt an. Die Männer rührten sich nicht. Je länger sie so dalagen und abwarteten, desto unheimlicher wurde es ihnen. Die Russen mußten sie doch eigentlich schon erkannt haben! Wer würde die erste Salve abfeuern, sie oder die Russen?

Unteroffizier Diehlmann sprang als erster hoch und stürzte auf die beiden leblos daliegenden Gestalten. Mit dem Kolben schlug er auf den einen ein, aber der rührte sich nicht. Er lag auf der Seite mit um den Karabiner verkrampften Händen. Seine Augen starrten leblos in die Weite. Für ihn und seinen Kameraden gab es auf dieser Erde nichts mehr zu sehen. Der Frost hatte sie so erstarren lassen, nachdem sie offenbar von einer deutschen MG-Garbe erwischt worden waren. Sicher lagen sie schon seit Tagen tot und steif wie Bretter an dieser Stelle.

Wie hatte der Vater von Hans geschrieben: ». . . wir sind geachtet wie die Schlachtschafe . . .«

Hans sah diese Bilder noch oft, im Traum oder in der Erinnerung, wenn er Zeit zum Nachdenken hatte. »Wie Schlachtschafe« wurden die Männer von den Regierungen in die kriegerischen Auseinandersetzungen geschickt. Dann lagen sie zu Tausenden und Abertausenden auf den ›Feldern der Ehre‹, eingefroren, vergessen, geopfert!

»Aber in dem allen überwinden wir weit um deswillen, der uns geliebt hat!« Alle Widerwärtigkeiten, auch eines solchen Krieges, überwinden die Gotteskinder um Jesu Willen, der selber nicht davon verschont blieb, Grausamkeiten am eigenen Leibe zu erleiden. Wie oft schon hatte Unteroffizier Diehlmann ihm die Frage ins Gesicht geschleudert: »Mensch Nowak, wo bleibt denn da die Liebe Gottes, von der Sie immer berichten? Sehen Sie nicht die verstümmelten Kameraden, die halbverhungerten Kinder, die geschändeten Frauen, die ein Krieg so mit sich bringt?«

Der Ungläubige ist nur zu schnell dabei, dem Schöpfer die Schuld für alle Verbrechen und Grausamkeiten auf Erden zu geben, obwohl sie ja von den Menschen eigenhändig ausgeführt werden. Viele erwarten offenbar, daß Gott sich immer sofort dazwischenwirft, wenn jemand dabei ist, Unrecht zu tun. Nun, der Mensch hat seinen freien Willen, er darf ihn benutzen, aber er muß auch die sich daraus ergebenden Konsequenzen tragen, die oft ebenso grausam sind.

Vater Nowak hatte weiter geschrieben: »Denn ich bin gewiß, daß weder Tod noch Leben, weder Engel noch Fürstentümer, noch Gewalten, weder Gegenwärtiges noch Zukünftiges, weder Hohes noch Tiefes, noch keine andere Kreatur mag uns scheiden von der Liebe Gottes, die in Christo Jesu ist, unserm Herrn.«

Ja, Vater, du hast recht, in diesem hier überwinden wir weit! Trotz allem: Nichts kann uns scheiden von der Liebe Gottes!

Während Hans noch mit seinen Briefen beschäftigt ist und sich in sie vertieft, verteilt Kittel leutselig einige Sachen aus seinem Feldpostpaket. Auch eine Schnapsflasche macht die Runde. Als sie Hans erreicht, lehnt dieser ab, er möchte seinen Eltern schnell antworten. ». . . Ihr fragt an, wie es mir geht. Die Temperaturen liegen teilweise noch unter minus vierzig Grad. Wir wickeln uns Lappen um die Stiefel, stecken Stroh hinein und beobachten gegenseitig unsere Nasen, ob sie weiß werden. Wenn sie weiß werden, ist höchste Gefahr! Man kann sich gegen diese mörderische Kälte kaum noch schützen. Ich selbst habe ein besonderes Glück, denn ich kann einen zweiten Mantel von einem gefallenen Kameraden zusätzlich tragen. Er sieht zwar nicht schön aus, ist alt und am Kragen speckig, die Taschen sind ausgebeult, für Rußland jedoch hat er die richtige Fasson. Man kann seine Hände schön in den Taschen vergraben. Sonst ist einem alles ziemlich gleichgültig geworden. Manche Kameraden hatten toten Russen die Fellhandschuhe abgenommen, um sie für sich zu gebrauchen. Aus russischen Wickelgamaschen werden Ohrenschützer, sowjetische Wollmützen sind besonders beliebt, und die wattierten, wenn auch dreckigen Hosen der Feinde sind uns höchst willkommene Kleidungsstücke. Zum Teil sehen wir wie Zwangsarbeiter aus sibirischen Lagern aus! Wer passende Filzstiefel erbeuten kann, der ist zu beneiden. Viele haben sich schon Erfrierungen an Händen und Füßen geholt, mitunter sogar Erfrierungen dritten Grades. Oft versuchen feindliche Stoßtrupps unter allen Umständen, ein noch erhaltenes Dorf zurückzuerobern, aber wir verteidigen jeden Meter, weil wir wissen, daß wir ohne Unterkünfte erfrieren müßten. Seit Tagen herrscht allerdings eine gefährliche Stille an der Front.

Wir deuten es als Offensivvorbereitung der Russen, der Feind gruppiert um. Es scheint die berüchtigte Ruhe vor dem Sturm zu sein.

Herzlichen Dank auch, lieber Vater, für das kostbare Gotteswort, was Du immer mit einfügst in Deine Briefe. Es ist so tröstlich zu wissen, daß Gott uns nicht verläßt, auch in den schwierigsten Situationen nicht. Nichts kann und darf uns von der Liebe Gottes scheiden. Wie geht es Eberhard? Ich habe so lange nichts mehr von ihm gehört. Grüße bitte auch die Mutter und Hartmut herzlich von mir. . .«

Hans blättert in seiner kleinen Bibel, um noch einen passenden Bibelvers für seine Lieben daheim zu finden. Unteroffizier Diehlmann ertappt ihn dabei und kann es sich nicht verkneifen, zu spotten: »Na, Nowak, suchst du wieder ein Spezialrezept aus dem schwarzen Katalog? Du gehst mit der Bibel schlafen und stehst mit ihr auf, ist das nicht ein bißchen übertrieben? Meinst du wirklich, die alten Ammenmärchen könnten dir helfen?«

Hans ist nicht betrübt durch solche Angriffe, er kennt sie ja zur Genüge, darum antwortet er mit Überzeugung: »Ja, die Bibel ist mir der größte Schatz, das wertvollste Gepäckstück in meinem Tornister.«

»Ach Mensch, ein Buch wie alle andern! Meinst du, wenn es hart auf hart kommt, dann könnte die Bibel dich beschützen?«

»Nun, dieses Buch ist kein Talismann, vielleicht so, wie Sie um Ihren Hals ein silbernes Kettchen mit Kleeblatt tragen. Ich finde in diesem Buch Gottes Willen für mein persönliches Leben aufgeschrieben, Gott zeigt mir darin den Weg und – den Ausweg!«

»Ach, das ist doch Blödsinn! Gottes Wort! Sein Wille! Seine Gedanken! und so weiter.«

Dabei tippt sich Diehlmann heftig an die Stirn. »Die Bibel ist doch von Menschen geschrieben, deshalb ist sie wie jedes andere Buch ein Produkt menschlicher Gedanken und Fantasien. Alle Kapitel sind dann zusammengeheftet mit Leim und Bindfäden. Seit man die Buchdruckerei erfunden hat, kann man sie sogar gedruckt kaufen!«

»Für mich handelt es sich nicht um menschliche Fantasien, die wie andere Bücher eben so zusammengeschrieben wurden, sondern die Bibel ist von Männern, die ein heiliges, gottwohlgefälliges Leben geführt haben, niedergeschrieben worden, denn Gott hat durch seinen Heiligen Geist zu ihnen geredet und selbst bestimmt, was niedergeschrieben werden soll nach seinem Plan. Jesus, als der Sohn dieses Gottes, hat den Menschen den Willen seines Vaters, vorgelebt. Darum konnte auch einer der Apostel schreiben: »Was wir gesehen, sie haben Jesus gesehen!, und gehört haben, sie haben Jesus reden gehört, denn er war ja leiblich auf dieser Erde und hat gepredigt, was wir beschaut haben und unsere Hände betastet haben, vom Wort des Lebens, das verkündigen wir euch.«

»Aber Nowak, wer glaubt denn heut noch an dieses mittelalterliche Märchenbuch? Was wir gehört und gesehen haben . . .! Was sehen wir denn hier? Nur Tod und Verderben, zerfetzte Menschenleiber, ausgebrannte Häuser! Du glaubst doch nicht im Ernst daran, daß ein aufgeklärter Mensch des 20. Jahrhunderts den altmodischen Blödsinn der Kirche akzeptieren kann! Ich glaube wohl an ein höheres Wesen im Menschen – das sich frei entfalten muß. Ich glaube an die Erkenntnisse der Wissenschaften, an die Vollendung der Technik, ganz einfach eben an Fortschritt und die sichtbaren Erfolge – das ist mein ›Glaubensbekenntnis‹, wenn du es so nehmen willst.«

»Wir brauchen uns ja eigentlich nur einmal in der Gegend umzusehen, Herr Unteroffizier. Wohin sind wir mit all dem erfolgten Fortschritt gekommen? In der Heimat schmoren durch den Fortschritt der Technik die Menschenleiber im Feuerregen der Brandbomben zusammen. Wir hier hausen in Erdlöchern wie die primitivsten Höhlenbewohner aus der Eiszeit. Wenn man nur an die vielen Möglichkeiten denkt, durch die die Menschheit sich selbst vernichtet, die Bomben und Granaten, die kleinen und die großen Kugeln! Die chemischen Gifte und die Bakterien, die dafür gezüchtet werden, Menschen auszurotten! Wirklich, in der Tat sehr augenfällige und grandiose Produkte unserer fortschrittlichen Wissenschaft und Technik!«

»Wir befinden uns momentan im Ausnahmezustand, Nowak, es ist allgemein bekannt, daß dieser Krieg ein Ende nehmen wird und die Menschen nach diesem Völkermorden zur Vernunft kommen und danach die Welt zum Guten hin verändern werden.«

»Werden sie das? Ich bin ja kein Prophet, Herr Unteroffizier, aber das möchte ich Ihnen schon heute bescheinigen, daß nach dem Krieg ein neuer folgen wird. Vielleicht viele – sogar sehr viele Jahre später, wer weiß es. Bis dahin werden die Zerstörungswaffen dank eines Fortschritts in der Technik bestimmt noch entsetzlicher, teuflischer und mit größerer Reichweite sein als bisher, denn eine Prophezeiung in der Bibel besagt nämlich, daß in einem der letzten Kriege ein Drittel aller Menschen vernichtet werden wird!«

»Wo steht das?« fragt Diehlmann erstaunt. Kittel und Linsen haben ihre Ellbogen auf den Tisch gestützt und hören dem Gespräch interessiert zu. Auch die andereren im Raum blicken auf und verfolgen diese Auseinandersetzung. Nowak hat seine Bibel aufgeschlagen und beginnt, folgendes vorzulesen:

»Und es ward ein Hagel und Feuer, mit Blut gemengt, und fiel auf die Erde; und der dritte Teil der Bäume verbrannte, und alles grüne Gras verbrannte. Und der andere Engel posaunte; und es fuhr wie ein großer Berg mit Feuer brennend ins Meer, und der dritte Teil des Meeres ward Blut, und der dritte Teil der lebendigen Kreatur im Meer starb, und der dritte Teil der Schiffe wurde verderbt. Und der dritte Engel posaunte: und es fiel ein großer Stern vom Himmel, der brannte wie eine Fackel und fiel auf den dritten Teil der Wasserströme und über die Wasserbrunnen. Und der Name des Sterns heißt Wermut. Und der dritte Teil der Wasser wurde Wermut; und viele Menschen starben von den Wassern, weil sie waren so bitter geworden.«

Diehlmann winkt unwillig ab und meint: »Ach Nowak, die übersteigerten Fantasien der Menschen haben schon manches Schreckensbild an den Horizont der Zukunft gemalt.«

Jetzt meldet sich Kittel zu Wort: »Eins steht aber fest, Herr Unteroffizier, wenn man die Entwicklung der Vernichtungsmaschinen verfolgt, dann braucht man keene allzu jroße Fantasie, um das zu glauben, wat in de Bibel steht.«

»Seid ihr denn alle übergeschnappt? Jetzt fängst du auch noch an zu spinnen! Glaubt mir, wenn wir hier aus dem Dreck herauskommen, dann gehen Millionen aufgeklärter Menschen mit neuem Mut an die große Aufgabe, endlich einen stabilen Frieden in der Welt herzustellen. Dies war bestimmt der letzte Krieg, dazu ist viel zu Grausames geschehen.«

Kittel meint: »Beim letzten Spähtruppunternehmen, als wir da am Bach lagen, als der Iwan uns entdeckt hatte und die blauen Bohnen nur so um unsere Ohren zwitscherten, wat haben se denn da geschrien, Herr Unteroffizier?«

»Ja, ja, ich weiß, ich habe vor Angst zu Gott geschrien und gebetet: ›Großer Gott, hilf uns noch einmal aus diesem Dreck heraus!‹ Aber das gilt nicht, denn aus Angst beten die meisten.«

»Der größte Teil unserers Lebens besteht aus Angst. Wir werden auch weiterhin mit der Angst leben müssen. Der Nowak hat auch Angst, er hat et selbst zujejeben, und doch kriechen die Kameraden in höchster Not in sein Schützenloch und bitten ihm um Gebet!«

»Der Nowak hat nur die besseren Nerven! Das ist alles. Angst ist eben nackte Todesfurcht, weiter nichts«, ist Diehlmanns Überzeugung.

»Von Natur aus habe ich vielleicht mehr Angst als ihr«, bekennt Nowak. »Das Sterben ist für mich genauso unbekannt und grausam wie für euch. Aber durch die Auferstehung Jesu und seine Zusicherung eines besseren, ewigen Lebens werde ich einfach ruhig. Mitten in der Gefahr denke ich an ihn und höre seine Worte: In der Welt habt ihr Angst, aber seid getrost, ich habe die Welt überwunden!«

»Und das hilft dir?« fragt Scheller.

»Ja, ich habe einfach das Bewußtsein, er ist bei mir und sein Versprechen: ›Ich bin bei euch alle Tage‹ vermindert meine Angst.«

»Sind das nicht im Grunde alles religiöse Fantasiegebilde, denen du anhängst? Man hat aus dem Tod ein Schreckgespenst gemacht und droht den Menschen mit Hölle und Teufel. Ich bin davon überzeugt, daß es besser wäre, sich von Geburt an mit der Wesensart des Todes zu beschäftigen und über ihn zu sprechen, dann wäre er nicht so fremd und furchterregend. Sterben müssen wir alle, ob nun durch eine Krankheit, durch Herzschlag oder eine Granate, das ist doch egal«, erklärt Diehlmann.

»Na, dann viel Glück mit Ihrer Religion, Herr Unteroffizier! Ick jloobe, der Hans, der hat die bessere«, lacht Kittel.

Damit ist diese Diskussion vorerst beendet.

Später geht Hans noch einmal hinaus in die eisige Winternacht. Der Schnee fällt dicht und leise, er dämpft alle Geräusche und macht blind. Vereinzelt fallen Schüsse in dem verschleierten Grau. Ein Maschinengewehr tackert dumpf in der Ferne. Der Wind pfeift eisig und treibt den Schnee in weißen Fahnen und Bändern über die Ebene. An jeder kleinen Bodenerhebung formen sich kristallene Dünen, das schillernde Leichentuch des lauernden Todes.

Der Zwischenfall

In der Heimat verläuft der Alltag wie gewohnt. Herr Nowak muß früh aufstehen, um als Angestellter einer Reichsbehörde in seiner Amtsstelle pünktlich zu erscheinen. Frau Nowak besorgt ihren Haushalt allein. Sie möchte auch nicht, daß Ruth ihr bei irgendeiner Arbeit hilft und durch einen unvorhergesehenen Besuch entdeckt wird. Die Weihnachtszeit liegt weit hinter ihnen. Ruth bleibt streng verwahrt in den vier Wänden des kleinen Siedlungshauses.

Die Nachbarn glauben, die unbekannte Braut des Soldaten Hans Nowak wäre nach dessen Abreise zur Front wieder in ihre Heimat gefahren. Frau Nowak verläßt ihre Wohnung auch nur, wenn sie dringende Besorgungen zu machen hat.

»Falls es einmal in meiner Abwesenheit klingeln sollte, öffnest du auf keinen Fall, Ruth, ja?« hatte sie ihrer Schutzbefohlenen angeraten. Ruth befolgt ihren Rat und bleibt nur zu gern in ihrer Dachkammer. Durch die Dachluke schaut sie oftmals sehnsüchtig hinauf zum Himmel. Sie sieht die Wolken dahinziehen und sendet insgeheim Grüße an ihren geliebten Hans, der nun Tausende von Kilometern entfernt in Rußland ständig in Lebensgefahr schwebt. Beim Anblick der funkelnden Sterne am klaren Nachthimmel hofft sie, daß auch Hans zu ihnen hinaufschaut und an sie denkt. Zu gern würde sie Wind und Vögeln liebevolle Botschaften mitgeben an die Ostfront. Besonders aufgeregt ist sie, wenn der Postbote am Vormittag gegen zehn Uhr mit der Post auf seinem Dienstfahrrad den Laubenweg entlangfährt. Ihr Herz schlägt höher, wenn er bei Nowaks klingelt, und recht neugierig schaut sie zum Flur hinunter, ob Frau Nowak nicht einen Brief an sie entdeckt und ihn ihr heraufreicht.

An einem Morgen fahren Nowaks gemeinsam in die Stadt. Sie wollen sich etwas kaufen, was sie nur auf Bezugsmarken der Reichskleiderkarte bekommen können. Sie hatten Ruth am Abend vorher darüber unterrichtet. Nun ist sie ganz allein im Haus. Aus ihrer Dachkammer kann sie die Gärten der Laubenkolonie weithin überblicken. Alles ist kahl, die dunklen, aufgeworfenen Erdschollen sind nur leicht von Schnee überzuckert. Die knorrigen Äste der Obstbäume recken sich kreuz und quer gegen den bedeckten Himmel.

Da sieht sie den Postboten, der sich von Haus zu Haus mit seinen Postsäcken voranarbeitet. Er durchfährt die vielen kleinen Wege, verschwindet mal hinter einer höheren Hecke oder größerem Gebüsch und taucht wieder auf. Jetzt ist er schon am Nachbarhaus. Ruth schleicht ganz vorsichtig die Treppe hinunter. Hinter der Gardine verborgen, sieht sie ihn sich dem Hause nähern. Sie hört, wie etwas in den Briefkasten fällt. Wenige Sekunden später hält sie einen heißersehnten Feldpostbrief in ihren Händen.

Frau Nowak hatte ihr erlaubt, jeden Brief von Hans an die Familie zu öffnen und nachzusehen, ob auch für sie etwas dabei ist. Ganz verklärt strahlen ihre Augen, wenn sie von Hans Post bekommen hat. Sie verzieht sich ins Wohnzimmer und ist für die nächste Zeit dieser Welt entschwunden. Leider hat sie in ihrer Aufregung über die erhaltene Post die Haustür nicht richtig zugemacht. Erst, als sie harte Männerschritte im Hausflur vernimmt, fährt es ihr heiß durch die Glieder. Was tun? In Nowaks Schlafzimmer kann sie jetzt nicht mehr gelangen, um sich, wie besprochen, im Kleiderschrank zu verstecken. Es wird an die Wohnzimmertür geklopft. Eine derbe Männerstimme ruft: »Hallo! Frau Nowak! Sind Sie da?« Erstarrt blickt sie zur Tür, die sich jetzt langsam öffnet. »Ach, entschuldigen Sie bitte, wir möchten eigentlich zu Frau Nowak, ist sie nicht da?« Ein kleiner und untersetzter Mann in der Uniform eines Blockleiters der NSDAP hat die Tür geöffnet und blickt erstaunt auf die junge Dame. Neben ihm steht ein hagerer Mann in Zivil mit dem Abzeichen der Luftschutzbehörde am Revers. »Heil Hitler! Fräulein, wir möchten den Luftschutzraum und die Feuerlöschgeräte auf dem Boden inspizieren«, ergänzt der Hagere mit meckernder Stimme.

»Frau Nowak ist augenblicklich nicht im Haus, könnten Sie bitte später noch einmal vorbeikommen?« stammelt Ruth verlegen.

»Das geht schlecht, wissen Sie, die Häuser hier sind so entlegen, und der Beauftragte der Luftschutzbehörde hat wenig Zeit, den Weg hierher noch einmal zu machen. Andererseits weiß ich selber im Hause gut Bescheid. Wir können doch in Ihrer Gegenwart die Sache schnell erledigen«, meint der Uniformierte selbstsicher. Ruth weiß vor Schreck gar nichts zu antworten.

»Sagen Sie, sind Sie nicht sogar die Braut von Hans Nowak? Ich dachte, Sie wären wieder fort, man hat sie doch gar nicht mehr gesehen!« forscht er weiter.

»Ich bin nochmal hergekommen«, antwortet Ruth etwas unsicher, »denn ich habe hier noch etwas zu besorgen.«

»So, so, zu Besuch sind sie also. Wie war doch Ihr werter Name?«

»Ruth Engelmann.«

»Nun Fräulein Engelmann, dann wollen wir uns gleich als erstes den Boden anschauen«, sagt der Parteimensch und geht kurz entschlossen auf die Bodentreppe zu. Offensichtlich weiß er wirklich gut Bescheid. Der Mann in Zivil folgte ihm. Ruth zitterte am ganzen Leibe. Soll sie fliehen? Nein! Sie würde sich sofort verraten. Mit weichen Knien folgt sie den beiden Männern hinauf zur Dachkammer.

»Nanu? schläft denn jemand hier?« fragt der Blockwart.

»Sind das Ihre Kleider und Ihr Gepäck?«

»Ja, als mein Bräutigam Heimaturlaub hatte, stellten mir meine zukünftigen Schwiegereltern diese Dachkammer zur Verfügung.«

»Aber Sie wissen doch, daß das laut der Reichsluftschutzordnung strengstens verboten ist, in Dachkammern zu wohnen. Das ist doch sehr merkwürdig, wie lange wohnen Sie schon hier?«

»Ach, eben nur in den Tagen, als Hans auf Urlaub war, und jetzt nur kurz.«

»Nach den gesetzlichen Bestimmungen ist es aber strengstens verboten, Fräulein Engelmann, wegen der Feuergefahr auf irgendeinem Dachboden zu wohnen«, mischt sich der Mann in Zivil ins Gespräch.

»Ja – das ist äußerst merkwürdig, wir müssen diesen Vorfall unbedingt protokollieren. Wie lange wollen Sie noch hier zu Besuch bleiben?« fragt der Blockwart.

»Nur bis übermorgen, dann ist mein Urlaub auch zu Ende.«

»In der Dachkammer dürfen Sie aber nicht wohnen bleiben, auch nicht vorübergehend, verstanden!« befiehlt der Mann in Uniform.

»Herr Nowak wird noch heute von mir hören. Bestellen Sie ihm einen schönen Gruß von mir. Er müßte ja eigentlich Bescheid wissen und verstößt trotzdem gegen die Bestimmungen.«

Nachdem sie noch den Luftschutzkeller begutachtet haben, verschwinden die beiden. Sie verabschieden sich mit ›Heil Hitler‹ und ›bis heute Abend, Fräulein Engelmann‹!

Ruth ist wie versteinert und blickt ihnen nach. Sie ahnt nichts Gutes, ja, sie wittert Gefahr! Sie glaubt, das Netz schon zu spüren, das sich unsichtbar um sie legt. Was soll sie nur tun? Sie weiß nicht, wann Nowaks aus der Stadt zurückkommen werden. Darüber hinaus ist sie zutiefst beunruhigt über die Gefahr, daß man über sie Nachforschungen anstellt und ihre wahre Herkunft ermittelt. Ruth bereut es, ihren vollen Namen gesagt zu haben. Wie schnell können sie dadurch ihren Namen auf den Fahndungslisten ent-

decken. Es muß etwas geschehen, und zwar schnellstens, ehe die Häscher sie ergreifen!
Eilig rennt sie in ihre Dachkammer, packt in Windeseile die notwendigsten Habseligkeiten in eine große Tasche und zieht sich ihren Wintermantel über. Hastig rennt sie die Treppe hinunter. Mit klopfendem Herzen bleibt sie im Flur stehen. Wie soll sie Nowaks verständigen? Ein Brief könnte sie unter Umständen in Gefahr bringen, falls die Herren von der Partei noch vor ihrer Rückkehr aus der Stadt wiederkämen. Soll sie einfach ohne ein Wort der Aufklärung von der Bildfläche verschwinden? Ihr Herz ist zerrissen, krampfhaft hält sie den Brief von Hans in der Hand, der sie so glücklich gemacht hat. Sie steckt ihn in die Tasche zu ihren anderen Sachen. Unschlüssig, was sie nun tun soll, geht sie noch einmal in das Büro von Herrn Nowak, in jenen Raum, wo sie ihm zum erstenmal begegnet ist. Sie sieht den Spruch an der Wand, der wieder eine Aufforderung für sie in dieser gefährlichen Situation ist: »Rufe mich an in der Not, so will ich dich erretten, so sollst du mich preisen!«

Mein Gott, so hilf mir doch! Warum mußte das nur geschehen? Hastig nimmt sie einen Zettel, kritzelt schnell einige Worte darauf mit Bleistift, um ihn anschließend schon wieder zu erreißen. Die Papierschnitzel wirft sie in den Papierkorb. Dann nimmt sie ihre Tasche und verläßt eilig das Haus, in dem sie monatelang Schutz und Unterkunft gehabt, in dem sie auch ihr größtes Glück gefunden, die Liebe zu Hans! Sie rennt auf einem Nebenweg zur nächsten S-Bahnstation und hofft im Stillen, Nowaks durch Zufall zu treffen.

Als Nowaks am späten Nachmittag aus der Stadt zurückkommen, sind sie zu Tode erschrocken, als sie Ruth nicht vorfinden und die Spuren einer panikartigen Flucht entdecken.

»Was kann passiert sein, daß sie plötzlich weggerannt ist?«

»Es muß sie jemand überrascht haben, der ihr gefährlich werden kann! Sie hat auch nur das Notwendigste mitgenommen!«

»Warum nur hat sie keine Nachricht hinterlassen?« fragt Frau Nowak erschüttert.

Im Büro entdeckt Herr Nowak später den zerrissenen Zettel im Papierkorb, den er mühsam zusammensetzt. Er kann folgendes entziffern: »Lieber Herr Nowak! Eine überraschende Luftschutzkontrolle war hier. Meine Dachkammer wurde entdeckt. Ein Mann in Parteiuniform will am Abend wiederkommen und Sie sprechen. Ich glaube, es ist besser, wenn ich schnell verschwinde. Vielen, vielen Dank für alle Liebe, Ihre Ruth.

Noch etwas: ein Brief von Hans ist angekommen, ich habe die Zeilen für mich mitgenommen.«

»Magda, verstehst du das? Warum hat sie denn überhaupt die Tür geöffnet?«

»Ich weiß es doch auch nicht, Heinrich. Ich habe es kommen sehen! Früher oder später mußte es rauskommen, ich habe es sogar im Traum gesehen!«

Heinrich Nowak verbrennt die Papierfetzen im Küchenherd und sagt: »Hoffentlich ist ihr wenigstens die Flucht gelungen!«

»Was wirst du den Herren von der Partei sagen, wenn sie heute abend kommen?«

»Ich weiß es noch nicht, was ich sagen werde. Lügen will ich nicht, vielleicht kann ich durch Schweigen Schlimmeres verhindern. Komm, laß uns beten. Jesus hat ja gesagt: »Wenn sie euch aber führen werden in ihre Schulen und vor die Obrigkeit und vor die Gewaltigen, so sorgt nicht, wie oder was ihr antworten oder was ihr sagen sollt; denn der Heilige Geist wird euch zu derselben Stunde lehren, was ihr sagen sollt.«

Die Häscher kommen noch vor Mitternacht. Mit Fäusten hämmern sie an die Tür. Scharfe Stimmen werden laut: »Sofort aufmachen!« Frau Nowak fährt erschrocken hoch im Bett.

»Wer ist denn da?« ruft sie.

»Geheime Staatspolizei! Sofort öffnen!«

Nowaks springen aus ihren Betten, werfen sich in Eile die Morgenmäntel über und rennen zur Haustür. Als Frau Nowak den Schlüssel gerade umgedreht und die Türklinke nach unten gedrückt hat, wird die Tür von außen aufgestoßen. Der Blockwart stürmt mit zwei Männern in Ledermänteln in den Flur und sagt: »Geheime Staatspolizei! Bei Ihnen wohnt die Jüdin Ruth Engelmann. Herr Nowak, Sie wissen, was das bedeutet!«

Herr Nowak antwortet kurz: »Bei uns wohnt keine Jüdin Ruth Engelmann!«

»Zeigen Sie uns sofort Ihre Dachkammer!« sagt einer der Herren.

»Bitte« – Herr Nowak begleitet die drei Männer zur Bodentreppe. Seine Frau bleibt unten stehen. Die Männer durchstöbern den Raum. Es kommt zu einem heftigen Wortwechsel.

Als sie wieder herunterkommen, sagt der Anführer der Männer: »Herr Nowak, Sie haben Fräulein Engelmann zur Flucht verholfen! Sie werden uns jetzt sofort sagen, wo sie sich befindet! Wenn nicht, dann werden Sie Zeit haben, im Polizeipräsidium darüber nachzudenken!«

»Ich kann es Ihnen wirklich nicht sagen, wo sich Fräulein Engelmann aufhält, sie hat unser Haus während unserer Abwesenheit verlassen.«

Der Blockwart und seine Begleiter durchsuchen nun auch noch die anderen Räume des Hauses, Wohn- und Schlafzimmer, Küche, Keller und längere Zeit das Büro. Sie schnüffeln wie Polizeihunde im Haus herum. Vom Keller bis zum Dachfirst wird jede Ecke durchkämmt. Besonders intensiv beschäftigen sie sich mit dem Schreibtisch im Büro.

»Ziehen Sie sich bitte an, Sie müssen uns zum Polizeipräsidium begleiten! Aber Beeilung bitte, wir haben nicht viel Zeit!«

Hilflos und mit stark gerötetem Gesicht blickt Frau Nowak die Männer an und fragt: »Wann kommt mein Mann zurück? Soll ich ihm Wäsche mitgeben?«

»Nicht nötig. Wenn uns Ihr Mann das Versteck der Jüdin nicht sofort zeigt, werden wir ihm stilechte Kleidung besorgen, darauf können Sie sich verlassen!«

»O Heinrich . . .!« schluchzend versucht Frau Nowak noch einmal, sich ihrem Mann zu nähern, doch sie wird hart zurückgehalten: »Hiergeblieben! Verfluchte Judenbrut! Halten Sie sich auch bereit, vielleicht müssen wir auch Sie noch zum Verhör abholen!«

»Heinrich! Der Herr behüte dich!« ruft sie ihrem Mann nach, bevor er im Dunkel der Nacht endgültig mit den Beamten und dem Blockwart verschwindet. Sie hat noch sehen können, wie er unsanft in den bereitstehenden Mercedes gestoßen wird. Im nächsten Augenblick schon wird ihr schwindelig, sie sieht bunte Sterne vor ihren Augen, ehe sie bewußtlos zu Boden stürzt.

Als sie wieder zu sich kommt, kann sie sich nicht gleich an alles erinnern, was sich kurz zuvor ereignet hat. Nur allmählich kommen die Gedanken zurück und qualvolle Stunden des Wartens hat sie zu durchleben. An Schlaf ist nicht zu denken. Die Fragen nach ihrem Mann und nach Ruth halten sie wach. Sie denkt an die Gerüchte über sogenannte Gestapokeller in der Prinz-Albrecht-Straße, an die Berichte über Verhöre im Polizeipräsidium und an die KZ-Lager, von denen man zwar nichts Genaues weiß, aber von denen keiner mehr zurückkehrt. Was wird nun aus ihnen werden? Wird sie ihren Mann wiedersehen? Wo mag Ruth sich zur Stunde befinden? Ob sie einen Unterschlupf gefunden hat? Wozu waren wohl diese Bestien von Männern fähig, einem anständigen Bürger etwas anzutun, nur, weil er einem hilflosen jüdischen Mädchen Unterschlupf gewährt hatte? Sie konnte nur noch zu Gott rufen: »Herr, erlöse uns von dem Übel!«

Überraschenderweise kommt Herr Nowak schon am nächsten Tag nach Hause. Sein Anblick ist für Frau Nowak schockierend.

»Erschrick bitte nicht, Mutti, jetzt ist alles vorüber«, sagt er beruhigend. Blutig-verkrustete Schrammen laufen über sein Gesicht, ein Auge ist blau unterlaufen und ringsherum geschwollen. Seine Lippen sind dick aufgeworfen, seine Haare blutverschmiert, der Anzug zerrissen und sein Hemd schweißdurchtränkt.

»Mein Gott, was hat man bloß mit dir gemacht!« weinend wirft sie sich an die Brust ihres Mannes.

»Ja, mein Liebes, weine nur, wein dich richtig aus, es wird alles gut werden. Der Herr Jesus weiß, wie es uns ergeht. Er wurde auch geschlagen, obwohl er keine Sünde hatte. Kriegsknechte haben ihn gefoltert, und doch war er Gottes Sohn! Er tat seinen Mund nicht auf, als er gemartert wurde, und doch hätte er ganze Armeen himmlischer Heerscharen in Bewegung setzen können!«

Herr Nowak streicht seiner Frau liebevoll durchs Haar, das nun schon sichtlich ergraut ist. Sie beginnt, an seinem Anzug herumzuputzen und sagt immer wieder: »Mein Gott, Heinrich, wie siehst du nur aus, wie ein Verbrecher!«

»Ja, ja, Magda, wie Verbrecher sind wir Menschen und hätten daher die Strafe, ans Kreuz geschlagen zu werden, verdient. Aber der Herr Jesus hat alles für uns gebüßt! Wir dürfen ihm danken, daß er uns unsere Sünden restlos vergeben hat und nicht mehr an sie denkt. Nun ist alles erledigt, Magda, verlaß dich darauf, sie werden nicht mehr kommen. Gott hat mir Weisheit gegeben zu antworten, ich konnte sie davon überzeugen, daß Ruth nicht bei uns ist und wir über ihren weiteren Verbleib nicht das Geringste wissen. Ich brauchte nicht zu lügen und bin freigekommen, was für mich wie ein Wunder ist!«

»Wozu die Menschen nur fähig sind, Heinrich! Sind das überhaupt noch Menschen, die Gottes Antlitz tragen? Der Mensch sollte doch dem Bilde Gottes gleich sein! Kannst du das begreifen?«

»Glaub mir, in den KZ-Lagern geschehen bestimmt schlimmere Dinge. Meine kleinen Schrammen werden bald verheilen, aber die Wunden derer, die als Juden gebrandmarkt sind und vielleicht überleben, ob die jemals heilen werden? Ich glaube das kaum. Was mich am meisten quält ist, daß ich nicht weiß, wo Ruth untergekommen ist und wie es ihr geht. Auf alle Fälle bin ich davon überzeugt, daß ihr die Flucht gelungen ist, sonst hätten sie mich nicht so behandelt. Hör, Mutter, wir dürfen auf keinen Fall unserm Hans davon etwas schreiben. Man weiß nie, wozu er sich vielleicht hinreißen lassen könnte. In jungen Jahren neigt man doch mehr zu unüberlegten Handlungen, auch wenn man ein Gotteskind ist.«

Er nimmt seine Frau liebevoll in die Arme und meint: »Wer in dieser Zeit keinen Heiland hat, der ist ein armer Mensch!«

Ausbruch aus dem Kessel

Die Winternächte sind unheimlich und voller Gefahren. Soweit das Auge blicken kann, weiße Schneefelder ungeahnten Ausmaßes, ab und zu unterbrochen von dunklen Wäldern und vereinzelt stehenden Büschen. Im Kompaniegefechtsstand steht ›Zar Igor‹, der Späher, wie ihn die Deutschen nennen. Mit seiner Pelzmütze bekleidet und seinem zottigen Vollbart sieht er tatsächlich wie ›Iwan der Schreckliche‹ aus. Hier, am Ende der Welt sozusagen, wo es keine ordentlichen Straßen mehr gibt, wo die verwehte Steppe das Landschaftsbild prägt, kennt Igor dennoch jeden Pfad, jeden Hinterhalt, jedes Flüßchen und jeden See. Igors Vater war einst zaristischer Offizier. Er wurde ein Opfer der Roten Armee, die ihn grausam ermordete, deshalb haßt Igor die Bolschewisten bis aufs Blut. Er hat in ›seinem‹ kleinen Ort eine einheimische Bürgerwehr von vierzig Mann zusammengestellt, die das Dorf und die etwas abseits stehenden, einsamen Gehöfte gegen die Überfälle von Partisanen schützen soll. Der steinhart gefrorene Sumpf, sonst ein unpassierbares Gelände für Unkundige, ist augenblicklich der beste Durchschlupf geworden für die russischen Truppen, in die weit auseinandergezogene und schwach besetzte deutsche Front einzudringen. Immer wieder gelingt es feindlichen Einheiten durch diese porösen Stellen ins Hinterland zu kommen und einzelne Versorgungslager oder Nachschubkolonnen anzugreifen und zu zerstören. Igor hat es sich zur Aufgabe gemacht, die russischen Spähtrupps an ihren Unternehmungen zu hindern, die auf Skiern über die vereisten Moore und zugefrorenen Gewässer lautlos daherkommen. Er arbeitet mit den deutschen Truppen Hand in Hand. Es ist ihm auch schon mehrfach gelungen, solche Trupps zu entdecken und unschädlich zu machen.

»Härr Hauptmann, russischer Angriff wird kommän diese Nacht. Meine Männer haben gefangen Vorposten. Dieser sprächen: ›Russisch Angriff diese Nacht!‹«

Hauptmann Köhler weiß, daß dieser Mann kein Schwätzer ist, der sich wichtig tun will.

»Wo ist der Gefangene, Igor?«

»Draußän vor Tür, Hauptmann.«

»Bring ihn herein!«

Igor winkt seinen Männern vor der Tür, die einen sowjetischen

Soldaten in weißem Tarnanzug hereinstoßen. Erschrocken und verängstigt schaut er den Hauptmann an.

»Igor, sag dem Mann, wenn er uns die Wahrheit sagt, wird er gut behandelt. Wenn seine Angaben Lügen sind, muß er mit der Todesstrafe rechnen!«

Igor übersetzt, der Russe nickt als Zeichen, daß er verstanden hat. »Wie stark sind die sowjetischen Einheiten jenseits des Waldes und am Fluß?«

»Ich nicht wissen, Härr Offizier«, übersetzt Igor. »Wir erst vor zwei Tagen an Front gekommän.«

»Wer sind ›wir‹? Zu welcher Einheit gehörst du?«

»Ich gehören zu zwei Bataillonen der Sonderskiabteilung für Befreiung Nordrußlands.«

Der Hauptmann wird hellhörig. »Wie stark ist ihre Artillerie?«

»Geschütze? – Ich nicht weiß, Skibataillon nur haben Motorschlitten und Schneepflüge.«

»Wann kommt der Angriff?«

»Meine Kamerad – gute Freund von Kommandant, sagen: Morgen Großangriff!«

»Wieviel Mann haben die Skibataillone?«

»Meine Bataillon ungefähr 500–600 Mann.«

Der Russe ist gesprächig, was Hauptmann Köhler verdächtig vorkommt. Er nimmt die Aussagen mit Vorsicht auf.

Dennoch ist höchste Alarmbereitschaft geboten. Der Hauptmann reicht dem Russen eine Schachtel Zigaretten: »Wenn du gelogen hast, wirst du erschossen!«

Dann läßt er ihn abführen.

»Igor, was meinst du, sagt er die Wahrheit oder will er uns nur nervös machen?«

»Ich glauben, er sagt Wahrheit. Meine Männer haben erkundet hinter Front neue Truppen mit große Schneepflüge.«

»Gut, wir werden sehen. Zunächst wird die Artillerie ja wie gewöhnlich Vorbereitungsfeuer schießen, deshalb gib deinen Männern doppelte Verpflegungssätze und umstelle den Ort die ganze Nacht hindurch!«

Jawohl, Härr Hauptmann«, und damit verläßt er den Kompaniegefechtsstand.

Hauptmann Köhler nimmt das Feldtelefon zur Hand: »Hallo – Feldwebel Becker, hören Sie? Heute Nacht höchste Alarmbereitschaft in allen Stellungen! Stellen Sie sofort einen Spähtrupp zusammen, der durch den Nordwald bis zum Fluß vordringen und Aufklärung über alle Truppenbewegungen bringen soll. Ein größerer sowjetischer Durchbruch wäre für die ganze Nordfront lebensgefährlich, weil alle Verkehrsknotenpunkte nur unzureichend gesichert sind. Ich kann mich auf Sie verlassen, Becker?!«

Dann ruft der Hauptmann den Bataillonskommandeur an. Eine halbe Stunde später sind auch die Division und das Armeekorps unterrichtet. Eine eisige Nacht bricht an. Friedlich und still vergehen die ersten Stunden. Kein Schuß fällt. Auf der feindlichen Seite steigen ab und zu grüne und gelbe Leuchtkugeln empor, aber das hat noch nichts zu bedeuten.

Unteroffizier Diehlmann führt den Spähtrupp an. Gefreiter Kusserow, Gefreiter Nowak und Schütze Scheller folgen ihm. An der MG-Stellung steigen sie aus dem Graben. Scheller klagt über entzündete Augen vom Postenstehen am Tage zuvor. Das grelle Licht der Sonne, das tagsüber auf den Schnee schien, hatte Myriaden von Eiskristallen zum Glitzern gebracht. Jetzt, in der Nacht, verschwinden alle Konturen. Die Männer können kaum etwas unterscheiden. Drei Wochen lang hatte man keinen Spähtrupp mehr ins Gelände geschickt. Die Fronten waren festgefahren, die Russen hatten keine Reserven parat, und die deutschen Truppen hatten durch die vielen Erfrierungen so viele Ausfälle, daß die Gefechtstätigkeit fast eingeschlafen war.

Nun aber mußten sie wieder raus. Der Kampfauftrag lautete: »Feindliche Truppenbewegungen beobachten und nach Möglichkeit Gefangene machen!« Dieses unwegsame Gelände kennen sie nicht, und überraschende Geräusche machen sie nervös. Wenn Schnee von den Bäumen auf den Boden rieselt, zucken sie zusammen. Knirscht die Schneedecke unverhältnismäßig laut, bleiben sie wie erstarrt liegen. Nur allmählich gewöhnen sich die Augen an den schwachen Schimmer in der Nacht. Man kann jetzt eine Böschung erkennen, hinter der der kleine Bach liegen soll. Bald hat der Spähtrupp den Waldrand erreicht. Nun heißt es, mit noch größerer Vorsicht voranzupirschen, denn hinter jedem Busch, an jeder kleinen Tanne und von jedem Baum herab lauert Gefahr. Nach etwa einer Stunde kommt eisiger Ostwind auf, der zum heulenden Sturm anschwillt. Er läßt die schneidende Kälte noch grausiger werden, so wenigstens empfinden es die Kameraden. Spuren und Wege verwehen, und an den Schneewächten türmt sich neuer Schnee auf.

In der Ferne hören die Landser Flugzeuge brummen. Keuchend bleiben sie stehen und lauschen, aber eigentümlich, die Flugzeuggeräusche kommen nicht näher, auch fallen nirgends Schüsse. Kein Scheinwerfer ist zu sehen, keine Granate donnert, Leuchtkugeln werden ebenfalls nicht abgefeuert. Diese verdächtige Stille wird den Männern zum Alptraum. Sind sie in eine Falle geraten? Haben die Russen sie in einen Hinterhalt gelockt? Von einem bevorstehenden Großangriff hat ihnen Feldwebel Becker nichts gesagt. Zeitweilig liegen die Männer auf ihren Bäuchen und robben mit größter Anstrengung voran. Dann lauschen sie wieder in die Nacht. »Herr Unteroffizier!« Nowak stößt Diehlmann kurz an und deutet mit seiner Rechten hinüber zur nächsten Schonung. Großer Gott, was ist los? Lautlos, fast elegant, gleiten sowjetische Soldaten auf Skiern durch den verschneiten Wald. Auf dem weißen Schnee heben sich die Konturen der schwer bepackten Schützen ab. Auf ihren Schultern tragen sie Infanteriewaffen aller Art, in den Schlitten liegen hochgepackt Munitionskästen. Truppenführer deuten durch ständige Lichtsignale die Richtung an. Unerschöpflich scheinen die schwerbewaffneten Angriffskolonnen zu sein. Den vier Deutschen scheinen Herz und Verstand vor Schreck stehenzubleiben. Wie hypnotisiert starren sie auf die vorbeiziehenden Feinde. Sie bleiben, dicht an den Boden gepreßt, hinter einem Gebüsch liegen. Ununterbrochen ziehen die Kolonnen an ihnen vorüber. Was soll geschehen? Was können sie machen? Sie können unmöglich abwarten, bis der Strom der vorüberziehenden Russen beendet ist. Vielleicht bricht dann auch schon der Tag an. Aber aufspringen und zurücklaufen wäre glatter Selbstmord.

In der Ferne kann man jetzt ein Rattern von Motoren vernehmen, offenbar Kettenfahrzeuge und Schneepflüge. Eine umfassende Offensive scheint sich anzubahnen. Heimlich, in aller Stille, ohne jegliche Artillerievorbereitung tritt der Russe zum Angriff an. Nun nähern sich den abwartenden Deutschen sowjetische Infanteristen in Schützenlinien zu Fuß. Nur drei Meter von ihnen entfernt laufen sie vorüber. Die Späher wagen kaum zu atmen. Als die ersten an ihnen vorüber sind, sagt Diehlmann zu seinen Männern: »Los, einfach aufstehen und ihnen folgen. Kein Wort sprechen! Mit unseren Schneehemden getarnt wird man uns, wenn wir Glück haben, für eigene Leute halten.«

Die Männer erheben sich, vorsichtig um sich blickend, schnüren ihre Tarnhemden über den Uniformen fest und folgen in den Spuren der vorbeigeeilten Russen. Sie befinden sich also in der sowjetischen Marschkolonne. Kein Wort ist zu hören. Der unheimlich heulende Wind ist ihr Schutzgefährte. Ihre Herzen schlagen bis zum Halse hinauf. An einer passenden Stelle, dicht hinter dem Bach am Hochstand, fädeln sich die Deutschen wieder aus der russischen Kolonne aus. Nur 300 Meter hinter der großen Schneemulde liegt ihr Kompaniegefechtsstand, sie haben es geschafft!

Der Posten vor dem Bunker ruft erschrocken: »Halt! Wer da? Parole« – »Mensch, sei still! Halt's Maul! Hinter uns kommen die Russen in großen Scharen! Die werden dir die Parole mit ihren Maschinenpistolen durch die Brust hämmern! Laß uns zum Chef, aber schnell!«

Diehlmann stößt den verdutzten Posten zur Seite und rennt in den Unterstand. Im Kerzenschein steht Hauptmann Köhler am Feldtelefon. »Wie bitte? Ich kann Sie so schlecht verstehen! Was ist los? Starke Feindbewegungen? – Skitruppen und Motorschlitten stoßen an Ihnen vorbei? Ohne Artillerievorbereitung? Hören Sie, Schumann, versuchen Sie, sich mit ihren Männern zum 3. Zug zu Feldwebel Becker durchzuschlagen! – Ende!«

Köhler knallt den Hörer auf die Gabel und blickt erschrocken auf die Männer. »Diehlmann, wie kommen Sie denn hierher? Ist der Russe bei Ihnen auch schon durchgebrochen?«

Schnell antwortet Diehlmann, da der Hauptmann schon wieder nach dem Telefon greift: »Nein, Herr Hauptmann, melde gehorsamst, Unteroffizier Diehlmann vom Spähtrupp zurück! Durch starke sowjetische Angriffstruppen überrascht, konnten wir uns in der Dunkelheit in die sowjetischen Schützenketten einreihen und 300 Meter südlich vom Gefechtsstand wieder herausschleichen!«

»Wie bitte? 300 Meter südlich vom Gefechtsstand? Sind wir schon umgangen? Schläft denn der Posten da draußen?«

Atemlos stürzt ein weiterer Melder in den Gefechtsstand: »Buschgelände am Bunker B feindbesetzt! Auf der Hauptstraße sind sowjetische Schneepflüge zur Räumung der Straße eingesetzt!«

»Was bedeutet das, Diehlmann?« schreit der Hauptmann entsetzt. »Offenbar durchbrechen gerade starke sowjetische Truppen die schwach besetzten Linien auf breiter Front, Herr Hauptmann, der ganze Wald steckt voller Truppen, unübersehbar!«

»Lassen Sie Ihre drei Männer vor dem Unterstand in Stellung gehen! Rundumverteidigung! Sie bleiben hier, Diehlmann!«

Nowak, Kusserow und Scheller verlassen den Gefechtsstand. Der Hauptmann greift zum Feldtelefon, um die Division zu benachrichtigen. Die Verbindung ist stark gestört.

»Melden Sie bitte dem General: starke sowjetische Truppen – hallo! – Hallo! . . .« Da knackt es im Telefonhörer. Eine fremde Stimme meldet sich, offenbar ein Funker der Nachrichtenkompanie, und sagt: »Ich trenne, der Feind ist in der Leitung!« – »Verfluchter Mist! Den Augenblick hätte er auch noch warten können!« brüllt Köhler. »Wir scheinen in der Falle zu sitzen, Diehlmann!« Der Hauptmann reißt seine Lammfelljacke vom Haken und setzt die Pelzmütze auf. »Melder, versuchen Sie Verbindung zum Dorf aufrechtzuerhalten! Sämtliche Mannschaften zurück zur Rundumverteidigung! Einigeln! Verstanden? Vorerst Widerstand, wenn möglich, ausweichen! Wir brauchen zum Sammeln in der Dunkelheit Zeit. Das Dorf muß erhalten bleiben. Diehlmann, versuchen Sie, Ihre Leute bis zum Nordrand des Dorfes zurückzuziehen. Ich baue hier ab. Neuer Kompaniegefechtsstand in der Schule neben dem Kirchhof!«

»Zu Befehl, Herr Hauptmann!« Diehlmann stürzt hinaus in die feindliche Nacht. Die fünf verbliebenen Soldaten schleichen im Schutze der Dunkelheit gedeckt hinter hohen Schneewächten auf das Dorf zu. Ihnen voran der Hauptmann mit der Maschinenpistole in der Hand. Die Männer sind schwer beladen mit Munitionskästen, Waffen und vor allen Dingen dem wichtigen Funkgerät, ohne das jegliche Verbindung zu anderen Truppenteilen unmöglich wäre.

Gott sei Dank hält die Nacht das ganze Land gefangen. Trotz des Schneesturmes und der beißenden Kälte beginnen Nowak, Kusserow, Scheller und die anderen zu schwitzen. Das ist sehr gefährlich, denn wenn sie jetzt in feuchten Kleidern für längere Zeit in der Kälte bleiben müssen, holen sie sich sicher den Tod. Schemenhaft tauchen die ersten Gehöfte hinter Hecken und Büschen auf. Der Wind heult ununterbrochen. Aber was ist das? Ist es nur das Sausen des Windes? Nähert sich da nicht ein heller, singender Ton? Wie erstarrt bleiben die Männer etwa hundert Meter vom Dorf entfernt stehen. »Zum Teufel nochmal, das Geräusch kennen wir doch!« bollert Hauptmann Köhler los.

»Ja, die Nähmaschine!« antwortet Kusserow.

»Was denn, mitten in der Nacht? Die sind wohl vom Affen gebissen?« Der russische Störflieger, die lahme Ente, schnurrt heran. Der Motor setzt plötzlich aus. Wie ein Rieseneule taucht die Maschine hinter dem Dorf aus der Dunkelheit auf. Lautlos segelt sie über die Dächer. Die Männer haben sich der Länge nach auf die Erde geschmissen. Jetzt heult es durch die Luft, scharfes, gefährliches kurzes Rauschen! Bomben fallen. Scharfe Detonationen – Blitz und Knall zur gleichen Zeit. Aus dem Dunkel hört man Schreie und jämmerliches Stöhnen. Der Motor des Störflugzeuges beginnt wieder zu rattern. Im grauschwarzen Schleier der Nacht verschwindet der häßliche Vogel. Ein Haus steht in Flammen.

Wie eine Riesenfackel lodert es zum Nachthimmel empor und erleuchtet den Ort. »Verdammter Mist! Das hat uns gerade noch gefehlt!« flucht der Hauptmann.

Im Dorf rennen Zivilisten schreiend durcheinander. Dieser Zwischenfall erweist sich allerdings als Rettung für versprengte Gruppen zurückeilender deutscher Soldaten. Ohne Sichtorientierung und Kompaß wären manche Gruppen wahrscheinlich am Dorf vorbeigeirrt und in sowjetische Gefangenschaft geraten.

Als der Hauptmann mit seinen Männern das Dorf erreicht, bietet sich ihnen ein Bild des Grauens. Neben dem brennenden Haus ist ein weiteres, eine Datscha, in einen Trümmerhaufen verwandelt. Volltreffer! Alle Bewohner sind tot. Der Bauer, seine Frau, ein alter Mann, wohl der Großvater, und vier kleine Kinder sind ums Leben gekommen. Sie lagen alle zusammen auf dem großen Ofen, als sie vom Fliegerangriff überrascht wurden. Sie sind in einem Augenblick zerfetzt worden. Igor steht vor den entstellten Leichen und weint bitterlich wie ein Kind. Wie der Hauptmann später erfährt, war es ein leiblicher Bruder des Igor mit seiner Familie. Man läßt ihn mit seinem Schmerz allein. Noch im Laufe der Nacht sammeln sich im Ort versprengte Einheiten, Panzergrenadiere, Luftnachrichtensoldaten und Pioniere mit zwei Pak-Geschützen. Unteroffizier Geyer hat sie aus einer Nachbarstellung durch Eis und Schnee mit Panjepferden heranziehen lassen. Als der Morgen anbricht, kann Hauptmann Köhler eine beachtliche Kampfgruppe von 380 Mann unter seinem Kommando vereinen. Zwar ein bunt zusammengewürfelter Haufen deutscher Soldaten, aber beseelt von dem Willen, den Stützpunkt unter allen Umständen als Wellenbrecher gegen die ungeheuer große ›Rote Sturmflut‹ zu behaupten.

»Dieser Ort muß gehalten werden!« Diese Parole geht von Mund zu Mund.

Hans Nowak und Scheller sind bis auf weiteres als Melder im Kompaniegefechtsstand eingeteilt. Aus dem geräumten Bunker haben die Kameraden ihr Gepäck vorbeigebracht. Obergefreiter Kittel schaut seinem Freund Hans traurig in die Augen und sagt: »Schade, jerade jetzt, wo et unheimlich brenzlich wird, muß unser Schutzengel abkommandiert werden!« Nach kurzer Pause: »Hans, verjiß uns nich! Du mußt es mir versprechen, det de für uns betest!«

»Ja, Siegfried, ich verspreche es dir! Gott beschütze euch! Und ganz besonders dich, dafür bete ich«, ermunternd klopft Hans ihm auf die Schulter. Kittel verläßt den Gefechtsstand, als würde er von einem Erzengel selbst begleitet werden. Der Hauptmann hat das Gespräch deutlich mit angehört, aber er macht sich an seinen Papieren zu schaffen und tut so, als habe er nichts gemerkt. Um 9 Uhr geht die Sonne auf, und schlagartig beginnt der Angriff der Russen auf den Stützpunkt. Die Nachrichtenmänner der Luftwaffe hatten bereits Leitungen gelegt vom Kompaniegefechtsstand zu den Ortsausgängen. Die Sowjets schießen Brandgranaten mit je 20–30 Phosphorsätzen in das Dorf, um die wertvollen Unterkünfte der deutschen Kampfeinheit zu zerstören. Ihr Feuer liegt jedoch äußerst schlecht. Sie treffen kein Haus. Siebenmal stürmen die Sowjets in Bataillonsstärke gegen die heißumbrandete Insel des Widerstandes an, aber jedesmal werden sie zurückgeschlagen. Jagdbomber fegen über die Dächer des Ortes. Auch ihr Angriff verhallt, ohne nennenswerten Schaden angerichtet zu haben. Die Panzerabwehrgeschütze stehen am Nord- und Südausgang des Dorfes, gleich hinter den ersten Häusern. Zum Glück greift der Russe noch nicht mit Panzern an, denn die Kanoniere besitzen keine Munition. Die Funker haben zur Division Verbindung hergestellt. Hauptmann Köhler verlangt dringend nach Infanteriemunition und nach Panzerabwehrgranaten für die Pak-Geschütze. Durch Funkspruch der Division werden die geforderte Munition, Verbandsmaterial und Verpflegung für die nächsten Stunden zugesagt. Hauptmann Köhler untersteht als Kampfkommandant dem direkten Kommando des Divisionskommandeurs.

*

Auf dem notdürftig dafür hergerichteten ›Feldflughafen‹ herrscht ein heilloses Durcheinander. Kampfflieger, Jäger, Zerstörer, Aufklärer und Kuriermaschinen stehen dicht beieinander. Nun fliegen auch noch die schweren Versorgungsflugzeuge diesen beengten Flughafen an. Der Platz ist gerammelt voll. Im Einsatzstab des Lufttransportführers nehmen Offiziere vom Dienst dringende Hilferufe entgegen, versprechen das Blaue vom Himmel und wissen nicht, wo man anfangen, wo man zuerst helfen soll.

Der Major wendet sich an den Befehlshaber der Luftflotte: »Ich brauche dringend 150 voll einsatzfähige Transportmaschinen, die Transportverbände müssen also verdoppelt werden, und zweitens muß ich schnellstens mehr Bodenpersonal haben, um den hiesigen Anforderungen nachkommen zu können. Drittens brauche ich eine technische Ausrüstung für den Winterbetrieb! Uns fehlen dringend LKWs zur Vorwärmung der Flugzeugmotoren, außerdem Hilfsanlassermaschinen. Dann brauche ich schnellstens ganze Werkstattzüge. Wenn ich sie nicht bekomme, muß ich für alles, was sich hier abspielt, von vornherein jegliche Verantwortung ablehnen.«

Der Major hat alles mit großer Wut ins Telefon gebrüllt, als hätte er irgendeinen kleinen Leutnant vor sich und nicht den Generaloberst persönlich. Zu seinem großen Erstaunen wird ihm alles versprochen. Die Luftwaffe ist augenblicklich zum ›Mädchen für alles‹ degradiert; denn überall, wo es bei der gnadenlosen Winterschlacht ›brennt‹, kommen die Flieger zum Einsatz. Bomberstaffeln müssen Verpflegungsbomben über abgeschnittene Truppeneinheiten des Heeres abwerfen. Dieser Winter stellt die Luftwaffenstäbe vor fast unlösbare Probleme. Die Reifen der Flugzeuge verlieren ihre Luft, weil der Gummi spröde und rissig wird bei diesen arktischen Temperaturen. Die hydraulischen Pumpen versagen. Treibstofftanks und Ölleitungen frieren ein. Nach 40 Betriebsstunden sind die Flugzeugmotoren kaputt. Auf die hoch empfindlichen Instrumente ist kein Verlaß mehr. Auch die Funkgeräte fallen aus bei solchen Kältegraden. Die Flugzeugwarte müssen in dieser barbarischen Kälte Reparaturen im Freien vornehmen, was ihnen nur notdürftig unter größten Anstrengungen gelingt.

Eberhard Nowak, der Bruder von Hans, steht neben seinem Flugzeugführer Oberleutnant Hansen. Es werden noch die letzten Informationen über den Frontverlauf und über die Wetterlage eingeholt. Der Startbefehl lautet: ›Versorgungsgüter über eingeschlossenen deutschen Verbänden abwerfen! Deutsche Leuchtzeichen: Grün – Rot – Grün – Gelb!‹ Im Vorraum wartet der Funker und Bordschütze Franz Springer. Als die drei aus dem Stab kommen und in die nächste Baracke hinübergehen, müssen sie sich gegen einen eisigen Wind stemmen, der über die kahle Fläche fegt. Der Betrieb auf diesem Feldflughafen ist ungeheuerlich, ein unablässiges Kommen und Gehen, Flugzeuge aller Art landen und starten in dichter Folge. Die schweren Transportmaschinen, meistens JU 52, stehen inmitten der anderen Flugzeuge wie Bombern, Schlachtfliegern, Zerstörern, kleineren Kuriermaschinen und Jagdflugzeugen. Immer stehen einige Maschinen auf dem weißen Schneefeld und lassen ihre Motoren warmlaufen. Schwere LKWs fahren hin und her, an den Rampen wird eifrig verladen: Munition, Verpflegung, Verbandsmaterial und allerlei Ausrüstungsgegenstände.

»Diese Hektik ist höchst verdächtig, die Front scheint in tausend Stücke gerissen zu sein«, meint Oberleutnant Hansen. Über die Karte gebeugt, hält der Kommandant eine letzte Lagebesprechung mit der Besatzung, ehe sie zum Feindflug startet.

»Also, hier in diesem kleinen, gottvergessenen Nest sollen sich deutsche Einheiten befinden. Die Versorgungsbomben müssen nordwestlich auf diese große Wiese abgeworfen werden. Aber erst dann das Material absetzen, wenn das deutsche Leuchtzeichen: Grün – Rot – Grün – Gelb klar erkannt ist! Hoffentlich bleibt der Luftraum feindfrei, wir bekommen nämlich keinen Geleitschutz.«

Gerade hat der Oberleutnant seine Sorgen geäußert, da fliegen auch schon russische Tiefflieger über den Platz und greifen die bereitstehenden Flugzeuge mit MG-Feuer und Splitterbomben an. Die Abwehr der leichten 2,2 cm-Flakgeschütze setzt sofort ein. Girlanden von Leuchtspurmunition schlagen dem Feind entgegen. Die Einschüsse sitzen gut, aber die Geschosse prallen ab. Die russischen Schlachtflieger sind gepanzert, deshalb hat das Abwehrfeuer keinen nennenswerten Erfolg. In Reihenabwürfen klinken die Russen ihre Bomben aus. Als sie sich ihrer Ladungen entledigt und die MG-Gurte leergeschossen haben, drehen sie wieder ab. Zwei Transportmaschinen am Rande des Feldes stehen in Flammen. Sie hatten Benzinkanister geladen. Schwarze Rauchwolken quellen zum Himmel empor. Zwischen den bereitstehenden Maschinen fahren schwerbeladene LKWs erneut hin und her. Oberleutnant Hansen und seine Männer eilen zu ihrer Maschine, der mittelgroßen He-111. Die Motoren laufen, denn Leutnant Schwarzkopf, der zweite Kommandant und Navigator, läßt sie warmlaufen.

Zwei Flugzeugwarte in Pelzmänteln geben Handzeichen. Die Kabinenfenster sind teilweise vereist. Der Tankwagen ist abgefahren, die übrige Mannschaft klettert jetzt in den Rumpf des zweimotorigen Frontaufklärers. Der MG-Schütze und Funker zwängt sich zwischen den Versorgungsbehältern hindurch zu seinem Gefechtsstand. Oberleutnant Hansen überprüft zusammen mit Leutnant Schwarzkopf noch einmal alle Fluginstrumente. Eberhard Nowak hat sich schon vorn in die ›Wanne‹ gelegt.

Nach wenigen Sekunden zieht die Maschine an, schaukelt langsam über das weiße, weite Schneefeld und windet sich geschickt an den Stukas, Zerstörern, Jägern und anderen Flugzeugen vorbei. Am Rollfeld muß sie kurz anhalten. Hansen läßt noch einmal die Motoren in voller Kraft laufen und erbittet dann vom Flugleiter die Freigabe des Starts. Als das Kommando kommt, heulen die beiden schweren Motoren auf, die Maschine setzt sich in Bewegung, fegt über die weiße Rollbahn, eine aufwirbelnde Schneewolke hinter sich lassend. Nun hebt sich auch das Schwanzende, ein leichter Ruck geht durch das Flugzeug, und es hat keine Bodenberührung mehr. Oberleutnant Hansen zieht eine weite Rechtsschleife über den Flughafen. Aus der Höhe übersieht Eberhard Nowak die Ansammlung der verschiedensten Flugzeugtypen, dazu die Hallen und Baracken. Zwischen den Maschinen herrscht ein eifriges Treiben von kleineren und größeren Wagen. Ein gewisser Teil des Platzes ist noch eingenebelt von den schwarzen Rauchwolken der brennenden Maschinen. Die HE–111 gewinnt als schwer beladene Maschine nur langsam an Höhe.

Eberhard muß an seinen Bruder Hans denken. Der Vater hatte ihm kürzlich geschrieben, daß Hans ebenfalls an der Ostfront eingesetzt sei. *Ostfront!* Ein ungeheuer weitläufiges Gebiet, was man mit Ostfront bezeichnet. Vom Polargebiet bis zum Schwarzen Meer verteidigen deutsche Soldaten mehrere tausend Kilometer Feindesland. Wo sollte bei einer solch großen Ausdehnung sein Bruder Hans zu finden sein? Hoffentlich nicht hier im barbarischen Inferno der Nordfront!

Gleichmäßig dröhnen die Motoren, sie überfliegen die verschneite, unendlich weite Ebene Nordrußlands, die nur hier und da unterbrochen ist von dunklen Häusergruppen und Wäldern. Wie mit einem Silberstift gezeichnet schlängeln sich Wege durch die weiße Schneedecke, die Menschen, Vieh und alle Vegetation im eisernen Griff hält. Die Eintönigkeit des Fluges wirkt ermüdend und einschläfernd. Solange man über von Deutschen besetztem Gebiet fliegt, fühlt man sich relativ sicher. Der Heckschütze in der Maschine sucht unentwegt den Himmel nach sowjetischen Jagdflugzeugen ab. Nun werden sie gleich die vorderste Frontlinie erreicht haben. Eine Strecke von etwa 30 Kilometern müssen sie über feindlichem Gebiet fliegen. In der Ferne taucht eine größere Stadt auf. Die vielen Kirchen, die großen Brücken über den vereisten Flußarmen sind nicht zu übersehen. Dort verteidigt die deutsche Armee ihren letzten Brückenkopf. Ganze Stadtteile sind zerstört, große Flächen sind von grauen Rauchwolken bedeckt.

Die Männer in der Maschine sind jetzt hellwach, die Spannung wächst. Noch hält der Kommandant die Höhe von 2500 Metern ein, um außerhalb der Reichweite russischer Maschinengewehre und anderer Infanteriewaffen zu sein. Zum Glück hat der Feind noch keine Flugabwehrkanonen in Stellung bringen können. Nach zehnminütiger Flugzeit drückt Oberleutnant Hansen die Maschine herunter. Aus 300 Metern Höhe sollen die Versorgungsbehälter abgeworfen werden. Bis jetzt rührt sich der Feind noch nicht.

»Achtung! Alles fertigmachen zum Abwurf!« ertönt es durch die Bordfunkanlage. Die Maschine erzittert, über jedem Wald, jedem Sumpf und jedem Fluß wird das Flugzeug von Windboen gepackt. Dann schaukelt es so stark, daß die Flügel vibrieren. Die Spannung bei den Männern wächst von Minute zu Minute.

»Unter uns sowjetische Vormarschkolonnen!« ruft Eberhard durch das Kehlkopfmikrofon. »An der Vormarschstraße haben unsere Bomber aber schon mächtig zugeschlagen. Seht ihr die braun gefärbten Trichter im glatten Schneefeld?«

Im Tiefflug, knapp 50 Meter vom Boden entfernt geht es jetzt über die verschneiten Wälder und Wege hinweg.

»Wir erhalten Infanteriefeuer!« schreit Eberhard. Es knallt und blitzt ringsumher. Der Teufel ist los, und mehrmals vernimmt man dumpfes, metallisches Krachen. Der Pilot zieht die Maschine hoch.

»Achtung! Wir befinden uns jetzt in 300 Meter Höhe, alles fertig zum Abwurf!«

Gleich hinter dem Wald ist schon der Ort zu erkennen. Linkerhand sieht man eine große, weite Fläche. Die Behälter müssen unbedingt möglichst dicht am Dorfrand zur Landung gebracht werden. Der Kommandant ist die Ruhe selbst, ihn scheint die Turbulenz keineswegs zu beeindrucken. Es kommt nun auf Sekunden an. Da schnellt das vereinbarte Leuchtsignal hoch: Grün – Rot – Grün – Gelb! Der Ort ist von Deutschen besetzt!

»Achtung! – Fertig zum Abwurf!« kommandiert Hansen. Kurz danach: »Wurf frei!«

Die ersten Behälter sausen aus dem Bombenschacht. Der Pilot zieht eine weite Schleife um den Ort. Der Fallschirm hat sich nicht geöffnet, die Munition explodiert auf dem Acker. Noch einmal fliegt die Maschine auf den Ort zu, Hansen peilt den Kirchturm an, diesmal befindet sich das Flugzeug in 500 Meter Höhe.

»Wurf frei!« Wieder öffnet sich der Schacht. Alles ist gespannt, aber der Fallschirm öffnet sich, und die Fracht segelt dem Wald entgegen! Also, dem Feind in die Hände!

Der Feind schießt aus allen Rohren. Oberleutnant Hansen fliegt zum dritten Mal mit äußerster Konzentration das Ziel an: »Achtung! An alle! Äußerste Konzentration! Diesmal muß es klappen! Denkt an unsere Kameraden von der Infanterie! Fertig zum Abwurf! – Wurf frei!« Der Fallschirm bläht sich auf, die Fracht treibt dem Dorf entgegen. Sie können die Männer unter sich erkennen, die dem Versorgungsbehälter entgegenlaufen. Hinter den Häusern winken Verteidiger und Zivilisten des Ortes begeistert der Maschine entgegen. Der Pilot zieht seine Maschine schnell wieder in die Höhe, um dem wilden Infanteriefeuer der Sowjets zu entgehen.

Über den vereisten Flußläufen und den Waldschneisen erleben sie wieder die wilde Schaukelei. Überraschend setzt auch noch ein starker Wind in der Höhenlage um 2000 Metern ein. Schneegestöber kommt hinzu, die Maschine wird hin- und hergeworfen. Jeder Luftstoß reißt an den Flügeln. Man sieht, wie hektisch die Flügelklappen die Bewegungen auszugleichen versuchen. Durch Nebelfetzen und Schneewolken hindurch donnert die Maschine dem Feldflughafen entgegen.

Nach einer Stunde reißt die Wolkendecke auf. Eberhard, der vorn im Beobachtungsstand liegt, erkennt, daß sie sich wieder über deutschbesetztem Gebiet befinden. »Gott sei Dank! Wir haben es geschafft!« sagt er leise vor sich hin.

Die Maschine setzt etwas hart auf, die Motoren kommen zur Ruhe. Einer nach dem anderen klettert die kleine Eisenleiter hinunter. Erst jetzt können sie erkennen, daß die Flügel und der Rumpf von den Infanteriegeschossen der Russen stark durchsiebt worden sind. »Das ist ja ein Wunder, daß die Krähe sich bei diesem Zustand so gehalten hat!« meint Oberleutnant Hansen.

»Ja, es ist ein Wunder Gottes«, bestätigt Eberhard Nowak. Während sie auf die Baracke zur Flugleitung zugehen, starten unentwegt weitere Transportflugzeuge, um die hart bedrängten Erdtruppen zu versorgen.

*

»Die Munition ist explodiert, das Verbandsmaterial und die Medikamente hat der Iwan erwischt, Gott sei Dank, daß wir wenigstens die Verpflegung bekommen haben!« ruft Oberfeldwebel Heinze dem Kommandeur der ›Kampfgruppe Köhler‹ zu.

Früher wurden Armeen, Divisionen und Regimenter nach ihrem Kommandeuren oder Befehlshabern benannt. Wie sich die Zeiten ändern. Hier im kleinen Kessel in Nordrußland ist der Hauptmann mit dem unbedeutenden Namen Köhler zum Symbol des Ausharrens in der grausamen Winterschlacht geworden. Diese zusammengewürfelte kleine Schar aus den verschiedenen Waffengattungen bedeutet der Heeresleitung so viel, daß die ›Kampfgruppe Köhler‹ sogar im Kampfbericht des Oberkommandos der Deutschen Wehrmacht genannt wird. Die ungeheure Wucht der sowjetischen Winteroffensive wird durch den Widerstand einzelner, kleiner Kampfeinheiten empfindlich gestört und aufgehalten, so daß das Hauptziel, nämlich die vollständige Einkesselung der Heeresgruppe Nord, von den Russen nicht erreicht wird.

Dieser Tatsache sind sich Hauptmann Köhler und die versammelten Offiziere der kleinen Kampfgruppe voll bewußt. Der Kommandeur fordert erneut per Funkspruch Munition und Verbandszeug an. Noch notwendiger allerdings wäre ein Arzt. Sie haben bereits 30 Verwundete, von Sanitätern nur notdürftig versorgt, in zwei alten Holzhäusern liegen. Wiederholt muß Hauptmann Köhler per Funk durchgeben: »Dringende Funkanforderung bei der Division! Unsere Munition und das Verbandszeug gehen zur Neige! Erbitten Abwurf der Munitionsbehälter aus größerer Höhe, da bisher die gesamte Fracht explodiert ist.«

Der Hauptmann kann sich auf seinen Funker verlassen, der darauf bedacht ist, die Funkbrücke ununterbrochen zu der weit zurückliegenden Division im Hinterland aufrechtzuerhalten. Die Offiziere eilen zu ihren kleinen Einheiten. Nur 200–300 Meter vom Gefechtsstand entfernt verläuft die Hauptkampflinie. Die Männer kennen hier jedes Haus, jede Ruine, jeden Baum und jeden Bombentrichter. Auf engstem Raum müssen die etwa 500 Männer zwischen dem Nord- und Südausgang des Dorfes, zwischen dem Westfriedhof und dem ehemaligen kleinen Bahnhof ausharren. Zwei 5 cm-Pak-Geschütze, vier 3 cm-leichte-Abwehrgeschütze und zehn Granatwerfer sind noch im Nebelgrau herangebracht worden und bilden die Gesamtausrüstung der schweren Waffen. Leider bis jetzt ohne Munition, die hoffentlich noch irgendwann geliefert werden wird. »Zum Glück kann der Feind nicht so schnell seine Panzer heranbringen, sonst würde er uns alle zu Brei walzen«, prophezeit der Hauptmann.

Hans Nowak empfindet, daß es angebracht ist, in dieser fatalen Situation dem Hauptmann etwas über Gottes Wort zu sagen. »Man sollte um Rettung beten, Herr Hauptmann!« sagt er deshalb. Verblüfft bleibt der Offizier vor seinem Melder stehen.

»Ach Nowak, Sie sind ein religiöser Fanatiker! Hat es je in einer deutschen Armee einen solchen verkorksten Einzelgänger gegeben?«

»Jawohl, Herr Hauptmann, hat es! Als die Russen in der Schlacht bei Kunersdorf kurz vor Berlin standen und Friedrich der Große die Schlacht verloren glaubte, seine Armee sich völlig kopflos auf der Flucht befand, da nahm sich ein Rittmeister durch tatkräftigen Entschluß des Königs an und rettete ihn im letzten Augenblick vor den herannahenden russischen Kosaken. Er und ein Kamerad brachten den König in ein kleines Dorf an der Oder, wo sie in einer baufälligen Hütte die Nacht über blieben. Der Monarch war so verzweifelt, daß er noch in derselben Nacht an seinen Staatsminister Graf Finckenstein schrieb: ». . . Um die Wahrheit zu sagen, ich glaube, daß alles verloren ist. Überleben werde ich den Sturz meines Vaterlandes nicht. Leben Sie wohl auf ewig!«

Als er danach den bekannten Oberst Moller fragte, ob er sich diese Niederlage erklären könne, gab Moller zur Antwort, daß man seit geraumer Zeit keine Gebetsstunde mehr in der Armee gehalten habe. Daraufhin gab der König den Befehl, daß ab sofort die Feldgottesdienste in strenger Regelmäßigkeit abgehalten werden sollten. Der König von Preußen, der kein frommer Mann war, tat das Vernünftigste, was er überhaupt in seiner verzweifelten Lage tun konnte, Herr Hauptmann! Warum sollten wir nicht genauso handeln?«

Hauptmann Köhler merkt, daß er dem Nowak auf den Leim gegangen ist.

»Ach Nowak, das war anno dazumal! Vielleicht hat es ja damals auch geholfen, aber heute?«

»Gott ist unwandelbar, Herr Hauptmann, und Jesus sagte: ›Himmel und Erde werden vergehen, aber meine Worte vergehen nicht!‹

»Welche Worte zum Beispiel?«

»Nun folgendes: ›Alles, was ihr bittet im Gebet, so ihr glaubt, werdet ihr's empfangen!‹«

Der Kompaniechef wehrt ab: »Ist so etwas nicht zu fantastisch? Nein, nein, mein Lieber, mein Vater sagte immer: ›Hilf dir selbst, dann hilft dir auch Gott!‹ Das muß doch auch irgendwo in der Bibel stehen, oder?«

»Nein, Herr Hauptmann, solche Worte schustern sich die Menschen zusammen. Im Grunde wollen sie damit ausdrücken: Wir kommen mit unserer Kraft auch ganz gut ohne Gott aus! ›So hilft dir Gott‹ ist nur frommer Schmus, um seine Gottlosigkeit mit einem religiösen Mäntelchen zu behängen. Ich bin davon überzeugt, daß für unsere aussichtslose Situation nur ein echtes Wort aus der Bibel paßt und das heißt: ›Rufe mich an in der Not, so will ich dich erretten, und du sollst mich preisen.‹«

»Schon gut, Nowak, daß wir in einer scheißdreckigen Not stekken, kann man nicht abstreiten, Beten Sie mal hübsch, wenn wir dann wirklich aus diesem Loch lebend herauskommen, können wir darüber weiter diskutieren. Ich glaube jedenfalls nicht mehr daran. Wenn wir hier am Ort einen Kameramann von der Propagandakompanie hätten, dann könnte der schöne Aufnahmen machen von dem heldenhaften Sterben germanischer Söhne, wie sie langsam verrecken mit ›Todesverachtung‹, mit dem ›unerschütterlichen Glauben an Volk und Vaterland‹ usw. usw., wie diese Phrasen so alle lauten. Mensch, Nowak, Sie haben doch schon so manchen Angriff miterlebt, Sie wissen doch genau, wie sie schreien, wenn's einschlägt und diesen und jenen erwischt hat! Nach wem schreien dann die meisten? Nicht nach Gott! Nach der Mutter wird geschrien! Glauben Sie mir, wenn ich das höre, könnte ich wahnsinnig werden! Das geht einem unheimlich auf die Nerven, es macht einen halb verrückt! Dieses Geschrei nach der Mutter haut den stärksten Riesen um!«

Der Hauptmann zündet sich eine Zigarette an und fährt fort: »Der Mensch ruft nach der Mutter, weil er weiß, woher er kommt! Das ist sein Urinstinkt! Jetzt sieht es erst einmal so aus, daß noch mancher von uns ins Gras beißen wird, denn wir müssen hier gegen eine hundertfache Übermacht kämpfen. Was sage ich denn, Gras haben wir momentan ja gar nicht. Wir können froh sein, wenn wir nicht alle vom Russen zermalmt werden.«

Damit beendet er die ›fromme Debatte‹. Gerade, als er seinen Stahlhelm aufsetzt und den Kinnriemen festzieht, beginnt ein mörderischer Feuerüberfall. Die Erde erbebt und spuckt Feuerzungen. Dicke Bäume werden gespalten, brechen auseinander, und mächtige Zweige fliegen wie Papierfetzen durch die Luft. Der nächste Feuerschlag ist so gewaltig, daß der Hauptmann und Nowak durch den Luftdruck in eine Ecke geschleudert werden und übereinander zu liegen kommen, der Hauptmann über seinem Melder.

»Großer Gott, hilf uns!« stöhnt Hans. Der Hauptmann springt als erster auf, Nowak hinterher. Er sieht das totenblasse Gesicht seines Kompaniechefs. Draußen hören sie durch den Orkan des Feuerüberfalls hindurch den markerschütternden Schrei russischer Soldaten: »Urräh! Urräh!«

»Verdammter Mist! Der Iwan will uns überrennen! Mensch, Nowak, Gott beschütze Sie und uns alle!«

Die beiden rennen die verschneite Dorfstraße entlang, zwei Holzhäuser stehen in Flammen. Aus dem einen hören sie die jämmerlichen Schreie Verwundeter. Soldaten und Zivilisten tragen die Verletzten aus den Rauchwolken und legen sie einfach auf Decken hinter Stallgebäuden in den Schnee.

»Laßt die Zivilisten sich um die Kameraden kümmern! Alle mir nach!« brüllt Köhler.

Hinter einer notdürftig errichteten Straßensperre am Ortsausgang liegen die Männer des dritten Zuges mit ihren Waffen im Anschlag. Feldwebel Becker reicht dem Hauptmann seinen Feldstecher. »Dort drüben aus dem Wald tauchen sie auf, Herr Hauptmann, ich schätze, es sind mehr als uns lieb sein kann!«

Aus der weißen Schneewüste kommen sie hinter den Baumstämmen hervor. Aus ihren Maschinengewehren und Handfeuerwaffen, die sie in der Hüfte halten, zucken die blaurötlichen Flämmchen des Mündungsfeuers. Unbeschreiblich diese Augenblicke!

Ein eiskalter Schauer durchflutet Hans. Für Sekunden ist ihm zumute, als müsse er ohnmächtig umsinken. Die Russen bewegen sich wie dicht gedrängte Haufen über eine weite Ebene.

›Sind die denn verrückt geworden?‹ denkt Hans. ›Das ist doch glatter Selbstmord!‹

Kaum 300 Meter sind sie voneinander entfernt. Hauptmann Köhler brüllt jetzt: »Feuer frei!«

Schlagartig hämmern die deutschen MGs, Maschinenpistolen und Gewehre los. Vereinzelt, soweit Munition vorhanden, rumsen die Granatwerfer dazwischen. Vor ihren Augen fallen, wie von Geisterhand berührt, die anstürmenden Schützenketten der Sowjets. Doch hinter den gefallenen Soldaten stürmen die nächsten Schützenketten. Die Luft ist erfüllt vom Brüllen der Feinde, dabei kann man jedoch nicht unterscheiden, ob das ›Urräh-Geschrei‹ oder das der Verwundeten stärker hallt. »Wir weichen keinen Zentimeter zurück!« befiehlt Hauptmann Köhler. »Wenn der Iwan in unsere Linie einbricht, sind wir für ewig verloren! Hier gibt es kein Zurück!«

Unglaublich, was die Männer aus Verzweiflung zu leisten imstande sind! Mit Elan steigen hinter den niedergestürzten Menschenhügeln immer neue Massen johlender Sowjets hervor. Der Wodka, den man ihnen vorher gegeben hat, macht sie zu wilden Tieren.

»Die russische Dampfwalze ist nur in der Masse und bei genügend Alkohol gefährlich!« stellt Feldwebel Becker fest.

Die Russen wollen, ohne Rücksicht auf Verluste, den Ort überrennen. Ein Gefechtsmelder kommt angerannt und schreit Hauptmann Köhler entgegen: »Herr Hauptmann, Leutnant Näher ist gefallen!«

»Becker, los, übernehmen Sie den Haufen der Luftnachrichtentruppe! Es wird gehalten, verstanden?!« schreit Köhler, als würde er ertrinken. Feldwebel Becker eilt mit dem Gefechtsmelder davon.

Die erste Welle scheint abgeschlagen zu sein. Der Russe legt eine kurze Atempause ein.

Kusserow brüllt von der linken Seite: »Herr Hauptmann, unser letztes MG ist ausgefallen!«

»Dann lauft und holt euch ein russisches, vor eurer Nase liegen doch die Dinger in rauhen Mengen!«

Kusserow und Scheller springen auf und rennen durch den Schnee auf die Leichenhügel zu. Sie greifen sich ein MG und Munitionskästen, die sie in Windeseile zu ihrer Stellung herüberbringen. Das gefährliche Manöver hat keine fünf Minuten gedauert.

»Na also«, lacht der Kompaniechef, »die nächste Welle bitte!«

Die Verteidiger des Ortes scheinen in eine wahre Todesorgie geraten zu sein.

»Die nächste Welle bitte!« brüllen jetzt die Männer, und da kommt sie auch schon.

Von allen Seiten! Unzählbar, in unvorstellbaren Massen drängt der Feind heran.

»Ruhig in Deckung bleiben! Abwarten bis der Feuerbefehl kommt!« ruft Köhler seinen Leuten zu.

»Keinen Schuß ohne meinen Befehl! Wer vorher schießt, wird von mir eigenhändig umgelegt, verstanden?«

Die Russen kommen nicht in Kompaniestärke, nein, in Bataillons-, vielleicht sogar in Regimentsstärke.

»Das ist doch heller Wahnsinn!« Hauptmann Köhler schüttelt seinen Kopf. Durch das Fernglas sieht er die ›Urräh‹-schreienden Soldaten, Arm in Arm untergehakt, die Gewehre noch auf dem Rücken, auf die deutsche Stellung zulaufen.

»Die sind wohl verrückt!« sagt Kusserow, hinter seinem sowjetischen Beutemaschinengewehr liegend. Fassungslos starrt er auf die grauweißen Schützenlinien. Eine uniformierte Mauer aus Menschenleibern, die sich da heranwälzt.

›Urräh! – Urräh!« brüllt es mit Widerhall.

»Ruhig bleiben! Feuerbefehl abwarten!« raunt Hauptmann Köhler.

Er versteht die innere Nervosität seiner Leute, die Raserei des Todes vor Augen. »Warten, bis der Wald lebendiger Leiber heran ist!«

Mit ausgebrannten, überanstrengten Augen starrt Gerold Scheller aus Fehrbellin in die besessen erscheinenden Massen der Feinde. Sein Finger an der MP beginnt zu zittern, sein Herz schlägt vor Angst Kapriolen. Da kommt der Befehl: »Feuer frei!«

Alle, die Waffen haben, reißen am Abzug. Ein peitschendes

Prasseln heult durch die Luft. Das MG rattert, die MPs tackern, hart krachen die Karabiner. Die erste Reihe stürzt in sich zusammen, die zweite steigt über die Kameraden hinweg, – die dritte beginnt zu zögern, weicht zurück. Grauweiße Hügel bedecken das weite Feld. Wie von einer Sichel scheinen die Garben niedergemäht zu sein.

Mit zitternden Händen führt Kittel als Schütze 2 den gefüllten Patronengurt in das Beute-MG. Seine Augen glühen voll Entsetzen. Der Lauf des MG dampft. Laufwechsel ist unmöglich, denn die Russen haben keinen Ersatzlauf liegen gelassen.

Auf dieser Seite scheint der Angriff zunächst abgeschlagen. Aber auf der anderen Seite des Dorfes ist die Hölle los.

Hauptmann Köhler schickt Nowak hinüber, um sich über die Gefechtslage dort unterrichten zu lassen. Er ist keine zwei Minuten fort, als er schon wieder mit dem Leutnant, dem Chef der Pionierkompanie, erscheint. Was sich jetzt abspielt, scheint aus der Hölle inszeniert zu sein. Der Leutnant schreit in Verzweiflung: »Herr Hauptmann, wir können nicht mehr halten! Wir sind total am Ende! Keine zehn Schuß Munition sind mehr vorhanden!«

Köhler starrt wie hypnotisiert auf den jungen Leutnant, er nimmt seinen Stahlhelm ab und wischt sich den Schweiß von der Stirn und aus dem Stirnleder.

»Was sagen Sie da, Sie Jammerlappen? Was für ein Märchen! Keine Munition mehr? Wenn dreißig Mann je zehn Schuß haben, dann können sie doch ohne weiteres noch mindestens dreihundert Russen erledigen! Erzählen Sie keinen Quatsch, Sie Häufchen Elend! Reißen Sie gefälligst Ihre Knochen zusammen! Menschenskind, und deswegen kommen Sie auch noch höchstpersönlich angelatscht? Ein Melder hätte genügt! In solch einer Situation verläßt ein Kommandeur seine Einheit nicht, verstanden, Sie Heini!« der Hauptmann ringt nach Luft. Jetzt brüllt er wie von Sinnen. »Wenn Sie Ihre Linie nicht halten können, sind wir alle verloren! Hören Sie! Ich gebe Ihnen strikten Befehl, durchzuhalten auf Biegen und Brechen! Auch dann, wenn selbst des Teufels Großmutter mit ihrer ganzen Armee von Teufeln hier erscheinen würde! Es wird ge – haaal – ten! Verstanden?«

Der Hauptmann scheint vor Wut zu platzen. Nowak betet für sich: »Herr, vergib diese Reden! Vergilt uns nicht nach unsren Worten! Schütze uns und erhalte uns in deiner Gnade!«

Ihm tut der völlig entkräftete Leutnant von Herzen leid. Er sieht, wie dieser nervös an seiner Pistole herumzuzerren beginnt. Hans ahnt mit einem Mal, was hier auf dem Spiel steht. In einem Satz springt er auf den Leutnant zu und entreißt ihm die Pistole.

»Um Himmels willen, nein, Herr Leutnant!« raunt er ihm zu. Köhler hat es wohl bemerkt, aber er schreit trotzdem wie irrsinnig weiter: »Mit solchen Mätzchen kommen Sie bei mir nicht durch!« Seine Stimme überschlägt sich zeitweilig: »Anstatt hier im Gelände spazieren zu gehen, hätten Sie gleich zum Gegenstoß ansetzen sollen! Sie ›Ritter von der traurigen Gestalt‹! Ich gebe Ihnen vier Kisten Munition mit, und dann verschwinden Sie, aber in Affengeschwindigkeit, verstanden?« Dann fügt er noch hinzu:

»Überrumpeln Sie die Russen und erbeuten Sie sich Ihre Maschinengewehre! Dazu auch die Munition. Meine Leute haben es auch getan.« Der junge Leutnant nimmt alle Kraft zusammen und antwortet: »Herr Hauptmann, meine Männer sind am Ende, da springt keiner mehr aus dem Loch!«

Köhler blickt auf den verwildert aussehenden Leutnant mit seinem Zwei-Wochen-Bart. Er weiß, der Mann ist nicht feige, er ist einfach am Ende. Nun springt der Kompaniechef aus seiner Dekkung und schreit: »Menschenskinder, wären Sie doch lieber Straßenkehrer geworden als Offizier! Diehlmann, Sie übernehmen hier die Front und haften mir mit Ihrem Kopf dafür, daß kein Russe näher als hundert Meter an die Linie herankommt! Nowak, Sie bleiben als Melder neben Unteroffizier Diehlmann!«

Jetzt steht der Hauptmann neben dem Leutnant und sagt: »So, nun werde ich Ihnen mal zeigen, was Ihre Leute wert sind! Sie kennen ja die deutschen Soldaten nicht.«

Ohne den gedemütigten Offizier eines Blickes zu würdigen, stürmt der Hauptmann mit seiner Maschinenpistole davon. Der Leutnant folgt ihm schnellstens. Tatsächlich, nach wenigen Minuten hört man das deutsche ›Hurra-Gebrüll‹ der angreifenden Pioniere. Mit dem Mut der Verzweiflung stürzen sich die wenigen Männer in den Kampf mit der russischen Übermacht. Nach einer guten halben Stunde ist der Feuerzauber vorbei. Hauptmann Köhler kehrt mit zwanzig Pionieren und dem Leutnant vom Gegenstoß zurück. Schwer bepackt sind sie, denn sie schleppen erbeutete russische Waffen und Munition heran. Fast väterlich klopft der Hauptmann dem Leutnant vor versammelter Mannschaft auf die Schulter.

»Nichts für ungut, mein Lieber! Ich glaube, ich war vorhin sehr aufgeregt, ich nehme jetzt alles, was ich da geflucht habe, zurück.

Ich habe Sie vorhin so angeschissen, weil ich selbst die Hosen gestrichen voll hatte! Aber Ihre Landser konnten ja nicht schlechter sein als meine. Und noch eins: Todesfurcht ist die beste Voraussetzung für den sogenannten ›Heldenmut‹! Sie haben sich ausgezeichnet gehalten. Machen Sie sich keine Kopfschmerzen mehr, daß Ihnen vorhin die Knie weich geworden sind. Vielleicht müssen Sie mir morgen helfen, wenn ich die Flinte ins Korn, ach Verzeihung, in den Schnee werfen will! Einer muß dem anderen helfen, jeder auf seine Art! Gehen Sie zurück in Ihre Stellung, Herr Leutnant, ich selber werde für Sie das Eiserne Kreuz anfordern.«

Als der Leutnant gegangen und der Hauptmann vor Diehlmann steht, sagt er kurz: »Mir ist sauelend. Zum Kotzen elend. Diehlmann, reichen Sie mir die Schnapsflasche her!«

Er reißt den Korken mit den Zähnen heraus und nimmt einen abgründigen Schluck.

»Und weshalb dieser ganze Scheißdreck? Befehl! – Pflicht! – Heimat – Weib und Kind! Und nicht zuletzt das ›heißgeliebte‹ Vaterland!« Das Letzte schreit er teuflisch lachend zum Himmel empor. Dann verschwindet er mit Nowak und geht zum Gefechtsstand, der sogenannten ›Kampfgruppe Köhler‹.

In den kommenden Tagen liegt ununterbrochen Artilleriefeuer auf dem kleinen Ort. Mehr als die Hälfte der Häuser sind zerstört, niedergebrannt, wie weggefegt. In den Trümmern raucht es. Bäume liegen entwurzelt und zersplittert in den Gärten, auf den Wegen oder den eingebrochenen Dächern.

Mächtige Bombentrichter überall, sie sind teilweise schon mit Neuschnee zugeweht. Niemand kümmert sich um diesen grauenvollen Anblick. Hin und wieder schleppen Infanteristen Waffen und Munitionskisten durch den Ort. Die Versorgung aus der Luft bleibt bei aller Dringlichkeit weiterhin mangelhaft. Die kleinen Panjepferde müssen mit dem Stroh von zerstörten Hausdächern notdürftig am Leben erhalten werden. Die Tiere sind völlig verschneit, Eiszapfen hängen an ihren Mähnen und den Schweifen. Sie stehen hinter einer Scheune im tiefen Schnee in einer Gruppe zusammen, um sich vor dem mörderischen Schneesturm zu schützen. Hans Nowak beobachtet sie aus dem Fenster des Kompaniegefechtsstandes. Am nächsten Morgen fehlen einige der Tiere. Da die Verpflegung der Männer zur Neige geht, müssen drei Pferde geschlachtet werden. Damit kann man wenigstens einen Tagessatz für die Soldaten und die noch im Ort lebende Bevölkerung gewinnen. Kartoffeln und Brot sind nicht mehr vorhanden, deshalb wiederholt Hauptmann Köhler die dringende Bitte um Verpflegung und Munition.

Nachts kommen die Russen mit Panzern. Ein T 26 durchbricht die schwache deutsche Linie und fährt direkt bis vor den ›Gefechtsstand Köhler‹. Unteroffizier Geyer hat ein Spezialkommando zusammengestellt. Die Panzergrenadiere werfen dem Stahlkoloß geballte Ladungen auf das Heck. Das Krachen der Molotow-Cocktails macht die Besatzung nervös. Der Panzer rollt über den Kirchhof, geradewegs der deutschen Pak vor das Rohr. Fünf Schuß! Davon drei Treffer und der Panzer brennt. Die anderen drehen ab.

Am folgenden Tag, kurz vor Einbruch der Dunkelheit, landet hinter dem Dorf ein Fieseler Storch auf einer eigens dafür freigeschaufelten Landebahn. Er bringt endlich den lang ersehnten Arzt und Medikamente. Er wird von Feldwebel Becker in das Bauernhaus gebracht, in dem der ›Sanitätsstab‹ liegt. Die Männer müssen sich durch hoch aufgewehten Schnee bis zur Haustür durchkämpfen. Ein Sanitätsgehilfe öffnet ihnen die Tür. Die Bauernkate ist sehr klein, aber gut geheizt. Dazu hat man die Balken aus den zerstörten Häusern benutzt. Der Arzt geht sofort an die Arbeit. Die Verwundeten liegen auf dem Boden, einige schon zehn Tage lang. Sie sind notdürftig in Decken und Mäntel gehüllt. Insgesamt hat die Kampfgruppe fünfundzwanzig Tote und vierzig Verwundete zu beklagen. Zur gleichen Zeit steht ›Zar Igor‹, der russische Späher, im Kompaniegefechtsstand. Seine Männer haben in den letzten Tagen bis zum Umfallen gearbeitet und gekämpft. Ihnen steht das Gespenst des Todes noch schrecklicher vor Augen als den deutschen Soldaten. »Härr Hauptman, wänn diese Ort verlassen, wo bleiben Frauen, Kindär und meine Männär?« Seine Augen blicken so durchdringend und flehentlich, so fragend und forschend, wie nur die Augen eines ergebenen und treuen Schäferhundes blicken können.

»Wir können den Ort nicht ohne Befehl verlassen«, antwortet der Hauptmann ausweichend.

»Ich meine ja nur, wänn, Härr Hauptmann.«

»Ja, Igor, bei diesen Temperaturen können wir die Frauen und Kinder doch unmöglich bis zu zwanzig Kilometer marschieren lassen!«

»Härr Hauptmann, bessär in Schnee erfrieren als sowjetisch Kommissär in Hände fallän. Bitte, lassän Sie uns nicht hier! Sonst wir uns alle vorhär erschießen!«

»Wir können doch die Familien in der Kirche beim Popen zurücklassen, ja, Igor?«

»Sie nicht kennen bolschewistische Kommissär, er alles niederschießen!« Igor ergreift die Hand des Deutschen und fällt auf seine Knie: »Bitte, Härr Hauptmann, wenn du verlassen diese Ort, uns alle mitnähmen, bitte, um Christi willen! Haben Sie Erbarmen! Denken Sie an Frauen und Kindär, Hauptmann, haben Sie Erbarmen!«

Dem Hauptmann steigen Tränen in die Augen. Dieser Vorfall überwältigt selbst ihn als kampfgewohnten, harten Offizier.

»Igor, ich lasse euch nicht im Stich, Gott wird uns irgendeine Hilfe schaffen.«

Hans traut seinen Ohren nicht. Solche Worte hat er von Köhler nicht im entferntesten erwartet.

»O ja, ich bäte Tag und Nacht für unsere Familie und für Sie! Härr Hauptmann«, sagt Igor leise und bescheiden. Dann steht er auf und geht ohne Gruß, sich bekreuzigend, aus dem Raum. Der Hauptmann blickt ihm nach. »Mensch, Nowak, sowas geht einem ja durch Mark und Bein! Warum nur müssen sich die Menschen gegenseitig so abschlachten?«

»Die Sünde ist der Menschen Verderben, Herr Hauptmann, und deshalb Mord und Totschlag überall, Krieg und Revolution, Pest und Seuchen auf der Erde.«

»Das mag sein, Nowak, heißt es nicht in der Bibel: ›Friede auf Erden und den Menschen ein Wohlgefallen? Wann kommt denn dieser Friede? Seit Jesu geboren wurde und hier auf Erden gelebt hat, sind die Kriege doch immer grausamer und weltumfassender geworden!«

Der Hauptmann läßt sich auf einem Feldstuhl nieder.

»Das stimmt schon, Herr Hauptmann, es gibt für uns Menschen ein großes, universales Gesetz, sowohl hier auf Erden als auch im Himmel, nämlich das ›Gesetz von Pflicht und Recht‹. Zuerst kommt die Pflicht, und aus der erfüllten Pflicht erwächst dann ein Recht.«

»Wie sieht die Pflicht denn aus, Nowak?«

Während sie miteinander zu reden beginnen, braust draußen ein Sturm, so daß die schweren Holzwände ächzen und die Balken unter dem First knarren.

»Die Botschaft der Engel in der Nacht, als Jesus geboren worden war, begann mit den Worten: ›Ehre sei Gott in der Höhe‹ – das ist die Pflicht! Hierin besteht unsere vornehmlichste Aufgabe, mit unserem Leben insgesamt, dem Reden wie dem Handeln, dem Schöpfer die Ehre zu geben. Daraus erwächst uns dann das Anrecht auf Frieden. Darf ich Sie fragen, ob Sie jemanden kennen, der in Friedenszeiten für Gottes Ehre geeifert und gelebt hat? Wer dachte schon daran, Gottes Ehre zu verkündigen? Wer eifert darum, Friedensstifter unter den Menschen zu sein? In dem Maß, in dem wir Gott die Ehre geben, werden wir Frieden haben. Es geht hierbei nicht um einen politischen Weltfrieden, sondern um den Frieden zwischen Gott und den Menschen.«

Nowak steckt einige größere Holzscheite in das prasselnde Feuer. Der Hauptmann starrt nachdenklich in die Feuersglut und beginnt zu deklamieren: »Es kann der Frömmste nicht in Frieden leben, wenn es dem bösen Nachbarn nicht gefällt! So oder so ähnlich heißt es doch, ja?«

»Ja, wobei Schiller übersah, daß auch die Frömmsten täglich neue Kraft zum Friedenhalten von Gott bekommen müssen, sonst können alle ohne Ausnahme noch recht böse und unfriedlich handeln. Da keiner von Natur aus fromm ist, muß der Mensch sich eben zu Gott hin ›bekehren‹! In der Bibel steht es ganz eindeutig: ›Wie viele ihn, den Herrn, aber aufnahmen, denen gab er Vollmacht, Gottes Kinder zu heißen, die an seinen Namen glauben.‹«

»Man könnte meinen, Sie hätten Theologie studiert«, sagt der Hauptmann. »Ich bin ja neulich ziemlich aus der Fassung geraten, als ich den Leutnant vor der Pionierabteilung zusammengedonnert habe, doch so dürfte ein Christ wohl nie handeln?«

»Herr Hauptmann, dürfte ich als Christ überhaupt Soldat sein? Können Sie sich vorstellen, was für Gewissensbisse ich habe und wie mein Gewissen oft wie Feuer in mir brennt, wenn ich an den ermordeten russischen und deutschen Menschen vorbeikomme? Wie oft will ich mein Gewissen beruhigen und sage mir im stillen: Befehl ist Befehl! In der Bibel steht ja auch: ›Seid untertan der Obrigkeit‹! Doch mein Gewissen will nicht schweigen, und ich frage mich, ob ich überhaupt ein Gewehr anfassen dürfte! Wenn ich Leichen mit zum Himmel emporgestreckten Armen sehe, dann ist mir zumute, als ginge ich durch die Hölle. Die Anklage der zum Massenmord aufgehetzten Völker kann nicht unbeantwortet bleiben. Ein jeder wird Rechenschaft geben müssen vor Gott. Wie oft versuche ich, mir einzureden, es gäbe überhaupt keine Möglichkeit, einem Krieg auszuweichen. Oder aber ich sage mir, daß ich selbst ja noch niemanden erschossen habe, ein anderer hat den Abzugshahn bedient – aber ich habe dennoch die Patronengurte ins MG eingelegt.

Dann komme ich mir vor wie ein elender Pharisäer. Meine Seele bleibt beunruhigt. Manchmal habe ich schon gedacht, da ich keine Familie habe, könnte ich doch bei einem Feuerüberfall absichtlich etwas unvorsichtig sein und somit mein Leben vorzeitig beenden lassen, ohne dabei selbst die Sünde des Selbstmords zu begehen. Dann könnten Sie mich mit Recht einen Feigling nennen, der eben nur den Schwierigkeiten aus dem Weg geht. Zum anderen beruhige ich mich wieder damit, die anderen würden ja auch schießen! Man muß eben mit den Wölfen heulen! Außerdem bete ich ja auch für Freund und Feind, und doch schleppe ich die Munitionskisten in die Stellung. Wenn ich von Ihnen den Befehl erhalten würde, in eine bestimmte Richtung zu feuern – ich weiß nicht, was ich tun würde. Herr Hauptmann, das alles ist für mich eine unheimliche Zerreißprobe. Und doch bin ich überzeugt davon, daß Gott mir hier im Inferno der Schlachten noch einige Aufträge gibt, die ich erfüllen muß.«

Hauptmann Köhler hat seine Augen geschlossen und die Beine hochgelegt. Nowak steht mit dem Rücken an die Wand gelehnt und meint: »Jetzt sind Sie wohl ziemlich enttäuscht von mir, Herr Hauptmann? Bin ich nun nicht mehr der hundertprozentig unantastbare Glaubensheld? Für den ich mich selber allerdings noch nie gehalten habe, da ich meine Schwächen und Anfechtungen kenne. Aber glauben Sie mir, beim Anblick eines jeden Gefallenen fühle ich mich schuldig, so, als wäre ich selber der Mörder. Ich weiß auch, daß jeder Mensch unter bestimmten Umständen und Voraussetzungen zu allen Sünden fähig ist.«

Der Hauptmann starrt ins Leere und sagt: »Ich bin erstaunt, daß Sie nicht mit religiösen Phrasen auf mich eingeredet haben, doch meine eigentliche Frage ist nicht beantwortet: Darf ich mich als Christ meinem Leutnant gegenüber so unflätig benehmen oder nicht, auch wenn ich sein Vorgesetzter bin?«

Nowak schweigt, denn es fällt ihm nicht leicht, darauf eine zufriedenstellende Antwort zu geben. Schließlich sagt er: »Herr Hauptmann, ich glaube für alle Gegebenheiten im Leben an die Durchhilfe Gottes, die sich unserem Geist mitteilt. Wenn Sie also ein überzeugter Nachfolger Jesu wären, hätten Sie nicht so toben und ausfallend werden können. Sie wären sicher nicht in diese Situation gekommen. Wir alle leben ja Stunde um Stunde von seiner Vergebung, denn wir sind ständig in der Gefahr, falsch und unbedacht zu handeln.«

Der Hauptmann hat sich erhoben, er zieht seinen Uniformrock aus.

»Ich danke Ihnen, Nowak, für Ihre Ehrlichkeit. Jezt wollen wir uns erst einmal aufs Ohr legen, denn wer weiß, wann uns der Iwan wieder besucht. Gute Nacht!«

Draußen heult ein eisiger Nordostwind. Mit jämmerlichem

Stöhnen fegt der Sturm über die Landschaft und den Ort. Es pfeift ununterbrochen im Kamin.

Beim ersten Tageslicht ist Hans auf den Beinen und versucht, die Tür zu öffnen. Er stemmt sich mit aller Gewalt gegen sie und rüttelt daran. Energisch stößt er gegen die Balken, vergeblich! – Der Kompaniegefechtsstand ist eingeschneit.

Endlich gelingt es ihm, sie einen Spaltbreit zu öffnen und hinauszusehen. Der Sturm fegt mit unverminderter Heftigkeit vorbei und hüllt alles in einen dichten Schleier. Die Schneeverwehungen scheinen meterhoch. Die Tür bleibt blockiert, niemand kann durch sie hinaus. Gott sei Dank ist der Raum wohltuend warm. Ein Segen, daß frische Birkenstämme nicht erst getrocknet werden müssen, sondern so frisch brennen, wie sie durch die Explosionen der Bomben und Granaten abgebrochen worden sind.

Igor und seine Leute sind längst an der Arbeit. Die riesigen Schneewehen haben die Straßen und alle Feldwege unpassierbar gemacht.

Berge von Schnee müssen weggeräumt werden. Igor hat alle Kräfte mobilisiert, Männer, Frauen, Halbwüchsige, ja, auch Kinder.

»Wir können sie nicht hier lassen. Mein Gott und Heiland, erbarme dich über sie und uns!« betet Hans. Er hat seine Bibel hervorgeholt und hält für sich eine kleine Morgenandacht. Er merkt nicht, wie der Kompaniechef den Raum betritt.

»Lesen Sie laut, Nowak!« poltert Köhler mit rauher Stimme.

Erschrocken fährt Hans herum, will aufstehen und seine Ehrenbezeugung machen – »komm, bleib sitzen! Los Hans, lies vor, was du gerade aufgeschlagen hast!«

Hans schlägt die Hacken zusammen und kann gerade noch »Zu Befehl!« sagen, da drückt ihn der Hauptmann auf seinen Stuhl runter und befiehlt: »Du sollst lesen!«

Während Hans zu lesen beginnt, schaut der Kompaniechef durch das vereiste Fenster, in das er ein Guckloch gehaucht hat, und sieht die dick vermummten russischen Zivilisten, wie sie einen Weg zum Kompaniegefechtsstand schaufeln.

Hans hat ein Psalmwort aufgeschlagen und liest:

»Danket dem Herrn; denn er ist freundlich, und seine Güte währet ewiglich. So sollen sagen, die erlöst sind durch den Herrn, die er aus der Not erlöst hat, und die er aus den Ländern zusammengebracht hat vom Aufgang und vom Niedergang, von Mitternacht und vom Meer. Die irregingen in der Wüste, in ungebahntem Wege, und fanden keine Stadt, da sie wohnen konnten, hungrig und durstig, und ihre Seele verschmachtete; die zum Herrn riefen in ihrer Not, und er errettete sie aus ihren Ängsten und führte sie einen richtigen Weg, daß sie gingen zur Stadt, da sie wohnen konnten: die sollen dem Herrn danken für seine Güte und Wunder, die er an Menschenkindern tut, daß er sättigt die durstige Seele und füllt die hungrige Seele mit Gutem.«

Hans macht eine Pause und schaut seinen Kompaniechef an.

»Ja, mein Lieber, das hört sich gut an, für uns aber ist bis jetzt der größte Teil bestenfalls Zukunftsmusik. Not und Angst sind genügend vorhanden. Ganze Völker sind aus vielen Ländern hier zusammengekommen: Spanier, Franzosen, Italiener, Rumänen, Bulgaren und – wir Deutschen! Wir irren auch, wie vom Satan verfolgt, wie Wahnwitzige durch mörderische Schneewüsten. Es wäre wirklich ein Wunder, wenn wir aus dieser Russenfalle herausfinden würden. Warten wir's ab!«

Die Tür wird von außen geöffnet und Igor steht, fast blaugefroren – stolz in der Tür. »Der Wäg ist frei, Härr Hauptmann. Ich wünsche guten Tag!« – »Das wünsche ich dir auch, Igor, und komm, bring deine Leute mit herein!«

Zu Nowak gewandt sagt er: »Hans, mach Tee mit Rum, und gib ihnen was zu essen!«

Köhler selbst hüllt sich in seinen Winterpelz und fordert Igor auf, mit ihm die Stellung zu besichtigen. Sie marschieren zunächst durch die freigeschaufelten Gassen bis an den Ortsrand. Dort versucht der Chef, an einer hohen Böschung emporzuklettern. Igor hilft dem Hauptmann. Sie ziehen sich gegenseitig stückweise hoch. Oben angekommen, bleiben beide erschrocken stehen – vor ihnen ein unübersehbares, weites Feld besät mit Leichen. Die Angriffe haben bei dem Feind einen unvorstellbar hohen Blutzoll gefordert. Tausende von Russen sind durch deutsche Maschinengewehre niedergemäht worden. Der Schnee hatte inzwischen eine weiße Decke über den Gefallenen ausgebreitet, doch dann kam der Wind und fegte den lockeren Schnee wieder davon, so daß die Gefallenen unbedeckt daliegen.

»Dieser verfluchte Krieg, Igor! Da liegen deine Brüder, deine Volksgenossen! Ist das nicht furchtbar?«

»Es sind Sowjets, Härr Hauptmann!« erklärt ihm Igor. Auch er ist überwältigt von dem Anblick.

»Ob Sowjets oder andere, alle sind Kreaturen des Schöpfers. Menschen, die durch die politischen Systeme verhetzt und irregeführt werden, genauso wie wir auch.«

Vor diesem apokalyptischen Bild vergißt selbst der Hauptmann die gebotene Vorsicht. Es ist zu schrecklich, auch für ihn. Überall ragen erstarrte Glieder in die Höhe, hier ein Bein, dort ein Arm, Köpfe mit Mützen oder ohne. Hinter jedem Körper bildet sich ein langer, schmaler Schneestreifen. Nur an Hecken und Zäunen und den Häusern des Dorfes liegt der Schnee meterhoch.

»Igor, hör her! Wir müssen unbedingt von den Toten genügend Stiefel und Pelzmäntel holen, die brauchen die sowieso nicht mehr«, er deutet auf die Gefallenen hin.

»Die kommende Nacht, glaube ich, bietet die einzige Möglichkeit, das zu tun, denn der Feind gruppiert nach den ungeheuren Verlusten seine Truppen um. Das ist unsere Gelegenheit! Aber niemand darf davon etwas erfahren, Igor, verstanden?«

»Ja, Härr Hauptmann! – Und was ist mit meine Leute?« Ist es der eisige Sturm, der seine Stimme so zittrig macht, ja fast verzagend?

»Heute nachmittag ist Lagebesprechung im Gefechtsstand. Die Offiziere, Zugführer und auch du sollen dabei sein. Dann werden wir entscheiden. Wir werden das Beste zu machen versuchen. Ich gebe dir mein Wort, wir verlassen euch nicht, Igor! Denk inzwischen darüber nach, wo wir am besten durchkommen können, denn du kennst doch diese Gegend wie deine Westentasche!«

Damit trennen sich die beiden Männer. Der Hauptmann geht weiter, um die Stellungen zu inspizieren.

Am Nachmittag wird der Ausbruch beschlossen. Trotz des hohen Risikos und trotz der schwierigsten Umstände für die eigene Truppe wird einstimmig entschieden, alle Frauen, Kinder und Greise mitzunehmen. Über zwanzig Kilometer müssen marschiert werden. Sie werden ständig umgeben sein von lauernden Feinden. Und ob man schließlich die neue Hauptkampflinie der Deutschen erreichen wird, ist mehr als fraglich. Ein dringender Funkspruch verständigt die Division. Die Rückantwort lautet: »Ausbruch genehmigt! Deutscher Stoßtrupp wird der Kolonne entgegenkommen. Am Hochstand 24 B, zwischen der Waldschneise XY, soll Treffpunkt sein. Erwarte Zeitangabe von Ihnen. Endc!«

Die Toten werden in einem Bombentrichter hinter dem Friedhof notdürftig begraben. Mit Anbruch der Dunkelheit alarmieren die Zugführer ihre Mannschaften. Igor selbst geht von Haus zu Haus und sammelt die Zivilbevölkerung. Am Kirchplatz, dem ausgemachten Sammelpunkt, steht Hauptmann Köhler marschbereit. Dreißig nicht marschfähige Verwundete, dazu Kinder und Greise werden auf Schlitten gepackt. Man spannt die letzten Panjepferde vor jeweils drei bis fünf miteinander verbundenen Schlitten. Zum Glück gibt es am Nachmittag eine merkliche Frostentschärfung. Es sind jetzt nur noch minus 30° C, die Luft ist diesig, und es schneit.

Der Stützpunkt ist umgeben von sibirischen Scharfschützen, die unentwegt das Gelände belauern. Doch Igor, der Luchs, hat trotzdem einen Schleichweg herausgefunden, auf dem das Risiko des Entdecktwerdens geringer erscheint, als bei den sonst noch vorgeschlagenen Fluchtwegen. Ein Voraustrupp unter Befehl von Feldwebel Becker trampelt mit ortskundigen Führern den Pfad. Oftmals versinken die Männer bis zum Bauch im Schnee. In absoluter Stille schließt sich nun Kolonne an Kolonne, Männer und Frauen, Schlitten hinter Schlitten. In Abständen von fünf Minuten folgen dicht aufgeschlossen die einzelnen Marschgruppen. Unter ihnen befindet sich ›Zar Igor‹ mit den Männern der Bürgerwehr. Keiner von ihnen darf den Sowjets lebend in die Hände fallen, es wäre die Hölle auf Erden. Alle zwanzig Minuten muß die Spitzengruppe, die den Pfad trampelt, abgelöst werden. Dann ist auch der stärkste Mann mit seinen Kräften am Ende. Im Dorf bleibt noch eine Nachhut. Hauptmann Köhler läßt den letzten Funkspruch absetzen: »Durchbruch beginnt! Unser Zeichen: Leuchtsignal Rot – Weiß – Grün. Ende.«

Oberfeldwebel Heinze und die Männer des II. und III. Zuges schießen noch zwei Stunden wildes Störungsfeuer und täuschen dem Feind besetzte Stellungen vor. Dann rückt die erste Gruppe ab. Unteroffizier Diehlmann, Kusserow, Kittel und einige andere bleiben noch eine weitere halbe Stunde. Das sowjetische Beute-MG speit unentwegt Leuchtspurmunition zum Feind hinüber.

Nur noch wenige Männer liegen hinter den hohen Schneewehen am Dorfrand. Nach und nach hört ein Gewehr nach dem anderen auf zu schießen. Beim Feind herrscht auffällige Ruhe – eine unheimliche Stille legt sich über den zerstörten, heiß umkämpften und verbrannten Ort. Als letzte verlassen den Stützpunkt Unteroffizier Diehlmann und Oberfeldwebel Heinze. Das Dorf gehört jetzt für sie der Vergangenheit an. Es ist völlig ausgestorben.

Unbemerkt erreicht die Nachhut den dunklen Wald. Im Laufe der Nacht sinkt die Temperatur erneut auf minus 45° C. Ein furchtbarer Nordwind wirbelt den Treibschnee meterhoch über die freien Felder. Die Männer werden zu wandelnden Eiszapfen, selbst die Kompaßnadeln frieren fest. Es wird ein grauenvoller Marsch. Mehr als fünf Stunden wanken die erschöpften Gestalten durch eine weiße Hölle. Die Wälder sind vereist und scheinen unendlich lang zu sein. Das Heulen des Windes hört sich an wie der

Klagegesang der Geister der unglückselig zu Tode gekommenen Soldaten eines sinnlosen Krieges. Leise knirschen die Kufen der kleinen Schlitten, Kinder wimmern, Verwundete stöhnen vor sich hin. Nur die Greise sind verdächtig still. Der Rauhreif hat Pferde und Ladungen so eingezuckert, daß die harten Konturen verschwunden sind.

Hans Nowak trottet neben dem Kompaniechef einher, auch er ist mit seinen Kräften fast am Ende. Sein Gebet ist matt und voller Verzweiflung. Es besteht lediglich aus einzelnen Gedanken: »Heiland der Welt, o Jesus Christus, errette uns! Bitte, hilf uns, wir können fast nicht mehr!« Ein Anfall lähmender Depression scheint seinen Selbsterhaltungstrieb auszuschalten. Ist der weiße Tod denn unabwendbar?

Direkt leicht kommen einem da die bisherigen Anstrengungen vor. Wie oft hatte er in den hinter ihm liegenden Notsituationen gemeint, doch ein heldenhafter Überwinder gewesen zu sein. Hatte er nicht schon oft gedacht, im Angesicht des Todes geprüft worden zu sein? Felsenfest hatte er geglaubt und innerlich gerungen, sollte alles umsonst gewesen sein? Seine Standhaftigkeit im Glauben war doch bewährt und hatte bei seinen Kameraden überzeugend gewirkt, vor wenigen Stunden noch in Anwesenheit seines Kompaniechefs, aber jetzt? Er fühlt das Ende nahen. Der endgültige Zusammenbruch würde in Kürze kommen. Ein Eisregen der Niedergeschlagenheit zermürbt seinen Widerstandswillen. Seine Füße schmerzen bei jedem Schritt, in der Herzgegend und in der Lunge sticht es mörderisch. Der Karabiner, ja selbst der Mantel wird unsagbar schwer.

›Was ist der Mensch!‹ denkt Hans. ›Wie das Gras, das so schnell verdorrt! Verdorren, ja – verdorren könnte ich wohl, aber vereisen? Einfach in einem Gefrierschrank erstarren? Bis jetzt kannte man den Ausdruck, daß Menschenmaterial verheizt wurde. Hier aber wäre es kein Verheizen, sondern ein qualvolles Vereisen.‹

Nur noch ein Wunsch beherrscht ihn im Augenblick: sich fallen lassen, einfach niederlegen, sich nur wenige Minuten ausruhen können! Die Gedanken hämmern in seinem Gehirn. ›Warum läßt Gott das alles zu?‹ Hans erschrickt über sich selbst. Denkt er denn schon wie die Ungläubigen? Hatten die Gottlosen mehr Kraft und Durchhaltevermögen als er?

Bald schon wird er zusammensinken, im ewigen Eis erstarren und ausgelöscht sein. Vielleicht auch von sibirischen Wölfen zerrissen? Wo ist denn nun Gott, der Vater der Barmherzigkeit? Wie gut hatte er den Kameraden alles Geistliche erklären können und ihre Einwände widerlegt. Wie überzeugend waren ihm seine Gottesbeweise von den Lippen gekommen. Und jetzt? Warum schweigt Gott? Warum? Jetzt bin ich es offenbar selbst, der unter der Last dieser wahnsinnigen Gedanken zusammenbricht, denkt Hans.

Hauptmann Köhler hatte sich mehrmals zur Spitze vorgearbeitet, geholfen, wo es nottat, den Pfad zu trampeln und die Richtung anzugeben. Dann war er wieder zurückgeblieben.

»Alles klar, Leute? – Alles in Ordnung? – Wir kommen durch! – Nur Mut! – Immer vorwärts und nicht müde werden!«

Er hatte die Strecke vielleicht schon drei- bis viermal zurückgelegt. Er feuerte die wandelnden Elendskreaturen an, seine Kraft schien unerschöpflich. Hans setzt seine Füße mechanisch Schritt für Schritt. ›Ist nicht jeder Schritt zwecklos, eben nur ein Schritt näher dem Untergang?‹ Sein Herz ist verzagt, wie ausgestorben. Seine Gedanken beginnen einzufrieren, es dreht sich um ihn, glühende Kreise und Kugeln tanzen vor seinen Augen – leise sinkt er zur Seite.

Als er wieder zu sich kommt, liegt er auf einem Schlitten neben wimmernden russischen Kindern. Er kann sich nicht erinnern, wie er auf diesen Schlitten gekommen ist, wie lange er schon darauf liegt.

Das Gefährt bleibt ruckartig stehen.

»Los, hoch! Stenja! – Hoch! Komm schon! Nun komm schon, Stenja! – Kameraden, alles anfassen! – Und zugleich mit Hauruck!« kommandiert Hauptmann Köhler. Das Pferd ist zusammengebrochen. Es kommt auch mit der Hilfe der Männer nicht mehr hoch.

»Gnadenschuß!« befiehlt Köhler. Das Echo des Schusses scheint hundertfach widerzuhallen in dem ungeheuren Wald.

Der Gnadenschuß bewirkt bei Nowak eine plötzliche Reaktion. Ruckartig springt er auf und ergreift die Riemen, die dem Pferd gerade abgenommen werden. Er verspürt neue Lebenskraft.

»Freut mich, Hans«, sagt der Hauptmann, der mit ihm zusammen nun den Schlitten zieht ... »Ich bin Gott dankbar, daß Sie wieder weitermarschieren können.«

Liebevoller hätte es auch der eigene Vater nicht sagen können. »Wenn ich auch gar nichts fühle von deiner Macht, du bringst mich doch zum Ziele, auch durch die Nacht«, spricht der Hauptmann leise. Hans muß weinen, die Tränen gefrieren sofort an seinen Wangen.

»Vielen Dank, Herr Hauptmann«, flüstert er.

»Ja, Nowak, unser Vater im Himmel verläßt uns nicht!« Es hört sich fast wie ein Glaubensbekenntnis an. Nicht einen Hauch von Spott oder Zweifel kann Hans heraushören. Ihm ist es ein Wunder in dieser grausigen Nacht.

»Da rechts, schon wieder einer!« der Kompaniechef zeigt auf einen Mann, der im Schnee liegt. Feldwebel Becker und Igor stehen bei dem Entkräfteten. »Igor, komm, hilf den Schlitten ziehen!« sagt Köhler. Dann neigt er sich über den lebensmüden Kameraden und sagt: »Komm, mein Junge, steh auf! Jetzt geht es wieder!«

Er versucht, ihn auf die Beine zu stellen. Vergeblich! Er sackt wieder zusammen. »Nur ein paar Minuten noch, Hauptmann! Bis die Anschlußgruppe kommt. Dann wird es wieder gehen, ich will nur etwas ausruhen«, bettelt der Erschöpfte.

Köhler und Becker zerren ihn hoch, reden auf ihn ein, geben Befehl, aber er kann einfach nicht mehr.

»Auf den Schlitten!« befiehlt der Hauptmann.

Die Last nimmt zu, der Handschlitten wird schwerer, doch Hans spürt neue Kraft. Das beklemmende Gefühl, im nächsten Augenblick zusammenzubrechen, ist bei ihm verschwunden. Ganz leicht fühlt er sich. Ein Wort der Bibel klingt in seinem Innern: »Wenn Jünglinge müde oder matt werden und junge Männer völlig straucheln, so gewinnen doch die, die auf den Herrn harren, neue Kraft. Es wachsen ihnen neue Schwingen wie den Adlern. Sie laufen und werden nicht müde; sie wandern und werden nicht matt!«

Das Laufwerk von Hans Nowak ist von unsichtbarer Hand gestärkt, und Igor, der sonst Kräfte wie ein Bär hat, trottet neben ihm in dumpfer Ergebenheit. »Wir bald geschafft! Großer Gott im Himmel hilft! – Gott ist gut, ganz gut!«

Sein zottiger Bart und die buschigen Augenbrauen sind ganz vereist. »Hoffentlich Kindär nicht erfroren! – Du können ziehen allein? Nur wänige Augenblick, ich nach Kindär sähen, dann wieder helfen.« Mit harten russischen Lauten spricht er jeden an, der auf dem Schlitten liegt. Einige massiert und knetet er, andere deckt er fester zu. Hauptmann Köhler, Oberfeldwebel Heinze, Feldwebel Becker und der junge Pionierleutnant umkreisen den Elendszug. Wie Schäferhunde pendeln sie vor und zurück, immer an den Kolonnen entlang. Kein Mensch darf zurückbleiben! Sie gehen den Marschweg dreimal und mehr. Der Wind heult mit unverminderter Wucht und jagt Myriaden von Eiskristallen über den Elendszug. Er peinigt die zu Tode erschöpften Flüchtlinge zusätzlich, die nun seit acht Stunden Pfade trampeln, um dem Kessel zu entkommen. Ihre Beine sind geschwollen, blutig, zeitweise gefühllos und doch vorwärtsstolpernd durch hohen Schnee oder über spiegelglattes Eis.

Acht Stunden marschieren sie am Abgrund der Hoffnungslosigkeit, acht Stunden, die kein Ende nehmen wollen.

Acht Stunden im ewigen Eis einer unendlichen Polarnacht.

Wer ist fähig, diese Höllennacht zu schildern?

Doktor Metzger, den man in den Stützpunkt eingeflogen hat, läuft mit Stroh umwickelten Schneeschuhen an diesem nur noch taumelnden Menschenhaufen vorbei, sucht die Entkräfteten, die restlos Erschöpften, die Lebensmüden, die sich unbemerkt in den Schnee fallen lassen wollen. Er hält ein kostbares Zaubermittel für sie bereit: Pervitin! Einigen hat er dadurch im letzten Moment geholfen, denn es wirkt wie eine Wunderdroge. Keiner soll liegenbleiben, sie müssen weiter und immer weiter. Jeder Schritt ist anstrengender geworden als hundert Schritte unter normalen Verhältnissen. Und wieviel Schritte müssen sie noch gehen? Tausend – zweitausend – fünftausend? Oder gar zehntausend? Niemand weiß, wie weit oder nah die Rettung – oder das endgültige Ende ist. Ein finsterer Kampf zwischen Leben und Tod, Meter für Meter, Strapazen bis hin zum endgültigen Ende? Viele von ihnen verspüren Stiche in Lunge und Herz. Dazu quälen Sie Gedanken um die Möglichkeit, daß feindliche Skibataillone längst von ihrem Ausbruch erfahren haben und zur Verfolgung aufgebrochen sind. Wo lauert der Feind? Sollte dieses qualvolle Marschieren in den Fängen sibirischer Scharfschützen enden? Jeder Busch, jede Schneewehe, jede Waldschneise kann zu einem Hinterhalt werden. Der Sturm heult dazu sein diabolisches Requiem, er sticht mit Tausenden von unsichtbaren, weißen Nadeln in die erstarrten Gesichter. Auch die schweren Mäntel können nicht verhindern, daß die arktische Kälte bis auf die schweißnasse Haut vordringt. In den klobigen Soldatenstiefeln sammelt sich der von oben eingedrungene Schnee. Die wie erstorbenen Füße spüren das Eis nicht, ein unblutiges Absterben der Glieder geht vor sich – weiter, nur weiter! Wer stehenbleibt, ist erledigt.

Hans Nowak ist erneut am Tiefpunkt, so daß Igor jetzt den Handschlitten allein ziehen muß. Meter um Meter bleibt Hans zurück, sein Lebenswille ist völlig erlahmt.

Zwischen den Kolonnen und der Nachhut ist eine größere Lücke entstanden. Unbemerkt sinkt er in den Schnee. Er kann nicht mehr denken, auch nicht mehr beten. Er fällt in einen ohnmachtähnlichen Schlaf, und scheinbar selig gleitet er hinüber. –

»Hans! Hans!« brüllt es wie aus weiter Ferne. »Los Hans, hoch mit dir! Du bist wohl verrückt geworden! Mensch Hans, auf jetzt! Wir wollen doch alle nach Hause! Vater und Mutter warten auf dich!«

Erstaunt blickt Hans in das vermummte Gesicht von Albert. Dahinter steht Kittel. Beide versuchen, ihn mit aller Gewalt hochzuziehen. Es vergehen Minuten, bis sie ihn endlich auf den Füßen haben. Jetzt schleppen sie den Lebensmüden mit sich fort. Langsam, ganz langsam beginnen die Beine, den Kampf mit dem elenden Schnee wieder aufzunehmen. Ganz benommen wankt Hans zwischen seinen beiden Kameraden vorwärts. »Sind wir die Letzten?« fragt er müde.

»Vielleicht«, keucht Albert, »ich weiß es nicht.«

»Mensch, Hans, det kennste doch ooch: ›De Letzten wer'n de Ersten sind!‹ Is det nich aus de Bibel?«

Der Kittel bleibt immer der alte. Welch eine Kraft doch in dem Menschen steckt. Bald danach versucht Hans, wieder allein zu gehen, was man eben so gehen nennt. Jede Maschine hätte hier versagt. Der stärkste Gaul wäre zusammengebrochen und liegengeblieben. Doch Hans läuft wieder, und Albert läuft, und Siegfied Kittel läuft. Und mit ihnen läuft der Tod. Die Russen haben den Ausbruch entdeckt. Wütend jagen ausgeruhte Skibataillone dem sich dahinschleppenden Elendszug nach. Der Abstand wird immer kürzer, die Fußspuren der Fliehenden deutlicher. Albert erspäht die Feinde als erster. Erschrocken fährt er herum.

»Der Iwan! Elender Mist! Los! Maschinengewehr in Stellung!« Das russische Beutegewehr kommt wieder zu ›Ehren‹.

Die Munitionskisten werden vom Handschlitten gezerrt. Albert liegt schon im Schnee. Die ersten Feuerstöße fauchen durch die gespenstische Nacht. Der Feind geht in Deckung und erwidert das Feuer. Zwei, drei, vier feindliche Maschinengewehre bellen los. Dieser Übermacht kann keiner auf längere Zeit widerstehen. Albert begnügt sich mit Streufeuer, auf Dauerfeuer ist er nicht eingerichtet. Der Laut eines MG kann selbst bei diesen Nordpoltemperaturen zu heiß werden. Die Russen sind übervorsichtig. Sie stellen kurzfristig ihr Feuer ein und brüllen im Chor herüber, scheinbar hat sie das typische Geräusch des sowjetischen Beutegewehrs unsicher gemacht. Doch gleich hinterher setzt ein verstärkter Kugelregen ein. Oberfeldwebel Heinze und Unteroffizier Diehlmann kommen mit Verstärkung heran. Der Feuerüberfall hat sie aufgeschreckt. Beide beharken den Feind mit ihren Maschinenpistolen.

Mit unverfrorener Kaltblütigkeit schießen die Unterführer, was das Zeug hält. Aber die Munition geht zu Ende.

»Mensch, wenn jetzt keene Hilfe kommt, war allet umsonst!« stellt Kittel resignierend fest.

Doch die Hilfe kommt! Der Russe erhält unerwartet von einer anderen Seite Feuer. Man hört deutsche MGs!

»Das sind sie! Kaum zu glauben! Die Kameraden, die uns entgegengeschickt werden sollten! Der Stoßtrupp von der HKL! Die Leuchtpistole!«

Oberfeldwebel Heinze schießt das vereinbarte Zeichen: Rot – Weiß – Grün! Nach wenigen Sekunden steigen hinter den Büschen die Leuchtkugeln in gleicher Reihenfolge empor.

»Gott sei Dank!« stöhnt Unteroffizier Diehlmann.

Den Ausbruch hat die kleine Kampfgruppe erfolgreich abgeschlossen, doch unter welchen Anstrengungen! Die Kampfgruppe Köhler verlor auf ihrem Marsch durch die Wälder trotz größter Aufmerksamkeit bei insgesamt zwanzig Kilometer langer Schneewüste zehn Mann. Irgendwo waren sie der Kälte zum Opfer gefallen. Unbeobachtet, unbemerkt hatten sie sich, offenbar völlig entnervt und todmüde, einfach in den Schnee fallen lassen und waren in der weiten, von Schnee verwehten Ebene in die Ewigkeit hinübergeschlafen.

Nun liegt jeder zweite, der diesen Mitternachtsmarsch mitgemacht hat, mit schweren Erfrierungen, zum Teil bis 3. Grades, im Lazarett. Vielen war der Schnee in die Stiefel gefallen, so daß die Füße regelrecht aus einem Eisklotz herausgeholt werden mußten. Ebenso hatten die seidenweichen ›Paradehandschuhe‹ zu wenig Schutz geboten bei dem eisigen Wind um minus 50° C Kälte.

»Es ist zum Verzweifeln, Herr Stabsarzt, immer dasselbe! Die Leute waten durch den Schnee und achten nicht darauf, daß ihnen der Schnee von oben in die Knobelbecher eindringt.

Dann schmilzt der Schnee, gefriert wieder in den Stiefelschäften, und der Eisblock ist fertig!« erklärt der Sanitätsfeldwebel bei der Visite.

Gleich hinter der Tür liegen die Elendsgestalten. Das Bauernhaus ist mehr als voll. Selbst in den Fluren und auf den Stufen der Treppe kauern Kranke so dicht gedrängt, daß der Arzt mit seiner Begleitung über sie hinwegsteigen muß.

»Sind denn keine weiteren Unterkünfte herzurichten?« fragt der Arzt.

»Wir haben schon im Nachbarhaus einen anderen Teil der Gruppe notdürftig untergebracht. Aber vor dem Eingang stehen noch weitere Schlitten mit Kranken, keiner ist verwundet, nur alles Erfrierungen!«

Der Stabsarzt sieht die Männer mit ihren dick verbundenen Händen, die Verbände sehen schmierig durchnäßt aus. Auf den Schlitten liegen noch Männer mit erfrorenen Füßen. Der Arzt versucht, die nächste Tür zu öffnen, aber er bringt sie kaum auf, weil die Kranken dicht gedrängt dahinter liegen.

»Alles Erfrierungen aus der Kampfgruppe Köhler, die letzte Nacht ausgebrochen ist! Unvorstellbar, was sich hier abspielt!«

»Verständigen Sie bitte sofort den Divisionsarzt! Es müssen dringend weitere Sanitätseinheiten und geeignete Ärzte herkommen!«

Die Sanitäter öffnen den Landsern die Notverbände. Die Zahl der Fußerfrierungen übertreffen bei weitem die der Hände und der Gesichter. Die erfrorenen Glieder sehen blaugrau, fast schwarz aus. Es bilden sich Blasen, die dann zu eitern beginnen. Die erfrorenen Hände eines jungen Soldaten haben das Format von geschwollenen Affenhänden, von denen die Haut in Fetzen herunterhängt. In einer Ecke steht ein Landser schon älteren Jahrgangs mit einem Kopfverband, dessen unförmig geschwollene Ohren erfroren sind. Der Stahlhelm hatte zu tief gesessen, das Metall auf der Kopfhaut oberhalb der Ohren aufgelegen und war angefroren. In welche Ecke man auch sieht, ein unbeschreibliches Elend. Viele Glieder müssen sofort amputiert werden.

Der deutsche Soldat hatte keine Erfahrung im Winterkrieg. Kam eine ungeschützte Hand mit Metall in Berührung, sei es am Gewehrlauf oder am Maschinengewehr, am Wagen oder einem Geschützrohr, so klebte sie augenblicklich durch den schlimmen Frost am Metall an. Versuchte der Landser seine Hand oder die Finger wegzuziehen, blieb die angefrorene Haut in Fetzen am Eisen kleben. Viele besaßen damals nicht einmal leichte Wollhandschuhe, um diese Unfälle zu vermeiden.

Wie durch ein Wunder blieben Nowak, Kusserow und Kittel, mit Ausnahme von kleinsten Blessuren, vor Schlimmem bewahrt. Erschöpft sanken sie in dem geheizten Quartier ins Stroh und schliefen – schliefen – schliefen – so, als wollten sie nie wieder aufwachen!

Nach einigen Tagen besucht Hauptmann Köhler die Verwundeten in ihren primitiven Unterkünften, Nowak darf ihn begleiten. Unterwegs begegnen sie einem PKW, von dem sie mitgenommen werden. Sturm und Schneegestöber erschweren allerdings das Vorwärtskommen. Des öfteren muß sich der Wagen zwischen

Schneewällen hindurchquälen. Der Fahrer, ein echter Bayer, flucht und schimpft mit bajuwarischem Temperament. Höchst gefährlich wird es, wenn die Räder in tiefe Furchen auf dem Weg geraten, die mit Neuschnee ausgefüllt sind und dann nicht mehr richtig fassen. In einer solchen Situation bleibt der Wagen einfach stehen. Die Männer springen raus, greifen nach den Spaten, die für diese Gelegenheit vorhanden sind, und beginnen, den Schnee fortzuschaufeln, der um die Räder herum ein Fortkommen unmöglich macht. Nachdem die Räder frei sind, setzen sie sich wieder rein, der Fahrer ans Steuer und schon ruckt der Wagen an. Trotz Ketten bleiben die Räder mehrmals im weichen Pulverschnee stecken. Und wieder sind sie am Schaufeln. Hauptmann Köhler und Nowak stoßen mit vereinten Kräften, um den Wagen vorwärts zu bekommen; der Wagen bockt, der Motor heult vergeblich auf, umsonst! Erneut greifen die Männer nach den Spaten und schaufeln den Schnee zur Seite. Obwohl es erst kurz nach Mittag ist, beginnt es schon dunkel zu werden. Noch einmal versuchen sie, das Fahrzeug herauszubekommen, sie rackern wie verrückt. Trotz der beißenden Kälte fangen sie an, am Oberkörper zu schwitzen, Hände und Füße jedoch werden eiskalt und gefühllos. In den feuchten Kleidern können sie sich den Tod holen. Alle Anstrengungen sind vergeblich, die Spur ist zu tief und voller Schnee. Aber ins Ungewisse zu Fuß marschieren, wollen sie auch nicht. Bei diesem Wetter und der zunehmenden Dunkelheit wäre es ein zu gewagtes Unternehmen. Die Lage wird kritischer. Keine zehn Meter haben die drei den Wagen vorangebracht, der Motor läuft ununterbrochen, die Scheinwerfer sind aufgeblendet. Wenn sie nur wüßten, wie weit es noch bis zum nächsten Dorf ist und ob der Weg weiterhin so schlecht ist. Die Zeit verrinnt, das Benzin kann auch nicht mehr lange reichen. Nach einer Stunde verzweifelten Bemühens stehen die Männer neben dem Wagen, völlig erschöpft und ohne ein Wort zu sagen, starren sie in die Dunkelheit.

»Nowak, versuchen Sie doch mal zu erkunden, wie weit der Weg so tief verschneit ist. Entfernen Sie sich aber keinesfalls weiter als 500 Meter.«

Hans stapft im Dunkeln davon. Mit den wattierten, großen Russenstiefeln trampelt er durch die mächtigen Verwehungen. Schneesturm und zunehmende Finsternis erschweren die Sicht. ›Nur nicht vom Weg abkommen, nicht die Orientierung verlieren‹, denkt Hans krampfhaft. Für Augenblicke hört er unter dem weiten Himmel ein Geräusch wie das Schnauben von Tieren, doch verhallen die Laute im wüsten Orkan. Äste krachen in den Bäumen, erschöpft lehnt sich Hans an einen mächtigen Baumstamm. Es kommen ihm Worte in den Sinn, die er bei seiner Morgenandacht gelesen hat: »Durch Sturm und Ungewitter geht der Weg des Herrn, und Gewölk ist der Staub seiner Füße.«

Ob auch Wege hier durch die verfilzten Wälder Rußlands damit gemeint sind?

Wiederum scheint es, als würden sich Stimmen und Geräusche in das unheimliche Brausen des Unwetters mischen.

»Hallo!« brüllt Nowak, »ist hier jemand?«

Angestrengt lauscht er seinen verhallenden Rufen nach.

In einiger Entfernung scheint sich etwas zu bewegen. Langsam, aber immer deutlicher treten grauweiße Kolosse in Erscheinung. Was kann das sein? Sind es Menschen? Russen? Deutsche? Reguläre Truppen oder Partisanen?

Hans duckt sich hinter ein Gebüsch. Ein Gefährt, gezogen von vier Pferden, nähert sich langsam. Auf ihm sitzen drei Männer, dicht vermummt, und tragen deutsche Stahlhelme!

Hans schreit los: »Kameraden, hallo! Kameraden! Helft uns!«

Die Männer auf dem hohen Schlitten haben ihre Gewehre in Anschlag genommen. Sie sind sehr vorsichtig, kommen aber auf ihn zu.

Hans kann sie nun zu dem steckengebliebenen PKW führen. Zwei Pferde spannt man vor das Auto und mit ›Hauruck!‹ schleppen sie das sonst so bewegliche Wunderwerk der Technik unter großer Anstrengung durch die verschneiten Wege.

›Also doch‹, denkt Hans, als sie nach langem Marsch das Dorf erreichen: ». . . durch Sturm und Ungewitter geht der Weg des Herrn.« Hauptmann Köhler hat schnell das kleine Sanitätskommando ausfindig gemacht, ein Feldgendarm zeigt ihm das Bauernhaus, in dem Teile der ersten Kompanie untergebracht sind. Auf ausgebreitetem Stroh bei trübem Petroleumlicht liegen die verwundeten Kameraden. Die Wärme in diesem Raum dringt ihnen wohltuend in die Glieder. Ein heißer Tee mit Rum verfehlt die inwendige Wirkung nicht. Nachdem Hauptmann Köhler mit den Männern der ersten Kompanie einige Worte gewechselt hat, bittet er Nowak, allen etwas aus der Bibel vorzulesen.

›Aha‹, denkt Nowak, deshalb hat er mich also mitgenommen.

Nun wird es ganz still in dem düsteren Raum. An der von Balken durchzogenen Decke heben sich große Schatten gespenstisch ab.

Absichtlich wählt Hans den Text, den er vor Tagen im Kessel dem Hauptmann allein vorgelesen hatte. Noch einmal durchleben die Männer beim Hören des Wortes Gottes die unbeschreiblichen Stunden des Ausbruchs aus dem Kessel.

»Danket dem Herrn; denn er ist freundlich,
und seine Güte währet ewiglich.
So sollen sagen, die erlöst sind durch den Herrn,
die er aus der Not erlöst hat,
und die er aus den Ländern zusammengebracht hat
vom Aufgang und vom Niedergang, von Mitternacht und vom Meer.
Die irregingen in der Wüste, in ungebahntem Wege,
und fanden keine Stadt,
da sie wohnen konnten, hungrig und durstig,
und ihre Seele verschmachtete;
die zum Herrn riefen in ihrer Not,
und er errettete sie aus ihren Ängsten
und führte sie einen richtigen Weg,
daß sie gingen zur Stadt, da sie wohnen konnten:
die sollen dem Herrn danken für seine Güte und Wunder,
die er an den Menschenkindern tut,
daß er sättigt die durstige Seele
und füllt die hungrige Seele mit Gutem.«

Hans schlägt seine Bibel zu und setzt sich auf das Stroh. Der Hauptmann tritt vor und sagt: »Kameraden, was uns der Gefreite Nowak da eben vorgelesen hat, haben wir miteinander erlebt. Man kann wirklich von einem Wunder reden, daß wir wieder eine bewohnte Ortschaft erreicht haben. Uns bleibt jetzt nur noch das zu tun, was die preußischen Grenadiere nach der Schlacht bei Leuthen getan haben: nämlich – zu danken!

Mit rauhen Männerkehlen beginnen einige zu singen:

»Nun danket alle Gott mit Herzen, Mund und Händen,
der große Dinge tut an uns und allen Enden,
der uns von Mutterleib und Kindesbeinen an
unzählig viel zugut und noch jetzt hat getan.«

Ergriffen vom Augenblick blicken die Verwundeten in die Runde, manche auf den Hauptmann oder Hans oder gegen die Decke zu irgendeinem Punkt. Einige beginnen zu weinen wie Kinder, andere wälzen sich in ihren Schmerzen hin und her.

»Wir wollen uns nicht schämen, das einmal offen bei Namen zu nennen, was wir nur zu oft vergessen, das Gebet zu Gott!« sagt der Hauptmann.

Einige falten ihre Hände und beten. Ihre Gedanken sind bei ihren Lieben, sie denken an die ferne Heimat und – ob sie sie überhaupt einmal wiedersehen werden.

Lieber Leser!

Nachdem Sie dieses Buch zu Ende gelesen haben, sind Sie sicher daran interessiert zu erfahren, wie es weitergeht mit Hans Nowak, seinen Kameraden, seiner Familie und seiner Braut.
Die Fortsetzung dieses Bandes wird unter dem Titel »Mein guter Kamerad« im gleichen Verlag erscheinen.
Hier eine kurze Inhaltsübersicht dieses Fortsetzungsbandes:

Wissen ist Macht
Der Startbefehl
Die Frühjahrsoffensive
In Rußland vermißt
Raserei des Todes
Oase des Friedens
Nach Ostland geht unser Ritt
Die apokalyptischen Reiter
Verkehrte Flucht
Christus in Stalingrad
Der Ausflug

In der TELOS-Paperbackreihe erschienen folgende Titel

1004 Wilder Smith
Ist d. ein Gott d. Liebe?
1005 Fritz Hubmer
Im Horizont leuchtet . . .
1008 Fritz Hubmer
Weltreich und Gottesreich
1012 Watchman Nee
Freiheit für den Geist
1013 Anny Wienbruch
Der Leibarzt des Zaren
1016 Norbert Fehringer
Thema: Frömmigkeit
1021 Ruth Frey
Arbeit unter Kindern
1023 Oswald Smith
Ausrüstung mit Kraft
1024 Erich Schnepel
Das Werk Jesu in uns . . .
1026 Anny Wienbruch
Im Schatten der Zaren
1029 Werner Krause
Freuet euch allewege
1030 Hel. Good Brenneman
Und doch nicht vergess.
1031 Anny Wienbruch
Unt. d. rot. Sonnensch.
1032 Helmut Ludwig
Die Welt horcht auf
1035 G. R. Brinkê
Jenseitiges u. Zukünft.
1036 Elli Kühne
Da bewegte s. d. Stätte
1039 Alfred Christlieb
Ich freue mich ü. d. Wor
1041 Lon Woddrum
Liebe hofft immer alles
1042 Horst Marquardt
Die Sprache der Gräber
1045 Otto Riecker
Bildung u. Heiliger Geist
1046 Joyce Landorf
Seine beharrliche Liebe
1048 Anny Wienbruch
Ein Leb. f. Gustav Adolf
1049 Werner Krause
Keinen Raum . . .
1050 Georg R. Brinke
Die Symbolik d. Stiftsh.
1051 Alfred Kuen
Gem. n. Gottes Bauplan
1053 Jill Renich
Den Ehemann verstehen
1054 Alfred Christlieb
Ich suche, Herr . . .
1055 Wilfried Reuter
. . . und bis ans Ende . . .
1056 Howard Taylor
Das geistliche Geheimnis
Hudson Taylors
1057 Ulrich Affeld
Unter der Treue Gottes
1058 John F. u. E. Walvoord
Harmagedon, Öl . . .
1059 Heinrich Jochums
Was haben wir an Jesus
1060 Erich Beyreuther
Der junge Zinzendorf
1061 Herbert Masuch
Handbuch . . .
1064 Anny Wienbruch
Das sonnige Haus
1065 Anny Wienbruch
Sie waren mir anvertraut
1071 Elsbeth Walch
Tante Lydia w. schon . . .
1072 Elsbeth Walch
Zum Glück gibt's . . .
1074 Alfred Christlieb
Der Apostel Paulus
1075 H. E. Nissen
. . . und der Geist schrie
1076 Eduard Ostermann
Zukunft ohne Hoffnung?
1078 James M. Boice
Die letzte und die zukünftige Welt
1079 L. A. T. van Dooren
Menschenfischen, persönliches Engagement
1080 Anny Wienbruch
Ein König wird frei
1083 Watchman Nee
Der geistliche Christ II
1084 Watchman Nee
Der geistliche Christ III
1085 Alfred Christlieb
Vollmacht von oben
1086 Fritz May
Israel zwischen Weltpolitik u. Messiaserwartung
1087 Kurt Scherer
Mit Streß leben
1088 Gien Karssen
Frau, Mensch und Mutter in der Bibel
1092 Billy Graham
Engel –
Gottes Geheimagenten
1095 F. F. Bruce
Die Glaubwürdigkeit der Schriften des N. T.
1096 Watchman Nee
Geistliche Erkenntnis
1097 Heinrich Jochums
In Jesus haben wir alles
1098 Michael Bourdeaux
. . . und die Ketten . . .
1099 A. W. Tozer
Gott liebt keine Kompromisse
1101 Watchman Nee
Das Bekenntnis
1102 Watchman Nee
Das Zusammenkommen
1103 Watchman Nee
Christus unser Leben
1104 Watchman Nee
Zur Ehre Gottes leben
1105 Watchman Nee
Gemeinschaft der Liebe
1106 A. E. Stückelberger
Bibel, Kind und wir
1107 Michael Griffiths
Mit beiden Beinen auf der Erde
1108 William Sanford LaSor
Menschen,
die Christus kannten
1109 Charles W. Colson
Watergate – wie es noch keiner sah
1110 Rich. W. DeHaan
Die Wahrheit über Gott
1111 Ernst Modersohn
Durch den Glauben
1112 E. M. u. D. A. Blaiklock
Warum hat mir das keiner gesagt?
1113 Tim Timmons
Ehe nach Gottes Plan
1114 Jakob Kroeker
Es gibt ein Volk . . .
1116 Volkmann/Woyke
D. Anruf d. Evangeliums
1117 Neil R. Lightfoot
Die Bibel – Entstehung u. Überlieferung
1118 Martin Schacke
Die Abschiedsreden . . .
1119 Dwight L. Carlson
Leben und nicht müde werden
1122 George W. Peters
Evangelisation: total . . .
1124 Dr. Dr. G. Huntemann
Am Anfang die Wahrheit
1126 Winrich Scheffbuch
Wer Jesus hat,
hat das Leben
1128 Eduard Ostermann
Unsere Erde –
ein junger Planet
1129 Billy Graham
Wiedergeburt –
wie geschieht das?
1130 Fritz May
So wird das Leben schöner
1131 George Sweeting
Handbuch der Liebe
1132 James Kennedy
Dynamische Evangelisation
1133 Jeanette Lockerbie
Die zweite Lebenshälfte
1134 Joyce Landorf
Sein unermesslicher Reichtum
1135 Willi Buchwald
Israel und die Zukunft der Welt
1138 Neil R. Lighfoot
Geheimnisse des Himmelreiches
1139 C. Schulte-Übbing
Bibl. Sachkonk. zu Fragen der Endzeit
1140 Lienhard Pflaum
Kampf, Anfechtung, Überwindung
1141 Horn
Ein Buch spricht für sich selbst
1143 Kurt Scherer
Mein Gott, mein Gott, warum . . .?
1145 P. J. Johnstone
Gebet für die Welt
1146 Gerhard Bergmann
Christentum und Sozialismus
1147 Armin Mauerhofer
Jesus, der Zugang zu allem
1148 Armin Mauerhofer
Jesus, meine Kraft im Alltag
1151 Spiros Zhodiates
Leben nach dem Tode
1152 Leroy Koopman
Deine Augen sollen leuchten
1153 Robert E. Coleman
Des Meisters Plan der Evangelisation
1154 Klaus M. Pülz
Brennpunkt Israel
1157 Schulte
Evangelisation – praktisch
1158 Davis
Lebenskrisen und ihre Überwindung
1159 Morton
Die Wissenschaft hat Verspätung

In der TELOS-Paperbackreihe erschienen folgende Titel

1160 Maurice Wagner
Ich bin
1161 Böhm
Generation der Hoffnungslosen
1162 Winrich Scheffbuch
Jesus – der gepredigt und geglaubt
1163 Hardy
Countdown
1166 Sanders
Menschen wie du und ich
1167 Kuhne
Evangelisation – und was dann?
1168 Tim LaHaye
Kennen Sie Ihren Mann?
1169 Means
Im Irrgarten östlicher Mystik
1171 René Hermann
Hoffnung, die nicht täuscht
1172 Peterson
PLO kontra Israel
1175 Stückelberger
Erziehung, die Herausforderung an uns. Zeit
1176 Tim LaHaye
Temperamente
1178 Armin Mauerhofer
Bilder der Gemeinde Jesu
1179 John C. Whitcomb
Die Welt, die unterging
1180 Francis A. Schaeffer
Die Kirche Jesu Christi
1181 H. Lockyer
Höhepunkte
1183 W. Philipp Keller
Ein Gärtner betrachtet die Früchte des Geistes
1184 Gottfried Schröter
Versetzung gefährdet?
1185 Roy Hession
Vergeben und Vergessen?
1186 Richard Dugan
Weshalb wissen Sie, daß Sie wiedergeboren sind?
1187 Paul Walter Schäfer
Missionarisch denken, leben, reden
1188 Charles W. Colson
Verurteilt zum Leben
1189 Richard Strauß
Die Flitterwochen sind vorbei
1191 C. Donald Cole
Er aber glaubte Gott
1192 Josef Kausemann
Einer den die Gnade fand
1193 John C. Souter
Ich war ein Dealer
1194 Charles W. Colson
Kassette mit 1188 und dem 1. Band Watergate wie es noch keiner sah (Nr. 1109)
1198 John White
Die goldene Kuh
1200 Heinz Böhm
Des Glaubens liebstes Kind
1201 Friso Melzer
Sonne und Regen
1202 Herm. Friedr. Kohlbrügge
Passionspredigten
1204 Harold E. Hughes
Der Senator Harold E. Hughes
1205 Francis A. Schaeffer
Bitte, laß mich leben
1208 John White
Der Kampf...Glauben zu halten...Christus zu bekennen ...Gottes Willen zu tun... dem Satan zu widerstehen
1209 Stanley Banks
Heilige im Arbeitsdreß
1210 Philip Keller
Genug ist bereits ein Fest
1211 Ernst Modersohn
Christsein in uns. Zeit
1212 Lewis B. Smedes
Gottes Liebe und unsere Grenzen
1213 Georg Huntemann
Die Zerstörung der Person

TELOS-Präsente

2101 Anny Wienbruch
Das Geheimnis um Zar Alexander
2102 Johann A. Bengel
Das Neue Testament
2103 Bibelpanorama
2104 Johannes E. Goßner
Schatzkästchen
2105 John Bunyan
Pilgerreise zur seligen Ewigkeit
2106 F. Lobstein
Brot durchs Wort
2107 Arbeitsbuch für den biblischen Unterricht
2108 Marie Hüsing
Zeichen Seiner Hand
2110 Ludwig Hofacker
Predigten, Band I
2111 Ludwig Hofacker
Predigten, Band II
2113 Abraham Meister
Namen und Charakterzüge . . .
2114 Shlomo S. Gafni/ A. v. d. Heyden
Jerusalem, du schöne . . .
2115 Gilbert Beers
Kinder-Bibel-Lexikon
2116 Wolfgang Heiner
Bekannte Lieder – wie sie entstanden
2117 A. E. Wilder Smith
Kunst und Wissenschaft der Ehe
2118 Ludwig Hofacker
Predigten, Bd. 1 u. 2
2119 Merrill C. Tenny
Die Welt des Neuen Testamentes
2120 Shlomo S. Gafni
Israel, du schöne . . .
2121 Willem J. J. Glashouwer
So entstand die Bibel
2122 Non Nominatum
Die stille Stunde
2123 Willem J. J. Glashouwer
So entstand die Welt
2124 John M. Drescher
An stillen Wassern
2125 John M. Drescher
Du bist die Quelle
2126 John M. Drescher
Ich hebe meine Augen auf . . .
2127 John M. Drescher
Warum gerade ich?
2128 Kennedy
Handbuch für Gemeindewachstum
2131 A. Bargil Pixner/ George Hintlian/van der Heyden
Bethlehem, du schöne . . .
2132 Raphael Posner/ van der Heyden
Masada
2133 Helmut Sigle
Gerufen, geführt, geborgen